Klaus Hartung
Die neuen Kleider der Psychiatrie
Rotbuch 231

DRINNEN

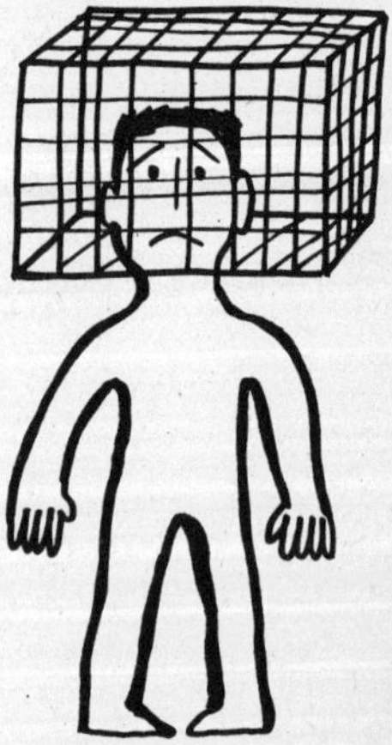

DRAUSSEN

Disegno di Ugo Guarino

Klaus Hartung

Die neuen Kleider der Psychiatrie

Vom antiinstitutionellen Kampf zum Kleinkrieg gegen die Misere Berichte aus Triest

Rotbuch Verlag Berlin

Klaus Hartung, geboren 1940, studierte Germanistik, Soziologie und Psychologie; verheiratet, ein Kind. Veröffentlichungen von politischen Essays und Literaturanalysen (über den Begriff der linken Literatur; zum »Thema Gewalt in Superheldencomics«). Arbeitet v. a. auf dem Gebiet der Psychiatrie-Kritik; Mitautor des Kursbuch 28: Das Elend mit der Psyche. Seit zwei Jahren Mitarbeiter am Projekt Basaglias in Triest.

Ein Teil der Fotos stammt von V. Susmely. Für die freundliche Genehmigung zum Nachdruck der politischen Karikaturen danke ich Ugo Guarino. Die Porträts und jene Fotos, die den Laien erkennen lassen, stammen von mir. Ich habe auf das Engagement eines Berufsfotographen verzichtet, weil mich die vielen guten Fotos, die es von den Triestiner Patienten gibt, ziemlich abschrecken. Nichts leichter als die Expressivität eines Irren ›herauszuholen‹, zumal wenn der Fotograph vom Arzt begleitet wird. – Ich habe an mehreren heißen Sommervormittagen fotographiert. Das Ergebnis sind Fotos mit jenem etwas nichtssagenden Charakter, der Familienfotos zu eigen ist, in denen am ehesten ein Bild der Alltäglichkeit erscheint.

1.-8. Tausend 1980

Satz und Druck: DRUCKHAUS Neue PRESSE Coburg

ISBN 3 88022 231 2

Inhalt

(1) Eine kurze Überlegung, eine kurze Geschichte

Die Suche nach dem Grund
ist antiphilosophisch und antiwissenschaftlich . . .
Flaubert, Brief an Madame des Genettes, 1864

In unserer Kindheit waren die Verhältnisse noch in Ordnung; bevor wir noch wußten, daß es so etwas wie den Staat gab, hatten wir schon dessen Institutionen im Kopf; Gefängnis und Irrenhaus, Scylla und Charybdis. Da hindurch galt es das Leben zu steuern.
Nach dem Ende des zweiten Weltkriegs wurde in den angelsächsischen Ländern das Problem der Psychiatrie (zumindest ansatzweise) auch als ein Problem der Moral erkannt. Der Krieg gegen den Faschismus und das Kriegsende hatten die Schrecken der Konzentrationslager weltweit bekannt gemacht und in den angelsächsischen Ländern wurde mit Bestürzung zur Kenntnis genommen, daß die eigenen Soldaten ihre seelischen Krisen mit dem Aufenthalt in ähnlichen Lagern bezahlen sollten. Die therapeutischen Gemeinschaften setzten dann das Thema der Freiheit der Patienten auf die Tagesordnung, wenngleich der Begriff der Freiheit noch in einer übermächtigen therapeutischen Ideologie verpuppt blieb.
Mit den fünfziger Jahren begann der Angriff auf die Wissenschaft der Psychiatrie. Ohne akademische Höflichkeit wurde ihr die Theorie über die Entstehung von Krankheit von der Psychologie und der Soziologie streitig gemacht. Die Psychiatrie war in dieser Hinsicht beim Begriff der Endogenität stehengeblieben, der lediglich besagt, daß man es noch nicht genau wisse. In kostspieligen, langwierigen Untersuchungen entdeckte man als schizophrenogene Ursachen die Wohnungsmisere, die städtische Verelendung, die Arbeitslosigkeit – mit anderen Worten, man fand gerade nicht die spezielle Misere, sondern das allgemeine Elend. Ähnlich enttäuschend die Versuche, pathogene Beziehungsstrukturen herauszuarbeiten: Der hoffnungsvolle Begriff der double-bind-Situation verlor seine Erklärungswirkung im Lauf seiner populären Karriere. Viele Jugendliche entdeckten, daß die double-bind-Kommunikation ihre Familiengeschichte kennzeichnete und wunderten sich, warum sie nicht verrückt waren.
Die Psychiatrie hatte also nicht verhindern können, daß andere Wissenschaften sich über ihren Gegenstand hermachten. Sie triumphierte indirekt dennoch, aber nur insofern sie der Soziologie und Psychologie den medizinischen Ursachenbegriff vererbte. – Auf diese Enttäuschungen folgte die nächste wissenschaftliche Angriffswelle gegen die Psychiatrie. Dieser wurden nunmehr die

Krankheitsbilder selbst entwunden, die man neu zu definieren versuchte. Alle Definitionsversuche abweichenden Verhaltens waren zwar für sich genommen erhellend, wer sie allesamt auflistete, stellte jedoch fest, daß die Mehrheit der Bevölkerung abwich. Die Psychiatrie ließ sich offensichtlich wissenschaftlich nicht widerlegen. Alle Versuche, ihrem Gegenstand, dem seelischen Leiden, den Standard moderner Wissenschaftlichkeit angedeihen zu lassen, scheiterten in einem Chaos wissenschaftlicher Dialekte und Methodenstreitigkeiten. Diese Unternehmungen waren dennoch von Bedeutung: mit ihnen begann mittelbar die Emanzipation der Verrückten von ihren wissenschaftlichen Beschwörern, Interpreten, Definierern. Und: man entdeckte, daß Verrücktheit offensichtlich etwas mit dem Alltagsleben der Massen zu tun hat.
Während sich so schon die Niederlage der Wissenschaften gegenüber den Geisteskrankheiten anbahnte, begann sich auch die Kritik innerhalb der Psychiatrie zu regen.
Ich denke hier insbesondere an die englische Antipsychiatrie in den späten 60er Jahren. Sie versuchte nicht mehr die Verrücktheit, sondern den Verrückten selbst der Psychiatrie zu enteignen, sie machte sich zu ihrem Fürsprecher und begann seine Sprache zu übersetzen.
Bis zu diesem Zeitpunkt sah man in dem Verrückten den gescheiterten Normalen. Als Abweichender wurde er für tendenziell normal erklärt – er war von dem Weg abgewichen, auf dem wir alle entlangschleichen. Die Antipsychiatrie hingegen wurde beflügelt vom geheimen Neid auf den Verrückten, den unsere Alltagssprache genau kennt, wenn sie uns sagen läßt, daß man verrückt werden könnte. Man kam zu der Hypothese, daß der Verrückte möglicherweise auf dem Weg des Heils sei, dafür allerdings einen überaus hohen Preis zahle: die Vernichtung seiner sozialen Existenz. Allmählich entstand ein Bild, wonach der Normale gewissermaßen ein gescheiterter Verrückter war.
Aber auch die neuen Magier und Großinterpreten der Antipsychiatrie erlitten eine Niederlage, oder besser: sie hatten niemals eine Siegeschance. Die Barbarei der psychiatrischen Anstalten dauerte fort. Der Verlust der öffentlichen Reputation der traditionellen Psychiatrie erschütterte noch längst nicht ihre Bastionen aus dem 19. Jahrhundert. Doch all diese wissenschaftskritischen und ideologischen und moralischen Angriffe waren nicht nutzlos. Sie klärten das Vorfeld und legten das Irrenhaus, die Produktionsstätte der Geisteskrankheit, frei. Zudem drückten diese Angriffe einen weltweiten kulturrevolutionären Prozeß aus; immer mehr Menschen wurden an der herrschenden Normalität irre, versprachen sich mithin auch von der Auseinandersetzung mit dem Schicksal der Verrückten Aufschluß über das eigene Leben. Nach einer Kette politisch gescheiterter Großreformen war der Weg frei zum Angriff auf

die Irrenhäuser selbst; nicht zufällig begann er in Italien, in einer zurückgebliebenen Situation.
Mit der Zerschlagung der Irrenhäuser wird materiell eingelöst, was in den kritischen Bewegungen schon antizipiert wurde: die Grenzlinie zwischen verrückt und normal wird durchlässig. Niemand vermag zu sagen, was in Zukunft verrückt und was normal heißen wird, sicher ist nur dies: der Zugewinn an Menschlichkeit.

B. C. wurde im Frühjahr 1978 einer Zwangseinweisung im Sinne des neuen Psychiatriegesetzes Nr. 180 der Republik Italien unterzogen. In dieser bitteren Woche verstand er sich gut zu behaupten. Kurze Zeit später fuhr er mit Freunden nach Algerien und brachte folgende Geschichte zurück:
»Es war einmal ein König, der brach mit seinem Volk auf, um in ein anderes Land zu ziehen, in ein Land, das reich, fruchtbar und voller Quellen sein sollte. Sie mußten eine Wüste durchqueren, um in dieses gelobte Land zu gelangen. Als der Durst am größten war, erreichten sie das Ufer eines Flusses, dessen Wasser so klar war, daß man bis auf den Grund schauen konnte. Der König erschrak, denn er wußte: wer aus diesem Fluß trank, würde verrückt werden. Er beschwor sein Volk, flehte, drohte – vergebens. Alle tranken und wurden verrückt. In seiner Verzweiflung und Einsamkeit versuchte der König mit allen Mitteln seiner Macht sein Volk zu heilen – vergebens. Am Ende begab er sich zum Fluß und trank das Wasser.«

(2) Triest – Stadt am Rande

Postkarte

> »Die Altstadt ist ein häßliches Labyrinth enger schwarzer Gassen, die einen anmuten wie eine Höhle oder ein unterirdischer Keller, den man von fröhlichen Sonnenhügeln her betritt.«
>
> *Ricarda Huch*

Die schon nicht mehr 300 000 Einwohner umfassende Stadt liegt an einer weiten Bucht; bei klarer Sicht sieht man die Halbinsel Grado und die Landzungen Istriens, das zu Jugoslawien gehört. Das Panorama wird beherrscht vom Karstabbruch, in dessen Gebirgsfalten sich die Stadt hineinpreßt.

Das Stadtbild? Das Bild der Stadt? Das einzig flache Areal der Stadt, um den alten Hafen herum, ist von der habsburgischen Innenstadt belegt: *palazzi* in der Art neo-barocker Tortenaufsätze, tagsüber durchströmt von Jugoslawen, erschöpften und verbitterten Massen in der Jagd nach Jeans, Pendeluhren und Autoersatzteilen. Vertreten sind Mazedonier, Serben, Montenegriner; aber es gibt dennoch keinen fröhlichen balkanischen Markt, sondern nur den Kampf um Waren. An den Wochentagen ist die Hafenpromenade zugestellt mit jugoslawischen Bussen. Für die Triestiner zählen die Jugoslawen nur als Kunden, weiterer Kontakt wird abgelehnt.

Ab zehn Uhr abends ist die Innenstadt ausgestorben, ein Monumentalfriedhof verlorener Handelsträume, mit Ampeln. Dazwischen trumpfen die Überreste des *Fantatrieste,* der faschistischen Umgestaltung zum ›Rom des Ostens‹ auf. Es gibt eine Stelle, wo die geschichtlichen Wechselfälle der Stadt zu einem *pasticcio* zusammengebacken sind: Da ist die Quästur, eine faschistische Festung, gegenüber das antike römische Theater, flankiert von einer Fassade der 50er Jahre, von einer romanischen und barocken Kirche, umrandet von den ansteigenden Gäßchen der Altstadt mit verfallenden klassizistischen Häusern.

Die Altstadt mit sehr schönen Dokumenten des Klassizismus und dunklen Winkeln, ist der Spekulation und damit dem Verfall preisgegeben. Einen Teil der Altstadt mit dem ehemaligen Ghetto der Juden hatten seinerzeit schon die Faschisten abgeräumt. Die Altstadt wird von der ehemaligen Geschäftsstraße, der Cavana durchzogen. Es ist ein Viertel der Reichen und der ganz Armen, daher lassen sich dort kaum Wohnungen finden.

Daran schließen sich Viertel an, die durch das bewegte Gelände einen eigenständigen Charakter bewahren und wie ein Konglomerat von Kleinstädten und Dörfern wirken. Steigt man von der Innenstadt nach San Giusto hoch, beginnt schon das Arbeiterviertel San Giacomo. Hier wohnen die meisten Arbeiter der Werften und des Hafens, eine militante kommunistische Kleinstadt mit langer Klassenkampftradition. Nach dem Kriege wurde sie ›Klein-Stalingrad‹ genannt. Hier ist die Kultur der Osterien am stärksten entfaltet. Das Viertel ist rot und riecht nach Wein. (Ein belauschtes Gespräch von zwei Alten in einer Osteria San Giacomos: »Bist du in der letzten Zeit in die Stadt gekommen«. »In die Stadt? Seit Monaten nicht«. – Es handelt sich um einen Abstieg von fünf Minuten.)

Das weitere Stadtgebiet ist ein Durcheinander von Industriezonen, Dörfern, die die Stadt aufgefressen hat, Staßenzügen aus dem 19. Jahrhundert, mit palazzi bis zu acht Stockwerken (ab der vierten Etage lebt es sich gut in Trieste, unten auf der Straße herrscht die reinste Verkehrshölle: zu viele Autos und zu wenig Parkplätze). Es gibt intakte slowenische Viertel, Ghettos des sozialen Wohnungsbaus und an den Karstabhängen die ausgedehnte Zone von einstöckigen Häusern mit Garten. Das schönste Tal, wildromantisch wie ein Gemälde von Caspar David Friedrich, mündet in das Gelände einer Ölraffinerie. Überall fehlt der Platz.

Oben beginnt dann der Karst mit seiner kargen reizvollen Flora, während der Karstabbruch selbst noch mediterrane Vegetation hat. Auf dem Karst findet man die grün beigen slowenischen Dörfer. Hier ist für Triest der Anfang und das Ende des gelobten Landes, das ›Hinterland‹ (so der Triestiner Sprachgebrauch). Vor der Grenzziehung nach dem 2. Weltkrieg gab es eine rege Kommunikation zwischen dem bäuerlichen Hinterland vor allem Istriens und der Stadt. So gesehen ist die Stadt ein Rumpf ohne Füße.

Klimatisch-kulturelles Hauptereignis ist die Bora, ein orkanartiger eiskalter Fallwind, dem man nicht entgehen kann, der die Fensterläden donnern läßt. Mit der Bora kommt das übliche Winterleiden Bronchitis; dennoch geben die Triestiner vor, sie zu lieben: sie reinige die Stadt, blase die Bazillen fort, sei die natürliche Hygiene gegen alle Formen von Ansteckung durch Krankheit, Schmutz und balkanische Völkerschaften.

Auf dem Karst sieht man allenthalben Erinnerungsstätten an den Partisanenkampf, aber man kann auch unversehens an einer sonnenbeschienenen Weinbergmauer auf die deutsche Inschrift stoßen: »Juden raus«. Die schönste Straße der Stadt, der *Viale*, wird gegen Abend von der faschistischen Jugend kontrolliert. Die Genossen und jungen Arbeiter der Autonomia treffen sich etwas weiter, auf der *Piazza Goldoni*. Minuten entfernt ist der Corso der Jeunesse d'orée, die *Piazza della Borsa*, ganz in der Nähe auch die

Piazza Oberdan, wo sich die Drogenszene entwickelt hat. Dazwischen Spaziergänger, die es immer wieder schaffen, lebend über die Straße zu kommen.

Schauplatz der Geschichte, Inszenierung der Kultur

Auf dem Klo des *Café degli specchi* findet man statt der üblichen Zoten die Inschrift: ›Viva Austria‹. Die Geschichte als Zote? Ein Teil der Bevölkerung lebt immer noch in der Hafenstadt des seligen Landes Kakanien, im Hafen eines imaginären ›mitteleuropa‹ (auch das ein stehender Begriff). Franz Josef vermag durchaus noch die Sonntagsbeilage füllen. Aber der österreichische Traum ist ein polemischer Traum, der sich gegen den italienischen Staat richtet, von dem sich die Stadt ökonomisch im Stich gelassen sieht, der die handelstolzen Triestiner als tendenzielle Steuerbetrüger behandelt und der eben nicht funktioniert. Ein Traum, der nichts mit der realen Geschichte zu tun hat. Zwar ist der einstige Haupthafen der Donau-Monarchie, der 1913 in Europa die fünfte Position einnahm, auf den kümmerlichen zehnten Rang der italienischen Häfen gerutscht. Doch trotz der Handelsblüte unter Habsburg lebten die Volksmassen in skandalösen Verhältnissen, meist in Mietskasernen vom Typus Zimmer mit Küche. 1876 nahm Triest hinsichtlich der Kindersterblichkeit den 2. Rang in Europa ein.
Die Krankheit von Triest ist die Geschichte. Man lebt nicht in der Vergangenheit, aber auch nicht in der Gegenwart und schon gar nicht in der Zukunft. Man existiert irgendwo dazwischen. In dieser Stadt müssen die Sieger der großen geschichtlichen Kämpfe mit den Verlierern zusammenleben, die Italiener mit Mitteleuropäern, die Partisanen mit Faschisten. Die Geschichte hat mehr Narben als Denkmäler hinterlassen.
Italo Svevo hat in seinem großartigen Roman ›Zeno Cosini‹ das Verhältnis der Triestiner zur Geschichte klassisch dargestellt: der Müßiggänger Cosini gerät bei einem Spaziergang zwischen die Fronten des ausbrechenden Weltkrieges, so daß ihm nichts weiter übrig bleibt als erfolgreicher Geschäftsmann zu werden, was ihm in der ganzen Friedenszeit nicht gelungen war. Aber die Triestiner sind keine verschmitzten Profiteure, sondern leidende Idealisten der geschichtlichen Bewegung, die ihre Trauer in rege Handelstätigkeit umsetzen. Es gehört zudem zur Eigentümlichkeit der Triestiner Geschichte, daß die Klassenspaltung auch historisch geschichtet ist, die Klassen leben in verschiedenen historischen Epochen.
Die Habsburg-Nostalgie verdeckt, daß es vor dem 1. Weltkrieg eine starke irridentistische Bewegung gab. Häufig wurden Verdi-Aufführungen veranstaltet, die Gelegenheit boten, ›Viva Verdi‹

(Viva Emannele Re d' Italia) zu rufen. Es gab die Märtyrer des Irridentismus; Oberdan und viele junge Triestiner hatten sich auf Seiten der italienischen Armee geschlagen. Nach dem ersten Weltkrieg begann der ersehnte Anschluß an das Vaterland (Mutterland) mit ökonomischen Krisen; der Verlust der österreichischen Handelsprivilegien machte sich empfindlich bemerkbar. Triest war abgeschnitten von den traditionellen Handelslinien zum Hinterland. Die Zeit vor der Machtergreifung 1921 war gekennzeichnet durch eine schwache republikanische Regierung und verschärfte Klassenkämpfe, in die sich mehr und mehr die faschistischen Squadristen einmischten. Die politischen Organisationen des Proletariats, in denen Italiener *und* Slowenen gemeinsam organisiert waren, mußten gleichzeitig einen Existenzkampf gegen die zunehmende ökonomische Krise und gegen die Verfolgung der slowenischen Minderheit führen. Im Mai 1921 startete der faschistische Operettenfeldzug d'Annunzios zur Eroberung von Rijeka, finanziert von der Großindustrie. Die Expedition war erfolgreich: die Eroberung Rijekas ließ nicht nur die italienische Außenpolitik scheitern, sondern brachte auch das Ende der sozialistisch-republikanischen Regierung in Rom.
Mit der faschistischen Machtübernahme begann eine weitgehende Unterdrückung der Slowenen. Sie wurden zwangsweise italienisiert, mußten ihre Namen ändern. Ebenso wurden die Organisationen der Arbeiterschaft zerschlagen, nicht aber die Widerstandskraft der Arbeiter. Am Tage der Hinrichtung von Sacco und Vanzetti wurde in ganz Triest gestreikt.
Seit 1938 verschärfte sich in Triest die Judenverfolgung. Es gab Vandalenakte und man begann, den jüdischen Besitz systematisch zu enteignen. 1939 verließen 2588 Juden die Stadt, bis zum Eintritt Italiens in den Krieg emigrierten weitere 951. Im Oktober 1944 entstand im Rahmen der Salo-Republik der Gau ›Adriatisches Küstenland‹. Damit begann für die triestiner Juden die ›Endlösung‹ unter Leitung des für die Polizei verantwortlichen SS-Kommandanten Globocnik (ein Vertrauensmann Himmlers, in Triest gebürtig). Zum Kippurfest wurde der erste Transport nach Auschwitz geschickt. In Triest gab es auch das einzige Vernichtungslager mit Krematorium in Italien. Die Bilanz der ›Endlösung‹: 2300 ermordete Juden. 530 von ihnen konnten erfolgreich versteckt werden, zum Teil kämpften sie mit den Partisanen. In den höheren SS-Rängen waren 15 Triestiner Namen vertreten, viele Triestiner dienten in der SS-Division ›Italien‹.
Das Kriegsende brachte zunächst nicht die Befreiung, sondern eine sechsmonatige Besetzung durch die Rote Armee Jugoslawiens, die von den Triestinern als Alptraum erlebt wurde. Eine zeitgenössische Stimme:

»Über der ganzen Welt lacht der Friede; in Triest herrschen Terror und Schmerz . . . Nie hat Triest so grausam sein Antlitz zerstört gesehen, nie wurden seine Gefühle so sehr beleidigt. Nicht einmal ihres Lebens konnten sich die Italiener sicher fühlen: jede Nacht Hausdurchsuchungen, einige wurden auf Lastwagen fortgebracht, die nie wiederkehrten . . .« Silvio Benco, zit. nach Maserati, S. 7 f.)

Aber das waren eigentlich bekannte Vorgänge aus der Zeit des Faschismus, der doch wohl die Gefühle Triests nicht weniger beleidigt haben muß. Das Trauma der jugoslawischen Besetzung hatte sicher etwas zu tun mit der politischen Rache an den Faschisten und Unterdrückern der slowenischen Minderheit. Auch liefen Enteignungsaktionen, da sich die Rote Armee in der Stadt versorgen mußte. Doch dieses Trauma hat eine historische Wurzel. Triest hat sich immer als Verteidigerin des Italienertums gegen den Balkan verstanden, ihre Angst war immer, die Slawen könnten die Übermacht gewinnen.
Nach der Roten Armee kam die Alliierte Zonenverwaltung, erst 1954 wurde Triest wieder Teil Italiens. Aber auch das war keine glückliche Rückkehr. Die Probleme einer Handelsstadt ohne Hinterland blieben. Der italienische Staat behandelte Triest steuerpolitisch wie den *Mezzogiorno* – für Triestiner eine Beleidigung, denn für sie liegt der Mezzogiorno in Afrika – ohne wirkliche ökonomische Perspektiven zu eröffnen. In Italien wurde Triest zur Stadt am Rande. Senator Vidali (PCI) schildert diese Randlage so:

»Der italienische Staat hat für Triest den Notstandsstaat, die Notverordnungen und Sondergesetze und die Militärgerichte gebracht. Seit dem Mai 1921 hat es keine Wahlen gegeben. Schon 1919 ist der Faschismus aufgetaucht, mit seinen Gruppen von Muttersöhnchen, die die Viertel der Arbeiter anzündeten. Damals bahnte sich auch das Abenteuer d'Annunzios an, das bei uns faschistischen Charakter annahm. Schon damals nannte man uns ›slawische Kommunisten‹, schon damals wurden die Triestiner als Italiener zweiter Klasse bezeichnet.
Triest bezahlte für den Faschismus einen hohen Preis. 95 Prozent der von Mussolini Erschossenen waren Leute unseres Landes . . . Dann kam der Krieg und mit ihm die entsetzlichen Massaker zwischen 43 und 45. Danach die Jahre der anglo-amerikanischen Okkupation, die Toten auf der Straße, und schließlich die Rückkehr nach Italien. Hier wurde eine rechte Bürokratie installiert, ›sichere‹ Polizisten für die DC oder direkt Faschisten. Sie drückten die Demonstrationen der Arbeiter an den Rand und versuchten die Arbeiterbewegung zu isolieren. Es begann der ökonomische Niedergang. Sehen Sie, die Demokratie ist nicht allein Freiheit, zu ihr gehört auch die Möglichkeit zu arbeiten. Viele haben das vergessen.« (*Il Meridiano di Trieste,* 15. Mai 1980)

Der Widerspruch zwischen Triestiner Politik und nationaler Politik ist auf Grund der besonderen Lage und Geschichte der Stadt unversöhnlich. 1964 wurde beispielsweise die große Werft ›San Marco‹ geschlossen, einer der wichtigsten Arbeitgeber der Stadt. Es kam zu härtesten Arbeiterkämpfen. Das Viertel *San Giacomo* war praktisch befreites Gebiet, durch Barrikaden abgegrenzt. Dennoch, das ökonomische Schicksal ließ sich nicht abwenden und schlimmer noch: die PCI blieb hilflos gegenüber dem Widerspruch zwischen nationaler und städtischer Politik, wollen nur um die Erhaltung der Arbeitsplätze verhandeln.

Dieser Widerspruch hat zu einem schrittweisen Kreditverlust der nationalen Parteien geführt. Am meisten bekamen das die Christdemokraten zu spüren. Diese Tendenz hat die *lista civica* an die Regierung gebracht, eine Regierung, deren politische Linie sich in der Polemik gegen den italienischen Staat erschöpft. Sie hat kürzlich am 8. Juni auch die Provinzialwahlen gewonnen.
Die Triestiner Kultur entsprang nicht der Triestiner Geschichte, so wenig wie diese Geschichte eine Geschichte Triests war. Die Kultur war immer der Widerstand gegen das jeweilige historische Schicksal der Stadt. Zum Teil wurde ›große Kultur‹ inszeniert, mit Opern, Konzerten, Dichterlesungen. Auch gegenwärtig bemüht man sich um derartige Wiederbelebungsaktionen. Die ›große Kultur‹ spiegelte wiederum ihre eigene Widersprüchlichkeit: literarisch wurde nach Mitteleuropa geschielt, musikalisch nach Italien. Daß Triest in den 20er Jahren ein Zentrum der europäischen Literatur war – um nur die beiden Namen James Joyce und Italo Svevo zu nennen – entging wiederum den Triestinern. Ihr großer Autor wurde praktisch erst jetzt, mit seinem 50. Todestag, anerkannt. Eine der häßlichsten Straßen ist nach ihm benannt. Die andere Seite der Kultur ist die Volksliedtradition, die sich in den einzelnen Stadtteilen erhalten hat. Diese Tradition ist eng mit dem Dialekt verbunden. Erst jetzt verstehe ich das Problem von Zeno Cosini: als er seinen Schwiegervater auswählt, überlegt er sich, ob er mit ihm triestinisch oder italienisch reden soll. Italienisch ist die Sprache brüsker Amtsformalität, Geschäfte werden im Triestin abgeschlossen. Dieser Dialekt verletzt die italienischen Ohren, die Triestiner hingegen weigern sich, Italienisch zu lernen.
Basaglia, ein Venezianer, äußerte sich zur Triestiner Kultur und Sprache so:

Auf der einen Seite gibt es die Gewalttätigkeit, die in Triest immer eine faschistische Gestalt annimmt, auf der anderen Seite gibt es den *perbenismo* (Gutbürgerlichkeit): den status quo bewahren, nichts darf den glatten Gang des ›gentlemen agreement‹ zwischen den Leuten stören. Man muß einfach sehen, daß sich bis zum gedemütigsten Triestiner herunter noch immer die Reflexe der Herrschaftlichkeit der Bourgeosie des 18. Jahrhunderts spiegeln . . .
Mich hat immer die Angst des Triestiners betroffen gemacht, eine Angst, die in der Stadt fühlbar ist, die sich in allen Lebensformen ausdrückt: angefangen vom Dialekt, der eine unglaubliche Ausdrucksgeschwindigkeit hat, so daß er manchmal einen geradezu manischen Charakter annimmt (man muß alles sofort sagen), bis zur Angst, daß dir niemand das Leben nimmt, bis zum Bedürfnis, alle Lebensprobleme gleich auszupacken. Diese Angst kann zu einer existentiellen Krise führen, die die notwendigen Entscheidungen gefährden, die nun einmal gefällt werden müssen. Angesichts einer Entscheidungssituation muß jeder auf seine Art seine Probleme lösen; und der Triestiner hat sich immer in der Zwangslage befunden, sich in größter Eile entscheiden zu müssen. Die Geschichte hat ihn immer zwischen zwei Feuer, zwischen zwei Kulturen, zwischen zwei Staaten gestellt. (ponterosso, rusi most, 1. Juni 1979)

Ein Seitenblick auf die ökonomische Misere

Erster Punkt jeder ökonomischen Debatte ist der Hafen. Für Triest mußte es als ein Akt nationaler Ungerechtigkeit erscheinen, daß der italienische Staat in andere Häfen investierte, wo die Stadt doch mit den extremsten Standortnachteilen zu kämpfen hatte. Der Hafen ist nach wie vor der größte Arbeitgeber (5000 Arbeiter und Angestellte), aber es gehen von ihm keinerlei ökonomische Impulse für die Stadt aus. Er ist ein reiner Warenumschlagsplatz. Die Werftindustrie hingegen nimmt ständig ab.

Die Bevölkerungsstatistik zeigt eine starke Abwanderungstendenz. Seit 1974 ist die Bilanz negativ. Zudem wird die Alterspyramide immer kopflastiger, so daß man fast von einer Stadt der Pensionierten sprechen kann.

Verglichen mit Italien und den umliegenden Provinzen konzentriert sich die Triestiner Wirtschaft mehr und mehr auf Handel, Dienstleistungen, öffentliche Verwaltung, Banken und Versicherungen. Die Arbeitsplätze nehmen dabei ständig ab. In den 60er Jahren sind im Zuge der Dezentralisierung der Konzerne und mit Hilfe von Steuererleichterungen (Frauen-)Arbeitsplätze vor allem in der Textilbranche geschaffen worden. Mit der Krise der 70er Jahre gingen vor allem diese Arbeitsplätze verloren. Die Frauenarbeitslosigkeit übersteigt bei weitem die der Männer.

Es gibt nur einen Wirtschaftszweig, der richtig blüht. Das ist der schwer kontrollierbare levantinische Detailhandel mit den Jugoslawen. Die Innenstadt wird durch Jeans-Geschäfte erobert und verödet entsprechend. Hier entwickelt sich eine mafiaähnliche Marktkontrolle mit geschmierten Zöllnern und allerlei Durchstechereien. Kleine Fabriken, die echte Levi-Jeans herstellen, die dann bis zum dreifachen Preis bis nach Moskau gehen, werden allenthalben ausgehoben. Ab und zu brennt auch schon einmal ein Laden und die Polizei hat von nichts gewußt. Eine kleine Wirtschaftsblüte, die über Nacht eingehen kann. Alarmzeichen hat es schon gegeben. Vor einem Jahr nahmen die Kontrollen an den Grenzen abrupt zu und die Käuferströme wandten sich nach Gorizia. In den Triestiner Zeitungen wurde der Verdacht geäußert, da habe doch Gorizia Geld fließen lassen.

Die ›Kultur der Einweisung‹ I

Eines der offensichtlichsten Probleme der Stadt ist die rasch zunehmende Überalterung. 1961 waren schon 19,7 % im Alter von über sechzig Jahren (in ganz Italien dagegen 13,9 %), im Jahre 1971 erreichen die Über-Sechzigjährigen einen Prozentsatz von 25,5 (in ganz Italien 1971: 16,6 %). Das Alter hat in Triest zwei Erscheinungsweisen: den schon angegilbten Glanz des *perbenismo,* der gutbürgerlichen Lebensweise, die sich Tag für Tag rituell in den Wiener Cafés wiederholt, und das in den ärmeren Stadtvierteln versteckte Elend. Jede Stadt mit einem so hohen Anteil von Alten entwickelt ihre eigene Rüdheit. Abgesehen davon, daß die notwendigen sozialen Einrichtungen fehlen oder in völlig unzureichendem Maße vorhanden sind, ist auch das soziale Gewebe fadenscheinig geworden. Die Nachbarschaftsbeziehungen scheinen sich in dem Maße auszudünnen wie sie gebraucht werden.

Ein emblematischer Fall: Eine Sozialarbeiterin ruft im *Centro di salute mentale di Barcola* an und erzählt eine ziemlich unklare Geschichte von zwei Alten im akuten Erregungszustand, der Mann womöglich schon halluzinierend. Wir machen uns auf den Weg. Es ist ein sehr steiler Weg. An der Adresse finden wir eine *casetta* vor, ein Häuschen, einstöckig, mit einem gepflegten Garten, einer Weinlaube. Innen ist es blitzsauber, die Frau entschuldigt sich dennoch für die Unordnung. Beide Ehepartner sind über 80. Beide haben Angst um den anderen. Der Mann sagt, seine Frau habe manchmal Schwindelanfälle und könne sich dann nicht abstützen. Er führt es sogleich vor. Auch er sei krank. Die Frau gibt zu verstehen, daß er etwas hypochondrisch sei, er habe einen ganzen Schrank vollgestopft mit Medizin. Das Gespräch berührt alle möglichen Dinge, am Ende klärt sich der Kern des Problems. Beide fühlen sich in der Philemon und Baucis-Situation nicht mehr sicher. Beide möchten sich in ein Sanatorium einweisen lassen, aber die Chance, gleichzeitig einen Platz zu finden, ist gleich Null; auch die Finanzierung macht Schwierigkeiten. Die Vorstellung, sich allein einweisen zu lassen ist unerträglich, denn dann bliebe der andere ohne Hilfe zurück. Die Einweisung als Rettung. – Ich habe gefragt, wie sie denn die Einkäufe erledigten, vor allem im Winter, da der Anstieg ja nun wirklich Mühe mache. Es stellte sich heraus, daß sie mit den Nachbarn überhaupt nicht rechnen konnten, wiewohl die ganze Umgebung nach alltäglichen Beziehungen ›über den Gartenzaun‹ aussieht. »Nein, wir haben nur Grußkontakt.«

Das Irrenhaus in San Giovanni funktionierte z. T. auch als Altenheim. Diese Tatsache ergibt sich nicht nur aus dem hohen Anteil der Alten an den Patienten. Auch der Anteil der weiblichen Langzeitpatientinnen ist deutlich höher als der Anteil der Frauen an der Gesamtbevölkerung. Frauen werden durch Alter und Einsamkeit härter betroffen, sie haben als Treffpunkt nicht einmal die Osterien. Es geht dabei nicht nur darum, daß die Triestiner Kultur den Mechanismus der Einweisung geradezu brauchte, um Schmutz, Not und Wahnsinn – bzw. das, was alle drei ›Krankheiten‹ in eine zusammenfaßt: das Alter – abschieben zu können. Viel gravierender ist die andere Seite des Problems: daß viele Menschen in dieser Stadt in Verhältnissen leben, in denen sie die Einweisung in ihr Überlebenskalkül einbeziehen *müssen.* Aus diesem Bedürfnis zieht die psychiatrisch-medizinische Kette ihre Rechtfertigung. Die Ideologie ruht in der Funktionsweise der Institution selber – es ist nicht die Not, sondern der Notfall, um den es sich dreht.

Ein Arzt in der Notaufnahme, der über Jahre beim Roten Kreuz gearbeitet hat, beschreibt und kommentiert die Triestiner Kultur der Einweisung folgendermaßen: »Der allgemeinen Mentalität in Triest zufolge ist die Einweisung das non plus ultra der Behandlung. Wenn jemand auf der Bahre liegt und seine Einweisung in der Tasche hat, sagt er sich: ›so werde ich geheilt werden.‹ . . . Wenn du in Triest Nachtdienst machst, erlebst du eine verrücktgewordene Stadt. X-mal frage ich: ›Meine Dame, ich komme selbst, um eine Spritze zu geben‹ – für eine gänzlich banale Kolik, die dir Symptom für Symptom am Telefon beschrieben wird – und sie sagt darauf: ›Nein, ich will ins *Ospedale Maggiore* aufgenommen werden.‹ Also schicke ich die Ambulanz, sie kommt herein, du machst die Injektion, die du bei ihr zu Hause hättest machen können und schließlich verschwindet sie und kehrt zufrieden nach Hause zurück. Alle umarmen und küssen dich für eine Pille. Es handelt sich oft um einsame, alleinstehende Personen ohne Hilfe. Das Problem besteht darin, daß es keinen Hausarzt gibt. bzw. keinerlei Garantie, daß er im Notfall erscheint«. (Giovanna Gallio, in: Misiti u. a.)

Die Einsamkeit der Alten führt zu einem Bedürfnis nach Präsenz des Staates, nach seinen ständig abrufbaren Notfallmechanismen. Bei der Zerstörung der Psychiatrischen Klinik handelte es sich also nicht nur um die Auflösung eines Lagers dahinvegitierender Notfälle, nicht nur um den Kampf gegen die Barbarei der Klinik –, sondern auch um den Kampf gegen das verzweifelte Bedürfnis nach Klinik. Indem in einem achtjährigen Kampf ein Teil dieser Einweisungsmechanismen aufgelöst werden konnte, hat sich auch ein Stück der Kultur der Stadt geändert. Nie ging es also einfach darum, das staatliche Instrument zu beseitigen; vielmehr galt es, die fatale Symbiose von Not, Angst und Staatsapparat aufzulösen; nicht in einer tour du force zu entpsychiatrisieren, sondern die psychiatrischen Instrumente umzuformen in wahrhaft öffentliche Institutionen, die rational benutzt werden können, die auf die Forderung der Misere nicht mit einem Mechanismus reagieren, vor denen die Not sich also nicht erst als Notfall maskieren muß.

(3) Einführung in die Triestiner Psychiatrie und ins Buch

Besichtigung des Geländes

Ich habe mir lange überlegt, ob ich ›unten‹ oder ›oben‹ anfange. Die Klinik liegt in einem steil abfallenden, mit schönen Bäumen bestandenen Park, der am Karstabbruch beginnt und an einer der Hauptstraßen endet. Unten kamen die Patienten hinein, nach oben hin wurden sie ruhiger, bis sie endlich starben. Die kulturrevolutionären Impulse des antiinstitutionellen Kampfes kamen von oben, von den Abteilungen der ›Ruhigen‹. Von unten her wurde die Klinik geräumt, aber oben wohnen immer die ›ospiti‹ (›Gäste‹), die ehemaligen Langzeitpatienten. Von unten her gesehen läuft die Geschichte der Auflösung systematisch voran, von oben her sieht sie eher wie ein Kreislauf aus. Beginnen wir also von oben:

An einer Kurve der abfallenden Magistrale muß man links einbiegen; man fährt durch eine kleine Pforte und kommt an der ehemaligen Sterbekapelle vorbei. Weiter unten liegen rechts zwei kleine Häuser, ehemals Isolierstationen für ansteckende Krankheiten. In dem vorderen wohnen etwa zehn alte Frauen, die alle aus drückenden institutionellen Situationen kommen. Ihr Gemeinschaftsleben hat sich über die Versorgung der Katzen entwickelt. Weiter hinten liegt das ›Z‹, die Abteilung, die acht Oligophrene beherbergt. Eine Abteilung ohne eigentlich psychiatrische Probleme, wo aber viel zu machen wäre. Aber das Personal reicht nicht aus. Wenden wir uns nach links: der große Komplex der *Casa domenicale*. Hier wurden die ersten Patientenwohngemeinschaften eingerichtet, im Augenblick sind es sechs Wohngemeinschaften. Die Frauenwohngemeinschaften brauchen weniger pflegerische Assistenz als die Männer. Auch hier handelt es sich um ›ospiti‹, um ehemalige Patienten, die keine Familie mehr haben und zum großen Teil nicht mehr fort wollen. Weiter unten betritt man ein kleines Dorf, in der Mitte die Kirche. Links ist die Schreinerei, an sie schließt sich die Bar an, die vor einem Jahr von ›psychotischen‹ Jugendlichen eröffnet wurde. In ihr treffen sich tagsüber die Alten aus den umliegenden Abteilungen, eine Wahrsagerin aus der *Casa domenicale* geht ihrem Tagwerk nach, die Mitarbeiter machen dort ihre Kaffeepausen oder Arbeitsbesprechungen. Nebenan ist der Schönheitssalon. Gegenüber der Bar befindet sich eine Abteilung mit sehr unterschiedlichen Patienten, die noch keine Gemeinsamkeit entwickelt haben. Dahinter ist die ehemalige Boutique der Handarbeits-Kooperative der Frauen.

Ospedale psichiatrico Provinciale (O.P.P.)

"San Giovanni" – Stand bis etwa 1974

(Ziffern) s. Fotos S. 23

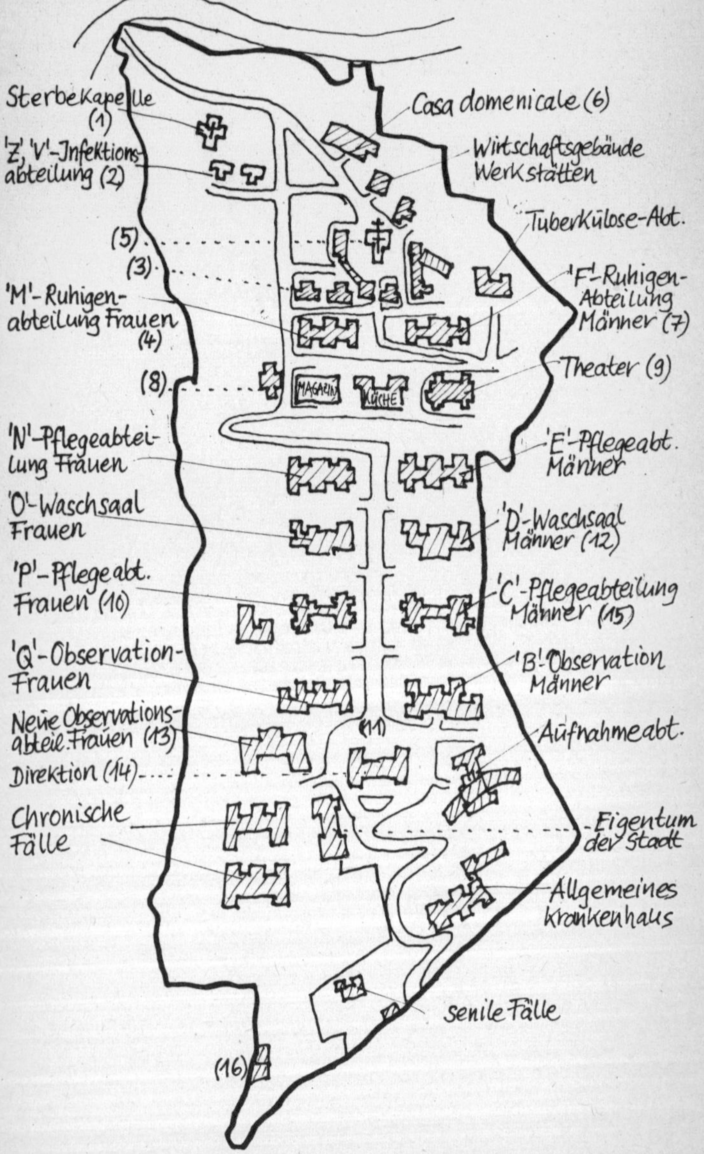

Ospedale psichiatrico Provinciale (O.P.P.)
"San Giovanni" – Stand 1980

(Ziffern) s. Fotos S. 23

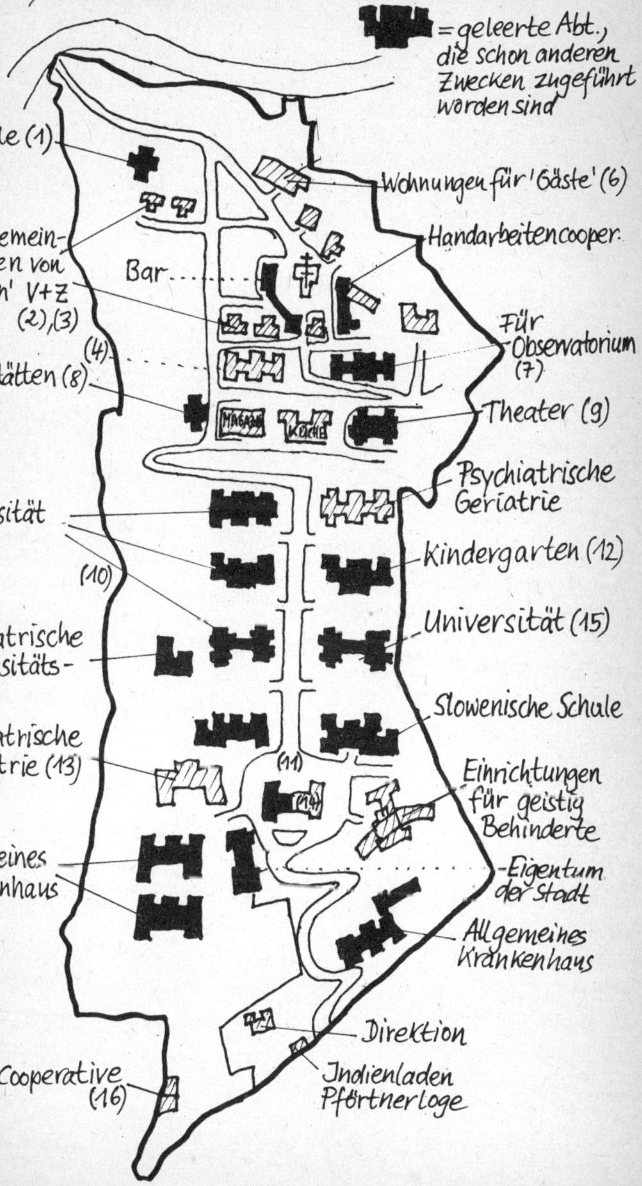

Hinter der Bar stehen noch zwei Häuschen mit zwei Stockwerken, in denen 26 Frauen bzw. 28 Männer wohnen. Sie haben zwar alle noch den großen Schlafsaal, aber das scheint keine Probleme mehr darzustellen. Es handelt sich um relativ festgefügte Gemeinschaften, die schon mehrfach gezeigt haben, daß sie sich nicht trennen lassen wollen. Auf jeden Fall versucht niemand, die Entleerung des Irrenhauses auf ihren Rücken auszutragen. Im Haus der Frauen finden sich Blumen, alle Anzeichen von Tätigkeit, und es riecht angenehm. Das Haus der Männer ist nach wie vor ein tristes Obdachlosenasyl. Ich empfinde es immer als deprimierend, wie wenig Männer, wenn sie einmal das Unglück getroffen hat, aus den gegebenen Umständen etwas machen können.
Für diesen ganzen Komplex laufen Verhandlungen mit dem sozialen Wohnungsbau. Man will erreichen, daß die Räume, die frei werden, öffentlich ausgeschrieben werden.
Unterhalb dieser Region treffen wir auf zwei große Gebäude, das ›F‹ und das ›M‹, beide ehemals Abteilung für ruhige Fälle. Im ›M‹ wohnen im Augenblick 27 Männer, jeder hat ein eigenes Zimmer, die Küche ist neu eingerichtet, mit einer Kapazität, die später vielleicht ermöglicht, eine Trattoria für den allgemeinen Publikumsverkehr einzurichten. Das ›M‹ soll eine *casa albergo,* ein hotelähnlicher Betrieb, werden. Das ›F‹ hat eine lange Geschichte. Es war die erste befreite Zone, wo für ein halbes Jahr Pfleger, Ärzte und Patienten gemeinsam gelebt haben. Seit 1976 stand es leer. 1978 zogen dann die freiwilligen Mitarbeiter ein. Ich selbst habe ein Jahr dort gelebt. Die neue Geschichte des ›F‹ ist bunt, aber nicht immer unterhaltsam. Seit dort die Freiwilligen wohnten, war es nächtlicher Fixpunkt einsamer Männer. Drogenabhängige lebten dort und provozierten Polizeirazzien. Gruppen von Psychiatrietouristen fanden Unterkunft. Die freiwilligen Mitarbeiter brachten Patienten mit, die dann den anderen auf den Wecker gingen. Verglichen mit den psychiatrischen Abteilungen schnitten wir schlecht ab. Wir waren nicht in der Lage, Diebstähle, Gewalt und nächtliche Störungen zu verhindern. Die Hoffnung, daß sich durch die Jugend im Gelände alternative Lebensformen entwickeln würden, wurde blamiert.
Hinter dem ›F‹ liegt das ›T‹. Es beherbergt etwa 20 Männer. Im Untergeschoß befindet sich die Werkstatt von Paulo. Er stellt eine der über jeden Zweifel erhabenen Autoritäten dar. Er kam in jungen Jahren in die Psychiatrie, hat die ersten Jahre geschwiegen und gelesen. Durch Bücher ist er zu einem souveränen Automechaniker geworden. Von der Autoreparatur lebt er, aber er interessiert sich für Elektronik. Sein Problem: »Wer bringt mir schon einmal einen Computer zum Reparieren«. Er nimmt nicht jede Reparatur an, der Kunde muß von ihm akzeptiert werden. Seine ruhige Würde und wachsame Distanz lassen nur gleichberechtigte Beziehungen zu. Ärzte haben geringere Chancen, sie biedern sich zu sehr an.

Blick auf das Gelände

nach Lageplan geordnet s S. 20

1

2

3

4

5

6

7

8

9

10

11

12

13

14

15

16

Unterhalb dieser Komplexe liegen das Theater, die Großküche (die überflüssig gemacht werden soll) und die Energiezentrale. Dann macht die Straße eine scharfe Kurve, am ›N‹ vorbei, einem der Altenheime auf dem Gelände. Jetzt steht es leer, die Leute sind in das gegenüberliegende ›neue E‹ eingezogen.
Nach der nächsten Kurve fällt der Blick auf eine abfallende Allee, die einen freien Blick auf die Stadt und den größeren Teil des Klinikgeländes erlaubt. Diese Allee war früher die Grenzlinie zwischen der Welt der Männer und der Welt der Frauen. Zu beiden Seiten liegen die größten Abteilungsgebäude. Fünf dieser Komplexe stehen teilweise schon seit geraumer Zeit leer, inzwischen sind sie an die Universität verkauft, die dort das Sekretariat und Studentenwohnheime einrichten wird.
In einer der geleerten Abteilungen befindet sich ein Kindergarten, einer der schönsten von Triest. In der siebten geleerten Abteilung, einst ›Korea‹ genannt (weil es vollgestopft wie ein Kriegsgefangenenlager war), hat in den Jahren 1973-74 das Künstlerkollektiv ›Arcobaleno‹ gearbeitet. Im unteren Stock befand sich die Magazinverwaltung, jetzt ist dort eine slowenische Schule eingerichtet. Die Aufnahme ist seit März 1980 aufgelöst (sie liegt unterhalb des ›B‹ bzw. ›Korea‹). Im Augenblick sind dorthin die Freiwilligen des ›F‹ und andere wohnungslose Mitarbeiter der Psychiatrie eingezogen, da das ›F‹ an das Observatorium verkauft worden ist.
In der ›Ex-Direktion‹, dem beherrschenden Palast in der Mitte, befinden sich noch Patientenwohngemeinschaften. Das Gebäude aus den fünfziger Jahren daneben, das ›E‹, bis vor kurzem noch verrufener Überrest der alten Klinik, ist inzwischen geschlossen worden. Dann steht da die wuchtige Masse des ›reparto Rally‹. Dieses Gebäude gehört der Stadt, die zwar die Provinzialverwaltung für die ›Verwüstung‹ des Geländes haftbar machen will, aber selbst nicht in der Lage ist, es einer neuen Nutzung zuzuführen. Die Straße macht wiederum zwei scharfe Kurven. Ein Seitenweg führt zu einer kleinen Villa, in der sich jetzt die Direktion befindet. Geht man einen romantischen Waldpfad weiter, kommt man zu dem verwunschenen Schlößchen der Kooperative. Dort befindet sich die

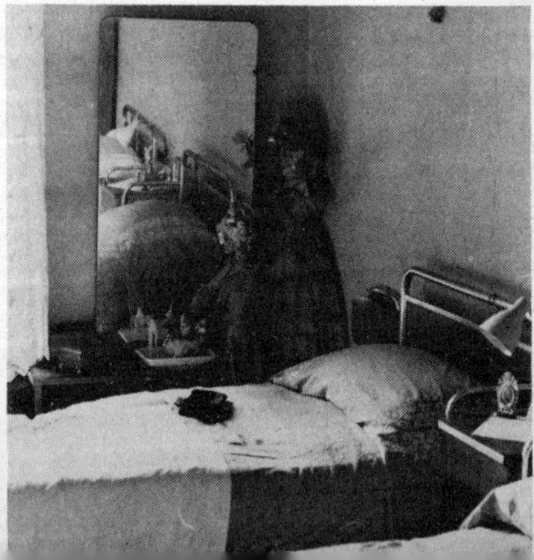

Zimmer von Angela M. (82)

Vor der casa domincale

Verwaltung und die Buchbinderei. Doch wir folgen der Hauptstraße bis zur Pforte. Im Pförtnergebäude ist jetzt ein Indienladen eingerichtet worden. Wir durchschreiten die Pforte und sind mitten in der Stadt.

Was haben wir gesehen? Einen ehemals von der Gesellschaft getrennten Ort, der für die Öffentlichkeit verwendbar gemacht worden ist; ein weites Feld für künstlerische Initiativen; einen historischen Kampfplatz. Von den vergangenen Kämpfen künden die verwitternden Inschriften, sehr sorgfältig gearbeitet noch die Inschriften und Parolen des Anfangs (ÖFFNUNG, FREIHEIT HEILT), spätere Zeugnisse BASAGLIA – DIREKTOR VON ASINARA! (Sondergefängnis für politische Häftlinge) wurden dann schon mit der Sprühdose ausgeführt; hier bewegen sich die etwa 200 ›ospiti‹, die auf dem Gelände alles finden, was sie brauchen: die Gesellschaft von Leuten, den Gang zur Bar, die Nähe zur Stadt und den Rückzug von der Stadt. Ist es Einbildung oder ist es wirklich wahrzunehmen: das Gelände scheint vom Geruch der alten Ängste, des verlorenen Schweißes, des getrockneten Urins und der Trauer um die verschwundene Lebenszeit durchzogen – darüber rauschen die Wipfel der Bäume, liegt der Duft der mediterranen Vegetation.

Verspätete Klage über das bittere Los der Freiwilligen

Eine freiwillige Mitarbeiterin aus der Schweiz berichtet:

»Das ›M‹ wurde in zwei voneinander unabhängige Patientengruppen unterteilt: die ›Autonomen‹, ca. 10 Patienten unter Aufsicht der Volontäre, und der Rest, ca. 30

Patienten unter Aufsicht des Pflegepersonals. Einer der ersten Schritte, den die ›Autonomen‹ lernen sollten, war, sich am Morgen selbst anzuziehen und Frühstück vorzubereiten. Die Volontäre diskutierten also erst einmal mit dem Pflegepersonal und verlangten, daß die ›Autonomen‹ nicht mehr um sieben Uhr (wenn der Spitalbetrieb beginnt) aus dem Bette gerissen wurden, sondern daß man ihnen Zeit gebe, um von selber aufzustehen und sich selbst anzuziehen. Das Pflegepersonal war scheinbar einverstanden.
Als am nächsten Morgen die Volontäre um 9 Uhr kamen, hatte sich eine Patientin wieder ausgezogen und auf den Boden gemacht. Die anderen saßen ganz verwirrt vor den leeren Tischen. Die Schwestern hatten gesagt: ›Seht, so sorgen die Studenten für euch!‹ Gegen Ende der drei Monate fanden die Studenten eines Morgens die Türen zum Eßsaal und zu den Schlafzimmern verschlossen, die Patienten saßen im Gang, hatten die Tische nicht gedeckt und kein Essen. Die Pfleger hatten angeblich die Schlüssel verloren. Nun mobilisierten die Studenten alle mobilisierbaren Kräfte, brachen die Tür zum Eßsaal auf und stellten sie in den anderen Flügel. Dann aßen alle zusammen. Bevor sie fertig waren, kam der Schlüssel wieder zum Vorschein und sie hängten die Tür wieder ein.« (Barbara Schmid, Zürich 1979, S. 24 ff.)

Man sieht, die freiwilligen Mitarbeiter konnten eine ganze Menge machen. Um im Triestiner Sprachgebrauch zu bleiben: sie waren das Instrument, um die hierarchischen Verhältnisse und die Binnenkultur der Klinik aufzubrechen. Nach meiner Schätzung hat es in den ganzen Jahren einen Durchlauf von über tausend freiwilligen Mitarbeitern gegeben. Ich behaupte (allein schon, um mir selbst eine Stelle im historischen Prozeß zu sichern), daß ohne die Volontäre die Erfolge der Triestiner Praxis nicht denkbar waren. Nicht, weil die Volontäre so hervorragend gearbeitet haben (im Gegenteil), sondern weil ihre bloße Existenz den Mythos der Behandlung liquidieren half. Sie brachten ihre ganzen Probleme, ihre Ideologien, ihre Unzufriedenheit, ihre Existenzangst mit, so daß es gar nicht mehr möglich war, sich gegenüber den Patienten einheitlich – und das heißt pädagogisch – zu verhalten. Die Patienten entkamen der Polarität von Pfleger/Arzt: sie konnten jetzt drei Gruppen gegeneinander ausspielen. Daraus allein entsprangen Ansätze egalitärer Beziehungen.
Aber noch bedeutsamer ist, daß durch die Volontäre das Verhältnis Arzt/Pfleger verändert wurde. Die traditionelle Hierarchie wurde ja noch dadurch verschärft, daß jetzt von oben nicht nur die Befehle kamen, sondern auch der Fortschritt. Die Konfrontation von ärztlicher Avantgarde und ›reaktionärer Pflegermasse‹ hätte meiner Meinung nach eine regressive Dynamik entwickelt. Viele Widersprüche konnten durch die Volontäre und auch auf deren Rücken entschärft werden.
Die Volontäre bekamen kostenlose Unterkunft und Mahlzeiten, im Durchschnitt arbeiteten sie zwischen drei Monaten und einem halben Jahr. Sie hatten einen großen praktischen Spielraum und konnten autonom entscheiden, was sie mit einem Patienten machen. Viele arbeiteten in den Wohngemeinschaften. Einer Gruppe spanischer Studentinnen wurde eine ganze Abteilung anvertraut. In dem Kampf, der dann begann, haben allerdings die Pfleger gewon-

In der Bar

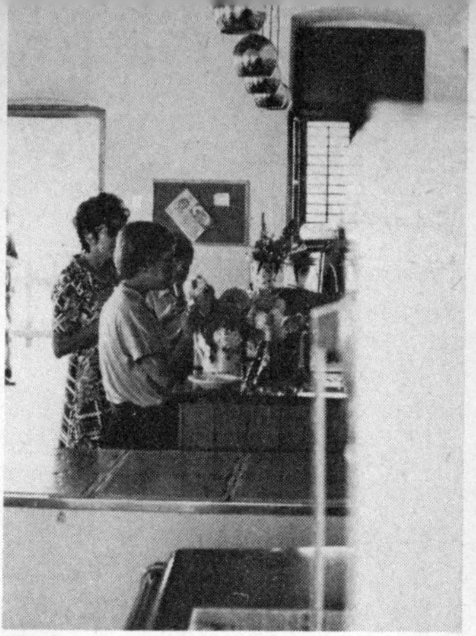

nen. Volontäre, die in den Zentren untergebracht wurden, machten, weil es sich so ergab, auch die Nachtwache. Die große Stunde der Volontäre war immer die Vollversammlung, da schwiegen die Pfleger und die Ärzte führten mit den Studenten 68er' Debatten.
Offiziell war ich die ganze Zeit meines Aufenthaltes in Triest Volontär, habe aber bald angefangen, mich von dieser Rolle zu distanzieren, denn auf die Dauer kam ich mir in ihr lächerlich und absurd vor. Als feste institutionelle Figur ließ sich diese Rolle nicht leben. Auf der einen Seite mußte man gegenüber den Pflegern den Verdacht zerstreuen, man arbeite weniger und genieße nur das kostenlose Essen. Auf der anderen Seite war es absurd, sich in den Schichtwechsel einzureihen und Sonnabend morgens um 8 Uhr zur Arbeit zu erscheinen, um dann nichts zu tun, weil alles friedlich war.
Als Volontär war man gekommen, seine spontanen Ideen zu verwirklichen, sinnvoll zu arbeiten. Der Beruf des Volontärs war die sinnvolle Arbeit. Insofern konnte man nicht ins Zentrum gehen, um seine acht Stunden ›abzureißen‹. Es war also nie möglich, in eine wirkliche kollegiale Beziehung zu den Pflegern zu kommen. Die Rhythmen der normalen Arbeit, die sich in den Debatten um die Schichtwechsel ausdrückten, waren uns versperrt. Der Mangel an Alltäglichkeit hat mich eigentlich am meisten geschmerzt.
Die Selbstorganisation der Volontäre ist auch nie gelungen. Einmal wegen der unterschiedlichen und unverbindlichen Aufenthaltsdauer. Auch waren die Interessen zu verschieden: es gab da die Fanklubs für bestimmte Ärzte; die Ausländer begriffen diese Arbeit als eine Form von Psychiatrietourismus; die italienischen Studenten kämpften zum Teil darum, sich unentbehrlich zu machen, um später eine Stelle in Triest zu bekommen. In der Tat haben 30 von den 1979 neu eingestellten Pflegern vorher das Volontariat gemacht. Die Mehrheit der italienischen Freiwilligen brachten die ganze Verzweiflung der Jugendarbeitslosigkeit mit. So gesehen wirkte der Lobspruch eher zynisch, daß sich die Volontäre durch die Macht auszeichneten, bestehende Verhältnisse zu brechen. Da trifft das ungnädige Wort von oben, von Basaglia, eher zu: »Die Freiwilligen kultivieren ihre Scheiße in der Jagd nach einem Arbeitsplatz.« Gerecht ist das allerdings auch nicht.

Worüber ich schreibe, worüber ich nicht schreibe

Die steigende Flut der antipsychiatrischen Literatur in der BRD finde ich erschreckend, vor allem, weil sie eine beängstigende Tendenz zur Ausbreitung der therapeutischen Kultur anzeigt, die von der fatalen Utopie getragen wird, daß es in Zukunft keine Nachbarn oder Mitmenschen mehr geben wird, an die man sich bei Problemen wenden wird –, sondern nur Selbsterfahrungsgruppen, Rollenspiele, Therapien. Mir mißfällt auch das fortschrittliche Pathos der antipsychiatrischen Literatur, worin der politisch längst widerlegte Mythos wieder auftaucht, es gebe eine fortschrittliche, positive Praxis des Staatsapparates. Aber selbst wenn wir uns der Idealvorstellung hingeben, die Psychiatrie der Zukunft sei so wärmend und beruhigend wie ein Mutterschoß und der Psychiater so kühn und klug wie ein Vater, so würde das schließlich nichts ändern am Versagen der Familie, der Nachbarschaft, der alltäglichen Solidarität unter den Menschen, die bei jedem Problem nach dem Staat rufen, anstatt sich selber einzumischen.

Ich hatte mir ursprünglich vorgenommen, einen Roman über Triest zu schreiben, der sich aus einem Gewirr von Patientengeschichten entwickeln sollte. Ich habe dieses Projekt fallengelassen. Ich merkte, indem ich in der Psychiatrie arbeitete, daß ich die Patientengeschichten gar nicht so genau wissen wollte. Das geile Sichstürzen auf die Vergangenheit des Patienten kam mir verdächtig vor. Ich wollte nicht alles über sie wissen, während sie nichts über mich wußten. Außerdem: in seiner aktuellen Existenz wird der Patient von der Öffentlichkeit ausgeschlossen, aber seine Vergangenheit wird widerstandslos der Öffentlichkeit preisgegeben. Die Psychiatrie und die Psychologie ähneln der Ethnologie in der kolonialistischen Bemächtigung der menschlichen *terra inkognita.* Die Psychiatrie ist immer der nach innen gewandte wissenschaftliche Kolonialismus gewesen und solange dies noch so ist, wissen wir nichts über die Patientengeschichte, sondern nur etwas über die Fallgeschichte. Ich beschränke mich in diesem Buch darauf, an wenigen Fällen darzustellen, wie die Institution einen Lebenslauf beeinflußt.

Ich benutze in diesem Buch die Worte *verrückt, Verrückte* ziemlich bedenkenlos und ohne Anführungsstriche. Das Objekt der Psychiatrie verrückt zu nennen scheint mir noch am gerechtesten, am wenigsten die Würde verletzend. Der Verrückte ist stigmatisiert (und das kriegt man durch andere Begriffe nicht weg), das Wort Verrücktheit drückt jedoch das Rebellische, Widersetzliche, Interessante aus, zeigt, daß diese Personen nicht mit der Institution zur Deckung gebracht werden können. In diesem Wort blitzt auch ein Moment von Neid auf: Wir sagen, es ist zum Verrücktwerden, aber wir bleiben dann doch lieber normal, obwohl wir dabei genau erfahren, daß wir eine unserer Möglichkeiten unterdrücken.

Vor größere Schwierigkeiten hat mich die Frage der Namen gestellt. In ihrem Buch ›Freiheit heilt‹ gibt Sil Schmid ganz automatisch den Ärzten Nachnamen, den Patienten Vornamen. Ich selbst wollte auf der einen Seite meine Freunde nicht mit Nachnamen anreden, darum aber nicht schon allen Vornamen geben und beispielsweise von Franco statt von Basaglia reden. Zum Teil habe ich Abkürzungen für sinnvoll gehalten, auf der anderen Seite gab es feste institutionelle Figuren, die auch ihre Namen haben. Ich habe mich auf mein Gefühl verlassen und bin bereit, jeden Einzelfall zu rechtfertigen.

Über Krankheitsbilder und ihre Veränderungen habe ich kaum geschrieben. Es ist nicht so, daß sie sich in Triest vollends aufgelöst hätten. Aber man kann nicht über Psychose schreiben, ohne die konkrete Lebensgeschichte aufzurollen. Genausowenig, wie man über Verliebtheit oder Trauer schreiben kann, ohne die Personen vorzustellen. Außerdem hat es die Triestiner Praxis erreicht, aus dem Verrückten den Notleidenden, den Subproletarier, den Emarginisierten (den an den Rand Gedrängten) zu machen, mithin die Realität sans phrase zu produzieren. Und so ist es schwierig zu entscheiden, was wichtiger ist: die Psychose oder das Wohnungselend. Solange die Psychiatrie noch existiert, ist es eher angebracht, über das Wohnungselend zu sprechen.

Ich habe mich in meiner Argumentation auf die Psychiatrie von Triest beschränkt. Sie stellt innerhalb der Bewegung der *Psichatria democratica* meiner Meinung nach den vorgeschobensten Punkt dar. Also kann man aus ihr die zukünftigen Widersprüche am besten ablesen. Das italienische Panorama ist zu vielgestaltig, als daß man es kursorisch abhandeln könnte. Außerdem ist jetzt erst ein Jahr nach Inkrafttreten des Gesetzes Nr. 180 vergangen und die Situation ist in keiner Weise reif genug, um Aussagen über *die* Psychiatrie Italiens zu machen.

Dieses Buch wäre nicht möglich gewesen ohne die Mitarbeit von: Giuseppe dell'Acqua, Franco Basaglia, Bruno Cerni, Grazia Cogliatti, Giovanna Gallio, Mariuccia Giacomini, Mariagrazia Giannichedda, Renate Georgens in Volpi, Giovanna Del Giudice, Roberto Messina, Athos Mihicich, Mario Novello, Anna Merino, Dimitri Pikiz, Carla Prosdocimo, Fabio Pittuco, Carmen Roll, Franco Rotelli, Lorenzo Torresini, Venceslao Susmelj, Ernesto Venturini.

Meinen Dank kann ich im Augenblick nur in dieser unzureichenden Form ausdrücken.

Triest, 20. Juni 1980

P. S.: Bei der Übersetzung von italienischen Quellen habe ich mich so eng wie möglich an den Wortlaut des Originals gehalten. Die Quellenhinweise nach den längeren Zitaten beziehen sich auf die Titel im Literaturverzeichnis am Schluß dieses Buches.

(4) Zur Geschichte

Kleines Kalendarium

Nichts liegt näher als die Idee einer Chronologie, da die Veränderung einer Institution sich doch in der Logik des Geplanten ausdrückt und da das ursprüngliche Ziel der Zerstörung offensichtlich erreicht wurde. Aber es verführt dazu, den chronologischen Ablauf als eine Stufenleiter des Erfolges darzustellen. Solcher Triumphalismus ist in Triest immer kritisiert worden; man hat sich stets geweigert, Triest zum Schaufenster zu machen. Was heißt auch Erfolg? Die Psychiatrie war ja immer erfolgreich. Außerdem: jeder, der am Kampf gegen das Irrenhaus teil hatte, wußte, daß Stehenbleiben Rückschritt heißt, wußte, daß die ›Erfolge‹ immer gefährdet waren. Auch nach dem Gesetz 180 hat sich daran nichts geändert: »Der Staat, der das Gesetz gemacht hat, ist durchaus nicht derjenige, der es bis zum Äußersten verteidigt.« (Rotelli) Nein, da die Zerstörung des Irrenhauses nicht programmierbar ist, kann es auch keinen chronologischen Fortschritt geben. »Wenn man die Selbstverteidigungstechniken der Institution zerstört, befindet man sich mitten im Herzen der Widersprüche.« (Basaglia) – Der Begriff von Geschichte muß erst erarbeitet werden und es kann sicher kein Begriff sein, der vom Erfolg gekrönt wird. Die Geschichte wird immer von allen gemacht und die Macher sind durchaus nicht immer die Herren der Geschichte. Man muß immer erst entziffern lernen, was denn die bewegenden Kräfte sind. Es gibt nur eine Methode, der Geschichte aller gerecht zu werden: den Reichtum der Widersprüche zu entfalten – gegen die Logik der Chronologie. Und noch etwas: Biermann sagt, »Freiheit kommt nie verfrüht«, also kommt die *Befreiung* immer etwas zu spät, zumindest für manche.

1971

In der Psychiatrischen Provinzklinik befinden sich 1200 Insassen, davon sind 840, also fast zwei Drittel, Zwangseinweisungen.
Basaglia wird am 1. August zum Direktor der Psychiatrischen Klinik von Triest ernannt. Aufgrund des Gesetzes 431, das 1971 in Kraft trat, kann das Personal beträchtlich erhöht werden.
Oktober/November kommen die neuen Ärzte, es beginnen die ersten Vollversammlungen und die Öffnung der ersten Abteilungen.

1972
Im Januar verabschiedet die Provinzregierung die Verordnung über die Vergabe von Beihilfen an Ex-Patienten (›sussidio‹). Die Beihilfen (»das Geld direkt in die Hand der Leute«) sind in der ganzen Triestiner Geschichte als das entscheidende Instrument zur Befreiung der Verrückten angesehen worden, als etwas, »das durch keine Therapie zu ersetzen ist.«
Juni/November werden von der Provinzregierung die Verordnungen zur Neuordnung des Psychiatrischen Dienstes verabschiedet. Formal folgt man noch dem Konzept der Sektorisierung: die Stadt wird in fünf Zonen à 60 000 Einwohner aufgeteilt und man versucht, die Abteilungen statt nach dem klassischen Irrenhausschema (Langzeitpatienten, Akute, Unruhige etc.) nach Zonen, d. h. Stadtvierteln zu organisieren.
November: Treffen mit einer Gruppe des Sozialistischen Patientenkollektivs (SPK) Heidelberg, offizielles Abendessen mit dem Präsidenten der Provinzregierung. Als erste Abteilung wird das ›P‹ geschlossen.
Dezember werden die ersten Wohnungen für Patienten in der *casa domenicale* eingerichtet. Schließung der Abteilung ›M‹ wegen Renovierung.
Im ***November*** beginnt die Arbeit im Obdachlosenasyl G. Gozzi, das als einer der wichtigsten Brutstätten von Klinikaufnahmen erkannt worden ist. Es beginnt auch die Untersuchung über die psychiatrischen Dienste Italiens: der erste Versuch, einen genauen Überblick über die psychiatrische Situation Italiens zu bekommen.

1973
Januar kommen Teile der Equipe von Gorizia in Triest an. Im selben Monat findet ein Kongreß aller Verantwortlichen der Provinzialregierungen über die Ergebnisse der Untersuchung zur Lage der Psychiatrie in Italien statt.
Durch eine Verordnung der Provinzialregierung wird im ***Februar*** die neue institutionelle Figur des Gastes *(›ospite‹)* anerkannt. Ein *ospite* ist ein entlassener Patient, dem zugestanden wird, weiterhin aufgrund seiner ökonomischen Bedingungen auf dem Klinikgelände zu leben, zu wohnen und an den Mahlzeiten teilzunehmen. Der neue Status stellt in sich eine dramatische soziale Anklage dar.
Die Aufhebung der Geschlechtertrennung in der Klinik stößt auf Widerstand der Behörden: es wird Anklage wegen Vergabe von empfängnisverhütenden Mitteln an Abhängige erhoben.
Im ***Juni*** wird die Wäscherei geschlossen. Sie war bislang eine der Strafabteilungen für Pfleger und Stätte der Ausbeutung von Patienten. (Die neue Großwäscherei, einziger Neubau in diesen Jahren, wird ***1975*** abgelehnt.)
25. Februar: *Marco Cavallo.* Nach wochenlanger Vorbereitung, künstlerischen Aktivitäten, Zeichnen, Liederkomponieren, Theateraufführungen: erster kollektiver Auszug der Patienten in die Stadt, Teilnahme am Volksfest im Viertel S. Vito, Fotoausstellung in diesem Viertel.
27. September: Ende der Arbeitstherapie. Die anfallenden Arbeiten im Klinikgelände, Gebäudereinigung, Transport etc. werden der neugeschaffenen Kooperative von Patienten *(Cooperativa lavoratori uniti)* übergeben.
Oktober erster Streik der Kooperative, weil sie nicht offiziell anerkannt wird.
Die Weltgesundheitsorganisation erklärt nach Kontakten mit der Provinzialregierung Triest zu einem von sieben Pilotprojekten zur Untersuchung der Neuorganisation der psychiatrischen Dienste.

Im ***August*** wird die Abteilung ›D‹ geschlossen, die Schließung wird eingeleitet mit einer gemeinsamen Reise aller Patienten nach Ravenna.
Im ***Oktober*** versucht man die Funktion der Aufnahmeabteilung zu ändern, für jede Zone wird eine Aufnahmeabteilung geschaffen, mithin werden bewußt akute Fälle mit Langzeitpatienten gemischt.
Das erste Auto für den Außendienst wird angeschafft.

1974
Das Gericht erkennt schließlich die Kooperative an. Sie hat inzwischen 70 Mitglieder, alles Ex-Insassen. Mit der gerichtlichen Anerkennung kann sich die Kooperative Aufträge auf dem freien Markt verschaffen.
Dieses Jahr bringt eine einschneidende Veränderung der Klinikpopulation. Das Verhältnis zwischen Zwangseinweisungen und freiwilligen Aufnahmen hat sich praktisch umgekehrt: 100 Zwangsaufnahmen und 350 Freiwillige, dazu 360 Gäste. Die Verringerung der Patientenzahl macht den Bau einer zweiten psychiatrischen Klinik in der Provinz Triest überflüssig.
Im ***März/April*** wird ein selbstorganisierter Kindergarten in einer geleerten Abteilung eingerichtet.
Im ***April*** kommen die ersten dreißig Psychologiestudenten aus Padua. Die Praxis in der Klinik wurde von der Universität als Teil des Studienganges anerkannt.
Mai: Ankunft der Kriegsdienstverweigerer, die eine wichtige Funktion bei der Zerstörung einzelner Abteilungen hatten. Eine Gruppe von Pflegern aus Volterra verbringt in Triest ihren Bildungsurlaub. In dieser Form haben im Laufe der Jahre Pfleger aus Modena, Ravenna, Bari, Sassari, Pordenone, Trento usw. an der Praxis von Triest teilgenommen.
Juni: Anstellung von 15 Ärzten.
Juli: Die Arbeitszeit der Pfleger wird auf 40 Stunden reduziert. Gleichzeitig werden sie von Pflichten wie der Gebäudereinigung entbunden – formelle Voraussetzung für einen anderen Begriff von Berufsausübung. Auch die Selbstbestimmung über die Arbeitspläne beginnt. Unmögliche Arbeitszeiten (6-12 Uhr z. B.) werden schrittweise abgebaut.
Im ***Juli*** kommen die neuen Möbel, Plastiktische und Sessel, in den Farben Grün, Braun und Orange, mit elegantem Design.
Zur selben Zeit wird der erste Ferienaufenthalt für Alte (zumeist Langzeitpatienten) in Grado organisiert. Dies ist inzwischen zur Institution geworden. In diesem Jahr wird die Abteilung ›B‹ geschlossen, im Dezember auch die Abteilung ›C‹, einer der verrufensten Orte der Klinik (›sudici‹ – die Verdreckten, die Schweine).
Man begann zu dieser Zeit auch die ersten Außenzentren aufzubauen (Barcola, Aurisina, Muggia).

1975
Im ***Januar*** wird die *Villa Fulcis* in Belluno eröffnet, ein Renaissance-Landhaus im Gebirge, das etwa 60 Patienten Unterkunft bietet. Es ist kostspieliger, Patienten von der Gesellschaft zu trennen als sie ihr zurückzubringen (Tagessatz im Irrenhaus: 38 000 Lire, in *Villa Fulcis:* 10 000).
Am ***Anfang dieses Jahres*** werden offiziell die *Centri di salute mentale* von Barcola, Muggia, Aurisina (auf dem Karst, hauptsächlich für die slowenische Bevölkerung) und Via Gambini eröffnet. Die übliche Übersetzung als ›Außenzentren‹ führt ein wenig in die Irre, denn es handelt sich bei der

Arbeit nicht um extramurale Betreuung, Prävention oder Nachsorge. Die Zentren hatten eine präzise politische Aufgabe als Instrumente zur Zerstörung des Irrenhauses. Neue Patienten sollten grundsätzlich nicht mehr in die Klinik eingeliefert werden. Der Patient erhielt einen neuen Namen, der zugleich die Idee einer neuen Psychiatrie ausdrückt: *utente,* Benutzer.
Im ***Februar*** kommt es zu einer Krise in der Abteilung ›O‹: die Pfleger lassen die Kriegsdienstverweigerer nicht in die Abteilung.
Mai: Die obere Grenze der Beihilfe wird auf 80 000 Lire angehoben (seinerzeit etwa 200 DM). In diesem Jahr zeigt die Patientenpopulation folgendes Bild: 460 *ospiti,* 150 freiwillige Aufnahmen und 90 Zwangsaufnahmen.
Im ***Juli*** wird an der Stelle, wo vor einem Jahr noch der selbstorganisierte Kindergarten war, ein kommunaler Kinderhort eingerichtet, allerdings mit einigen Sicherheitsauflagen (z. B. hoher Drahtzaun). Dieser Kindergarten ist das erste Beispiel einer sich langsam entwickelnden Doppelstrategie: die Entleerung der Klinik auf der einen Seite und andererseits der Versuch, die Stadt ins Gelände zu ziehen.
Am ***16. September*** machen 80 Patienten einen Rundflug von Triest nach Venedig.
Im ***Oktober*** beginnt das Projekt der EG zur Wiedereingliederung Behinderter in die Arbeitswelt; ein Projekt, das die Gehälter der Mitarbeiter und die Projektkosten finanziert. Dadurch wurde der Aufbau von Patientenwohngemeinschaften und Kooperativen ermöglicht.
In diesem Jahr wird auch die berüchtigte Abteilung ›Q‹ aufgelöst.
Im ***Dezember*** wird die Stundenzahl der Pfleger auf 36 begrenzt.

1976

Dieses Jahr ist bestimmt von einer generellen Überprüfung der bisherigen Praxis. Man kommt zu der Überzeugung, daß die Zerstörung der psychiatrischen Institutionen, die Auflösung der ›Lager‹ an eine Grenze gestoßen ist. Mit der Auflösung des Irrenhauses sind die Probleme des Ex-Patienten in der Stadt, die Frage nach seinem Lebensraum, seinen Wohnbedingungen, seinen Arbeitsmöglichkeiten vordringlich. Im Verlauf dieser Debatte werden die ersten Wohngemeinschaften *(appartamenti)* in Triest eingerichtet. Gleichzeitig kommt es zu einer Reihe von Auseinandersetzungen über neue Institutionen, die von der Equipe entwickelt worden waren, um die Hospitalisierungsmechanismen außer Kraft zu setzen. Einmal ging es um den *servizio di reperibilità:* ein Notfalldienst, der unmittelbar an der einzigen Schleuse für alle Krankheitsfälle in Triest, der Notaufnahme des *Ospedale Maggiore,* eingreifen sollte. Dieser Dienst sollte verhindern, daß der Patient den ganzen institutionellen Weg bis zur Aufnahme der Landesnervenklinik durchstehen muß, und stattdessen möglichst gleich ins Zentrum kommt.
Ebenfalls in diesem Jahr wird der Beschluß zur Installierung des Außenzentrums in Via Gambini durch die Regionalregierung annulliert, und zwar auf Intervention des Landesmedizinalrats.
Am Ende des Jahres wird eine Untersuchung zur ›Prävention der Geisteskrankheit‹ begonnen, das vom CNR *(Centro Nazionale per le Richerche)* finanziert wird.

1977

Das Jahr beginnt mit der berühmten Pressekonferenz zur ***Schließung*** des Irrenhauses (24. Januar). In den Provinzialwahlen vom Juni 1976 waren die Christdemokraten geschlagen worden, mithin lief die Amtszeit des Präsi-

denten Zanetti ab, der Basaglia berufen und die Politik der Zerstörung des Irrenhauses weitgehend unterstützt hatte. Die neue PSI/PCI-Regierung sollte durch die Ankündigung der Schließung festgelegt werden.
Der Einspruch der Gesundheitsbehörde gegen die Installierung der Zentren von Via Gambini und G. Gozzi wurde umgangen, indem man diese als Rehabilitationszentren definierte.
September begann der dritte Kongreß des *Reseau internazionale die alternativa psichiatria* mit dem Thema: Der Teufelskreis der Kontrolle. Dieser Kongreß hatte die präzise politische Funktion, den Stand der Praxis von Triest zu internationalisieren. Er richtete sich sowohl gegen eine abstrakte Antipsychiatrie als auch gegen den europäisch-amerikanischen Psychiatrie-Reformismus. Dem Kongreß ging ein politisches Wetterleuchten voraus. Im Frühjahr waren die Straßenkämpfe von Bologna gewesen und der Kongreß der *Autonomia* in Bologna über die Repression in Italien stand vor der Tür. Die *Autonomia* hatte angekündigt, daß sie bei dieser »Feier der Antipsychiatrie« intervenieren und den Kongreß umfunktionieren wollte. Die Auseinandersetzungen ergaben, daß die Schließung der Klinik kein Anlaß zum Feiern sei, da sie praktisch die ›Wiedereingliederung‹ der Insassen ins Elend, in Arbeitslosigkeit und Wohnungsnot bedeuteten. Daraus entsprang der Entschluß zum Kampf gegen die Wohnungsnot, der im nächsten Frühjahr seinen Höhepunkt erreichen sollte.
Dezember erscheint ein neuer Beschluß der Provinzialregierung über die Beihilfen: die Kategorien der Beihilfeempfänger werden vereinheitlicht, Höchst/Mindestsatz der Beihilfen sollen jährlich neu festgesetzt werden.

1978

Schon das Ende des Jahres 1977 wurde bestimmt von der Auseinandersetzung über die Wohnungsnot. Nicht nur, weil offensichtlich war, daß an eine ›Wiedereingliederung‹ der Patienten nicht zu denken ist, wenn es an Wohnungen fehlt, darüberhinaus war auch die bisherige Politik der Anmietung von Wohnungen für Patientenwohngemeinschaften praktisch gescheitert. Die Triestiner Hausbesitzer vermieteten an die Ärzte der Psychiatrischen Klinik nicht mehr.
Damit stieß die Triestiner Equipe zum ersten Mal an die Grenze ihrer bisherigen Strategie: Zerstörung institutioneller Zwänge durch die handstreichartige Organisation von Alternativen. Insofern stand bald die Besetzung eines der vielen leerstehenden Gebäude in Triest zur Diskussion. Zugleich lief die Agitation in den Stadtteilen über die Wohnungssituation: Fotoausstellungen, Versammlung der Stadtteilräte, Zeitungsartikel.
Die Equipe entschloß sich nach gründlicher politischer Vorarbeit, ein leerstehendes Seemannsheim in der Altstadt zu besetzen.
25. 2. 1978: Die Besetzung der *Casa di marinaio* verlief ohne Schwierigkeiten. Nach den Aufräumungsarbeiten zogen die ersten Patienten ein. Breiteste Unterstützung der Bevölkerung von Fabrikräten bis zur PCI-abhängigen Mieterorganisation. Nach einer Woche Räumung durch die Polizei. Zugleich kam es zu einer Spaltung innerhalb der Equipe. Basaglia erklärte diese Politik zu einer politischen Grenzüberschreitung. Die Räumung führte zu einer der schwersten politischen Krisen. Die Berufsrollen trennten sich wieder, die Ärzte tagten unter sich.
Parallel zu diesen Ereignissen lief die Abtreibungskampagne, gerichtet gegen den Widerstand der Triestiner Ärzte, das Gesetz zur Abtreibung

sinngemäß anzuwenden.
Die politische Ratlosigkeit und die persönlichen Krisen zogen sich über den ganzen Sommer hin. Verändert wurde das Bild durch den Kampf der Pfleger um die 5. Besoldungsstufe *(quinto livello)*. Der Kampf ging von den Pflegern der Aufnahme aus. Sie weigerten sich, die Aufnahme zu verlassen, was nach dem Gesetz 180 gefordert war. Hauptargument dieses Kampfes: die siebenjährige Erfahrung mit dem Abbau des klassischen Irrenhauses muß als Qualifikation zum Psychiatriepfleger gelten. Interessanterweise spielten die sog. fortschrittlichen Pfleger, die die Arbeit in den Zentren vorangetrieben hatten, kaum eine Rolle.

1979
In diesem Jahr wurde die 5. Besoldungsstufe durchgesetzt. Neustrukturierung des ›drinnen‹: Es lebten ja immer noch 260 *ospiti* z. T. in völlig vernachlässigten Verhältnissen. Die Gebäude wurden renoviert und die Abteilung ›M‹ als Pilotprojekt in eine *casa albergo* umgewandelt, in eine hotelähnliche Institution. Weiterhin wurde eine Reihe leerstehender Abteilungen an die Universität und an die Schulverwaltung verkauft.
Diese Periode war charakterisiert durch das Gesetz 180. In diesem Jahr gab es nur eine Zwangseinweisung. Die dritte Tendenz entsprang dem Kampf um die Sozialhilfe. Wieder einmal waren die Haushaltsmittel für die Beihilfen ausgeschöpft. Die daran sich entzündende Auseinandersetzung blieb nicht bei der Forderung nach Beihilfen stehen, sondern konzentrierte sich auf die Frage ihrer Höhe bzw. ihrer Angleichung an die gleitende Lohnskala.

Nach dem Gesetz – Triumph und Resignation

1978 trat das Gesetz 180 in Kraft. Es beendet – wie bekannt – die Ära der Irrenhäuser; es definiert die Freiheitsrechte der Verrückten exemplarisch, so daß man von einer neuen Fassung des Freiheitsbegriffs überhaupt reden muß. Es wird gemeinhin Triestiner Gesetz genannt. In der Tat nimmt es die praktische Erfahrung von Triest als dem vorgeschobensten Punkt der Zerstörung der traditionellen Psychiatrie auf und erhebt ihn zum nationalen Maßstab – in beispielhafter Rücksichtslosigkeit gegenüber den skandalös zurückgebliebenen Zuständen der Psychiatrie in vielen Teilen des Landes. Eine Praxis des institutionellen Kampfes, des ›langen Marsches durch die Institutionen‹; ein Kampf, der sich historisch und personell mit der ›68er-Bewegung‹ verband und aus der radikalen Staatskritik dieser Bewegung sein Feuer empfing, ist zu einem glückhaften Ende geführt worden. Dafür findet sich in Europa sonst kaum ein Beispiel.
Aber das Gesetz wurde in Triest nicht als ein politischer Sieg sondern als Endpunkt erlebt. Die Formel ›nach sieben Jahren‹ tauchte in allen Redewendungen auf, beschwor die Resignation. ›Die Geschichte der sieben Jahre‹ hatte keine mobilisierende Kraft, schien geradezu das Grab aller Hoffnungen und Perspektiven zu sein. ›Sieben Jahre‹, das schien zu heißen, daß man doch wieder in der

Pflegerrolle angelangt war; daß einst befreite Patienten doch wieder Psychiatrie brauchen; daß der politische Kampf seine Zeit gehabt hatte. Die Lebensgeschichten wurden umgedeutet; was bei Pflegern noch berufliche und private Emanzipation gewesen war, erschien jetzt als Manipulation durch Ärzte. In der Tat war es erschreckend, wie wenig es bedurfte, um einen Mitarbeiter aus dem Gleichgewicht zu bringen und in eine Krise zu stürzen.
Rotelli (jetziger Direktor des O. P. P.):

Die hauptsächliche Bedeutung des Gesetzes für die Praxis von Triest ist zunächst einmal auf der subjektiven Ebene zu suchen, es hat eine subjektive Bedeutung für die Mitarbeiter. Alle praktischen Schritte bislang waren umkehrbar, alle praktischen Erfolge konnten wieder zunichte werden, die Arbeit von Triest schien immer bedroht zu sein. Hier hat das Gesetz zunächst einmal Sicherheit gegeben, es hat das Bewußtsein gegeben, daß die bisherige Arbeit von seiten des Staates legitimiert sei. Es hat aber auch – subjektiv gesehen – das Interesse vieler Mitarbeiter an den Inhalten der Arbeit entleert, für die sie bislang gekämpft haben, und zwar indem sie gewissermaßen vom Staat anerkannt wurden. Mithin haben sie – oberflächlich bzw. subjektiv betrachtet – das Gefühl, daß ihre Arbeit vom Staat enteignet sei, daß ihnen die Motive geraubt seien, die bislang die tägliche Arbeit begründet haben. In dem Moment, in dem der Staat genau dieses Gesetz macht, die Inhalte eines politischen Kampfes kodifiziert, entspringt das Bedürfnis nach neuen Inhalten, d. h. es geht darum, ›auszunützen‹, daß der Staat diese Geschichte gemacht hat. Ich glaube aber, daß dieses Gefühl der Entleerung einer mangelnden Einsicht über die beteiligten Interessen entspringt und wohl auch der objektiven Schwierigkeit, die bisher überzeugenden Inhalte in der täglichen Praxis wiederzufinden – und zwar in dem Maß, in dem uns nur noch die Qualität der Arbeit vom Staat unterscheidet. Das heißt z. B., daß sich der politische Erfolg vor dem Gesetz auch danach bemaß, wieviele Patienten aus dem Irrenhaus herausgebracht, wieviele Abteilungen geräumt werden konnten. War vorher die Tatsache, *daß* langjährig Internierte in die Stadt zurückgebracht werden konnten, von politischer Bedeutung, so ist nach dem Gesetz nur noch das *wie* der Wiedereingliederung Kriterium für die Arbeit. Gestern noch war die Quantität der Dinge selbst wichtig, die wir machten, indem wir uns in einem mühsam erkämpften Spielraum voranbewegten. Heutzutage ist alles auf die Qualität bezogen und alles, was die Quantität der Arbeit betrifft, bezieht sich auf die Gegenseite, den Staat und somit wird das Problem des ›Was tun‹ viel subtiler, viel zugespitzter, reduzierter, verengter; und es ist nicht leicht, die richtigen Entscheidungen zu treffen.

Ich muß bei diesen Sätzen insbesondere an einen Pfleger denken, der im letzten Jahr allen, die es hören wollten, klarmachte, ihn jucke das alles nicht mehr, er mache jetzt ›cazzi suoi‹, nur noch seine Sachen. In einer Vollversammlung, wo es um den Einbruch der Routine in die Arbeit ging, zitierte er einen Spruch, wonach die Revolutionäre mit dem Sieg der Revolution zu sterben hätten. Er war aber gleichzeitig derjenige, der die anderen aggressiv machte, weil er immer erklärte, die Qualität der Arbeit müsse geändert werden.
Welche Geschichte soll also geschrieben werden? Die Geschichte einer Psychiatriereform, deren politische Kraft sich auflöst mit dem Gesetz, mit der Auflösung des politischen Skandals der Irrenhäuser? Im Gesetz 180 ungebrochen den Erfolg sehen, das Wesen des antiinstitutionellen Kampfs also in institutionellen Erfolgen festhalten zu wollen, führt zu einer geschichtlichen Reduktion. Die

jahrelange politische Alltagspraxis von Triest würde sich zu Etappen einer Rückkehr in die Psychiatrie formieren; denn das Ziel der Psychiatriereform kann ja nur wieder Psychiatrie sein, ob man sie alternativ nennt oder nicht. – Oder man begreift die Triestiner Praxis als die Geschichte eines *politischen* Kampfes für und mit einer sozialen Minderheit, einer Randgruppe, gegen ihr institutionelles, verstaatlichtes Schicksal, gegen ihre Misere. Hier kann das Kriterium nicht der Erfolg sein, sondern der Stand der Widersprüche. Nicht: mit welchen institutionellen Mitteln wird auf eine Psychose gegenwärtig reagiert, interessiert in dieser Perspektive; die entscheidende Frage ist vielmehr: über wieviel öffentliche Macht verfügt der Psychotiker, wie schwer wird es der Gesellschaft gemacht, ihn außer Hörweite zu bringen.

Dennoch kann man zwischen beiden Betrachtungsweisen nicht einfach wählen. Es ist der Reichtum der Triestiner Praxis, daß beide Tendenzen noch nicht getrennt sind, sich immer noch aneinander abarbeiten. Daß also die Rückkehr in eine alternative Psychiatrie und der Kampf für die Rechte einer Minderheit als ungeschiedene Möglichkeiten aktuell sind. Im Rückblick kann man diese beiden Tendenzen noch weniger voneinander trennen. Und wie der politische Kampf die reformistischen Erfolge brauchte, um neue Widersprüche zu eröffnen, so hätte es auf der anderen Seite keine Reformen gegeben, wäre nur Reformpolitik gemacht worden.

Die oben zitierte Mißstimmung muß jedenfalls nicht die resignative Einsicht anzeigen, daß man im Sinne der Rationalität des Kapitals unter dem Einsatz aller Kräfte nur einen ungleichzeitigen Widerspruch aufgehoben habe. Eher ist sie wohl Ausdruck der Überzeugung, daß die kommenden Kämpfe sehr viel langwieriger sein werden.

»Die Poesie der Befreiung ist vorbei, jetzt beginnt die Prosa der Arbeit vor Ort«

Ich habe die ›heroische Phase‹ der Jahre 1972-75 nicht erlebt. Ich habe nicht die ersten Öffnungen der Abteilungen mitgemacht, nicht den ersten Auszug in die Stadt, nicht die ersten Feste, nicht die Aktion *Marco Cavallo*. Ich habe Wiederauflagen dieser Feste erlebt. Das blaue Pferd Marco Cavallo wurde im Spätsommer 1978 noch einmal bei einem Fest in Jesolo anläßlich der Schließung des Irrenhauses der terra ferma Venedigs hervorgezogen. Mir kommt es so vor, als schreibe ich zu einem Zeitpunkt, aus dem der Blick in die Vergangenheit eine verarmende, reduzierende Wirkung hat.

Wer heute durch die Klinik geht, sieht überall Grafitti, Inschriften, Wandbilder des Aufbruchs. Es ist immer noch zu spüren, was das für eine Zeit war, als in einer geschichtslosen Schattenecke eine kulturrevolutionäre Bewegung aufzutrumpfen begann. In dem Aufbrechen einer geschlossenen Abteilung blitzte ja die Wirklichkeit realer Freiheit für einen Moment auf. Die Verrückten, die da den ersten Schritt machten, standen für einen Augenblick ungedeckt da, als Herausforderung aller bisherigen Werte der kulturellen Verfassung des Alltaglebens. Der erste Schritt war ein Schritt in eine ganz andere Richtung, sicher nicht der erste Schritt in die ›Wiedereingliederung‹. Daß bisher Stumme zu reden anfingen, daß vollgeschissene Nackte sich ein Kleid anzogen, daß geschichtslose Objekte auf einmal mit Vergangenheit und Lebensgeschichte gefüllt wurden, rückte sie nicht dem gesellschaftlichen Leben näher, sondern stellten dieses in Frage. Es gab also den vorübergehenden Moment, in dem das Menschsein, die Fähigkeit, Bedürfnisse zu artikulieren, zu kommunizieren, zu lieben, zu arbeiten, zu lernen, ein Wert an sich war.

Aber die alten Inschriften werden von neuen überlagert. Neben der verblassenden Formel FREIHEIT HEILT steht: FREIHEIT FÜR PINO, FREIHEIT FÜR ELIANE. Der Abstand von wenigen Jahren wird dokumentiert von unterschiedlichen Freiheitsbegriffen. Da noch der emphatische Begriff von Freiheit und dann der materielle, politische Begriff von Freiheit: die Entlassung aus dem Gefängnis. Bedrückender noch, daß die neuesten Verhaftungen von Vertretern der *Autonomia* in Triest nicht mal Inschriften hervorgerufen haben.

Das ist der eine Gesichtspunkt: daß sich das politische Klima Italiens in den letzten Jahren verändert hat, daß eine politische Repression das Land überzogen hat, wie man es sich nie vorher hätte traumen lassen; schlimmer noch, daß die *Autonomia,* auf die sich die psychiatrische Equipe politisch stützte, seit dem 7. April 1979 als politische Kraft praktisch verschwunden ist. Der andere Gesichtspunkt ist: so beglückend der Moment der Verwandlung von Objekten der Institution in Subjekte gewesen sein muß, so stellt er doch nur einen Übergangspunkt dar zu Herstellung der gesellschaftlichen Wirklichkeit sans phrase. Aus dem befreiten Patienten wurde der Emarginisierte. Sobald die institutionellen Mystifikationen zerstört werden, findet sich der Verrückte dort wieder, wo er schon immer war – am Boden der Gesellschaft. Mit der Normalisierung, mit dem Wohnen in der Stadt, mit der Suche nach Arbeit, nach Liebe, nach Freundschaft erfährt der Ex-Patient die ganze Wucht seiner Deklassierung.

Mag also der analytische Blick vom aktuellen Entwicklungspunkt aus die Emphase zersetzen, so stellt er auf der anderen Seite die Verhältnisse auch richtig. Die meisten Bücher über eine antiinstitutionelle, antipsychiatrische Praxis haben die Tendenz, den Moment des Zerbrechens der Mauern zu verewigen. Die mobilisierenden Erfahrungen dieser Zeit müssen aber an der Stelle bleiben, wo sie hingehören: in den Erinnerungen der Beteiligten. Dem späteren

Blick verwischt sich die Besonderheit dieser Akte zurecht, sie werden zu dem, was sie sind: das Selbstverständliche, das schon längst hätte geschehen sein sollen.
Die Triestiner Equipe hat sich immer geweigert, diese Erfahrungen zu beschwören, festzuhalten. Es besteht nach wie vor eine ausgesprochene Abneigung gegen das *vomitare il bello,* gegen ›das Schöne kotzen‹. Gerade im Verzicht auf das Beschwören einmal errungener Erfolge besteht die Treue zur eigenen Geschichte.
Wie wichtig das Festhalten an der Geschichte des antiinstitutionellen Kampfes gerade in der gegenwärtigen Periode ist, hat nicht zuletzt der Kongreß der *Psichiatria Democratica* in Arezzo im November 1979 deutlich gemacht. Hier drängten sich in erschreckendem Ausmaß Politiker, die nunmehr die Zeit der politischen Planifikation gekommen sehen. Kennzeichnend war die Äußerung des Gesundheitsassessors der Provinz Arezzo, Galastri: »Die Poesie der Befreiung ist vorbei, jetzt beginnt die Prosa der Arbeit im Territorium«. Mit anderen Worten: mit dem Gesetz hat sich schon eine politische Theorie kristallisiert, wonach der antiinstitutionelle Kampf historisch abgeschlossen, die Logik der politischen Aktion ans Ziel gelangt sei, und nunmehr die Logik der Programmation auf der Tagesordnung stände. Was heißt Prosa? Wenn der Kampf um Beihilfe, um Sozialwohnungen für Patienten Prosa ist, was war dann der Wert der Poesie?

Nadia
Zum Verhältnis von Fallgeschichte und Lebensgeschichte

> Das Hervorstechende an mir ist, daß ich ein ganz, beinahe übertrieben gewöhnlicher Mensch bin. Ich bin einer der Vielen, und gerade das finde ich so seltsam. Ich finde die Vielen seltsam und denke immer: ›Was machen sie, was treiben sie nur alle?‹
>
> Robert Walser, Helblings Geschichte.

Die Psychiatrie ist ein geschichtsloser Ort. Mehr noch: sie ist ein Ort, an dem Geschichte vernichtet wird. Es gehört zu den elementaren Drohungen dieser Stätten, daß, wer dort eintritt, außerhalb der Geschichte zu leben hat. Das beginnt damit, daß Zeit nichts gilt, daß die im Alltagsleben so knapp bemessene Zeit, die nie-ausreichende Zeit, plötzlich unendlich dehnbar wird: zur leeren, perversen Zeit der Institution, die keinen Rhythmus mehr hat, sich nur noch im Takt der Essenszeiten ziellos ausdehnt. Bei jeder anderen Krankheit gehört die Zeitbestimmung zum Behandlungsplan, in der Psychiatrie ist Zeitlosigkeit der Normalfall; psychiatrische ›Behandlung‹ ist ein Widerspruch in sich. Aber indem man einer Le-

bensgeschichte die Zeit wegstreicht, sie entleert und eines Zieles beraubt, produziert man die Fallgeschichte.
Das traditionelle Irrenhaus war ein Tableau zeitloser Existenzen; der Patienten, wie auch der Pfleger und Ärzte. Unter dem Vorwand der Behandlung spielte sich der Überlebenskampf ab, als täglich erneutes Spiel. Die Bedeutung eines politischen Eingriffs in die Welt psychiatrischer Institutionen erweist sich mithin daran, wie er die perverse Ewigkeit der Binnenkultur des Irrenhauses zu zerbrechen vermag. Nicht die psychiatrischen Instrumente und Einrichtungen, die in Triest entwickelt worden sind, unterscheiden diese Praxis qualitativ von anderen Reformversuchen der Psychiatrie. Daß Irrenhäuser hinfällig sind, daß sich die psychiatrische ›Versorgung‹ im ›Territorium‹, über Außenzentren abspielen sollte, daß Patientenwohngemeinschaften, Kooperativen u. ä. wünschenswert sind, all dies ist inzwischen Gemeingut der Reformdiskussion. Aber letzten Endes ist für die reformistische Praxis das zeitlose Existieren des Patienten in der Psychiatrie nur ein Ärgernis. Sie versucht den leeren Tag zu füllen, mit dem ganzen Supermarkt von Therapien und Animationen. Sie versucht das Leben in der Psychiatrie sinnvoll zu machen.
Die reformistische Praxis führt lediglich ihre eigene Zeit ein. Politische Veränderungen der Irrenhauskultur entspringen hingegen der Einsicht, daß die psychiatrische Intervention welcher Art auch immer die Lebenszeit der Abhängigen verbraucht. Die Frage erhebt sich also, wie die Lebenszeit der Patienten zur Richtschnur der Praxis werden kann. Ich glaube allein dadurch, daß man versucht, die Bedürfnisse der Patienten zu erkennen. Genauer: indem man die diesen Bedürfnissen innewohnende Zeitlichkeit anerkennt, damit aber auch ihren radikalen Anspruch auf unmittelbare Erfüllung.
Ich bin mir bewußt, daß diese Formulierung wie ein politisches Kochrezept klingt. Sie soll auch nichts anderes sein als eine allgemeine Vorbemerkung zur Analyse des Verhältnisses von Fallgeschichte und Lebensgeschichte, von institutioneller Zeitlosigkeit und geschichtlicher Existenz. Wir kennen den Ewigkeitswert psychiatrischer Fallgeschichten, wir kennen aber auch seit geraumer Zeit Biographien von Patienten, die aus den Verstrickungen ihrer Fallgeschichte befreit worden sind. Darin finden wir einen enthusiastischen Reichtum, in dem eine jede Lebensäußerung der Person zu ihrem Recht kommt. Solche Lebensgeschichten bebildern die antipsychiatrische Literatur. Sie finden sich auch in Triest. Gehören sie in das Poesiealbum des antipsychiatrischen Kampfes? Ist es die wirkliche Lebensgeschichte, bzw. was ist Geschichte an diesen Lebensgeschichten? Ich halte es für sinnvoll, diesen Fragen nachzugehen. Ich werde den Bericht eines Arztes über Nadia Pollonia zitieren und kommentieren. (del'Acqua, Triest 1980)

Nadia ist im Alter von vier Jahren in die Klinik gekommen, im Jahre 1951. Geboren wurde sie in Capodistria (Jugoslawien). Ihre Eltern sind genau um diese Zeit nach Triest gekommen. Sie ist die einzige Tochter. Ihr Vater arbeitete als Tapezierer, ihre Mutter sprang als Hausbedienstete ein, wenn Geld fehlte. Nadia machte schon in den ersten Lebensjahren Schwierigkeiten. Die Ärzte sagten, daß sie eine Behandlung nötig habe, daß sich ihre Mutter ihr mehr widmen solle. Die Mutter mußte arbeiten, in jenen Jahren herrschte die Not. Die Familie konnte sich nicht um ein schwieriges Kind kümmern. Die Ärzte hatten geraten, sie im *Istituto psichopedagogico* aufnehmen zu lassen, das sich seinerzeit auf dem Gelände des Irrenhauses befand.

Nadia verbrachte ihre Kindheit in dem Institut. Sie lernte da viele Sachen: zu gehorchen; auf den Stärkeren zu reagieren; zu kapieren, daß es besser ist, die Klappe zu halten als zu reden, weil man sich immer vertut. Sie hat gelernt, in Momenten der Traurigkeit aus irgendwelchen Worten von irgendwelchen Personen Tröstungen zu ziehen. Manchmal heulte sie, weil sie zur Mutter wollte.

Im Alter von sechs Jahren hat sie angefangen, im Institut die erste Grundschulklasse zu besuchen. Damals sprach man immerhin von der Wiedereingliederung in die normale Schule. Bis zum Alter von 13 Jahren hat sie die Grundschule besucht, hat Schreiben und Lesen gelernt. Sonntags kam immer jemand sie besuchen: die Mutter, der Vater oder öfter noch die Großmutter. Sie ging aus, ging in die Stadt, aß Süßigkeiten, sah die Geschäfte, das Meer, die Schiffe, die Straßenbahn, manchmal ging sie auf den Bahnhof, um die Züge zu sehen. Das alles gefiel ihr. Nachmittags wurde sie unleidlich, sie wußte, daß sie ins Institut zurückkehren mußte. Wenn sie dann im Bett lag, kamen ihr die Tränen; aber wehe man hörte sie, der Nachtdienst hätte es sie büßen lassen, und so schlief sie in Gedanken an den nächsten Sonntag ein.

Mit dreizehn Jahren hatte sie sich zu einer perfekten Geisteskranken entwickelt – gut genug, um in die höher gelegenen Abteilungen aufzurücken: ins Irrenhaus. Fast alle Kinder des Instituts zwischen dreizehn und fünfzehn Jahren wurden ins Irrenhaus überwiesen, um die Behandlung fortzusetzen. Nadia hatte die Regeln des Lebens innerhalb der Institution gut begriffen. Ihr Tag verlief ruhig, unterlegt nur durch das Wecken am Morgen, das Mittagessen, und dann die Schlafenszeit . . .

Die Großmutter starb, als Nadia 20 Jahre alt war. In all diesen Jahren hatten ihre Eltern völlig verlernt, mit ihrer Tochter zu leben. Im Grunde war es der Mutter nie möglich gewesen, mit der Tochter zu leben. Vom Auftreten der ersten Schwierigkeiten angefangen hat niemand den Eltern geholfen, mit ihrer Tochter zu leben. Die ›Experten‹ haben sich darauf beschränkt, eine Diagnose zu geben und die Aufnahme ins Institut anzuordnen; leicht vorzustellen, was für eine Art von Beziehung es da nach den Jahren im Irrenhaus noch zwischen Mutter und Tochter geben konnte.

In der Abteilung verging der Tag von Nadia zwischen dem Bett und dem großen Aufenthaltsraum, wo viele Frauen eingeschlossen waren. Es war überaus schwierig, zu reden, eine Freundin zu gewinnen; viele wanderten um die Mitte herum, als ob sie Länge und Breite des Raumes ausmessen wollten; und während sie auf und ab wanderten, rempelten sie sich an. Jeder störte den anderen. Der größere Teil der Frauen war viel älter als Nadia. Mit ihnen tauschte sie jene kleinen Dinge aus, die man besitzen konnte: ein Bonbon für eine Zigarette, eine Packung Kekse für ein Taschentuch. Mit

den wenigen gleichaltrigen Aufgenommenen gelang es ihr allenfalls ein paar Worte zu wechseln. Häufiger blieb sie allein, und sie hatte nur ein einziges großes Privileg: sie konnte bitten, den Aufenthaltsraum zu verlassen und ins Bett gehen.
Sie hatte Grazielle sehr gern, eine junge Sozialarbeiterin. Wenn sie einmal anrufen durfte, telefonierte sie mit der Arbeitsstelle von Graziella, bat darum, besucht zu werden oder sie begleiten zu können. Ich glaube, daß sie von dem aufmerksamen und freundlichen Wesen von Graziella angezogen wurde und es gefiel ihr auch, die Erfahrung zu machen, wie schön es sein muß, Gegenstand von Aufmerksamkeit zu sein, geküßt zu werden, Geschenke zu bekommen. Ich glaube, daß es ihr vor allem gefiel, Geschenke zu erhalten, auch unbedeutende, auch Spielzeug, das zu ihrem Alter schon gar nicht mehr paßte; es war schön, Dinge besitzen zu können, sie waren für sie faßbare Zeichen der Gegenwart und des Interesses der anderen. Den ganzen Tag behielt sie irgendwelchen Kleinkram in der Hand, ohne damit zu spielen.
Als die Öffnung der Klinik begann, fing Nadia an, sich in Bewegung zu setzen. Sie verließ oft die Abteilung, ging zu Graziella. Sie wußte nicht, wo sie sonst hingehen sollte, und nach ›draußen‹ zu gehen, davor hatte sie Angst. Mit der Öffnung der Bar begann sie Geld auszugeben: die Geldstücke, um die sie jetzt bat anstelle von Geschenken. Sie hatte verstanden, daß alle Dinge, die Bonbon-Schachteln, die Zigaretten, die Postkarten, käuflich waren, daß die Hundert-Lire-Stücke eben alle diese Dinge bedeuteteten. Aus der Klinik heraus wurde sie von Pflegern oder Studenten begleitet, manchmal auch nach Hause. Sie lernte, den Autobus zu benutzen. Die fünfzig Lire steckte sie in den Automaten und heraus kam der Fahrschein . . .
Sie fing an, ihre Eltern zu fragen, ob sie nicht zu Hause bleiben könne. Sie war jetzt fähig, allein dahinzugehen. Sie bat immer mit Nachdruck, da bleiben zu können. Immer öfter mußte ihr Vater sie in die Klinik zurückbringen, in Tränen aufgelöst. Die Eltern fühlten sich nicht in der Lage, nach zwanzig Jahren noch einmal anzufangen, mit ihrer Tochter zu leben. Fast täglich mußte man mit Nadia reden, ihr die Schwierigkeiten erklären zu versuchen, die sie mit ihrer Rückkehr nach Hause heraufbeschworen hätte. Ihre Mutter kaufte Nadia jedesmal, wenn sie darum bat, zu Hause bleiben zu können, eine Menge Sachen: Schals, Röcke, Taschen, Kekspackungen, Fruchtsäfte. Auf den Wunsch, zu Hause zu leben, etwas zu haben, was sie nie gehabt hatte, ein Heim, bekam sie als Antwort auch nur wieder Sachen. Nadia lernte auch, ihre wenigen Verwandten zu besuchen, und auch dort erhielt sie Geschenke, Sachen, damit sie schneller in die Klinik zurückkehrte. Auch in der Klinik endeten alle Beziehungen von Nadia mit der Frage nach Sachen oder nach Geld, um sich Sachen zu kaufen. Nach dem Tode ihres Vaters hat Nadia noch einmal und mit Nachdruck darum gebeten, nach Hause zurückkehren zu dürfen. Die Mutter fühlte sich allein noch weniger in der Lage, mit ihrer Tochter zu leben.
Nadia hat angefangen, alle um Geld anzubetteln. Die Geschäfte waren noch immer voll der schönen Dinge, tausend Reize verführten sie zum Kauf. Zweitausend Lire reichten nicht mehr, um ihr Bedürfnis, anzuschaffen und zu konsumieren, zu befriedigen. Den ganzen Tag lief sie von einer Person zur anderen, von einem Geschäft ins andere. Sie bemerkte, daß sich Männer für sie interessierten. Das Warum verstand sie nicht so recht. Auch die

Männer, die sich an sie heranmachten, waren nur Leute, die sie um Geld anhauen konnte.
Der Tabakhändler im Bahnhof sah in ihr keinen wünschenswerten Kunden. Einige Geschäftsinhaber riefen uns ab und zu an, um zu sagen, daß Nadia störe und kaum zufriedenzustellen sei. Tag für Tag ging sie nach Hause, um nach Geld für ihre Sachen zu fragen. Viel Geld gab es gewiß nicht in diesem Haus und manchmal, wenn sie ihrer Bettelei nicht nachgeben konnte, öffnete ihre Mutter die Türe nicht und ließ Nadia stundenlang an die Tür hämmern. Die Wohnungsnachbarn fühlten sich immer mehr gestört und riefen die Polizei. Die Polizisten griffen ein, brachten sie in die Klinik zurück und forderten, man solle sie einschließen, sie nicht ausgehen lassen, denn in den Geschäften und Supermärkten im Viertel ihrer Mutter würden die Leute sich durch ihre Gegenwart und Ansprüche gestört fühlen.
Nadia ertrug es nicht mehr, im Irrenhaus zu leben, die Stadt war viel zu schön. Sie hatte keine Angst mehr, sich herumzutreiben, sie fühlte sich in der Lage, in der Stadt alles mögliche zu unternehmen. Sie fand sich in den Straßen zurecht; und war am Abend ungeheuer traurig, wenn sie in die Klinik zurück mußte. Sie wollte was anderes, nicht mehr das Irrenhaus; und das andere konnte man ihr nicht geben, wenn man sie nicht sich herumtreiben ließ, um zu sehen, zuzuhören, spazierenzugehen, zu reden.
Ungefähr vor einem Jahr (1975, K. H.) hat Nadia ihre Mutter die Treppe hinunter gestürzt, als sie beide ausgehen wollten. Ihre Mutter brach sich das Handgelenk und mußte in die Klinik; aus ein wenig Nachlässigkeit hat sie dem diensthabenden Polizisten den Vorgang angezeigt. Es wurde ein Gerichtsverfahren eröffnet, um die Verantwortlichkeit festzustellen. Der Untersuchungsrichter veranlaßte eine psychiatrische Untersuchung, in deren Verlauf Nadia als geistesschwach beurteilt wurde. Deswegen wurde sie, wiewohl sie wegen der Verletzung für schuldig befunden wurde, freigesprochen. Aber weil sie eine öffentliche Gefahr darstelle, wurde sie ins Irrenhaus für Kriminelle überwiesen mit der Mindeststrafe von zwei Jahren.
Sobald es ihr erlaubt war, hat Nadia tausend Wünsche an uns gerichtet, hat auf ihre Weise den Willen ausgedrückt, mit anderen zu leben, hat das Bedürfnis geäußert, ein zu Hause zu haben. Der Richter hat stellvertretend für alle anderen geantwortet: zwei Jahre Irrenhaus für Kriminelle.

(del'Aqua, S. 37 ff.)

Die Geschichte der Nadia wird von einem Arzt erzählt, der bei den Patienten sehr beliebt ist. Er gehört zur Equipe, hat im ›Q‹ gearbeitet und später dann im Außenzentrum von Barcola, das Nadia nach ihrer Entlassung häufig besuchte.
Kehren wir zu der Fragestellung, zur Frage nach dem Verhältnis von Lebensgeschichte, Fallgeschichte und Biographie zurück. Gehen wir zunächst auf die sprachliche Haltung ein. Die politische Wirkung der Psychiatrie besteht ja nicht zuletzt darin, daß sie die Wahrnehmung einer seelischen Krise verrückt. Ein psychotischer Konflikt ist ja an sich nicht unverständlich. Im Gegenteil: gerade die Verständlichkeit einer psychotischen Reaktion, ihr wahrnehmbarer Anspruch an den anderen, ihre Forderung nach mehr Interesse, mehr Solidarität, signalisiert das Unheil. Gerade weil der Alltag unsere Kraft zur Zuwendung reduziert, wird ›der Verrückte‹ unbe-

rechenbar, denn wir fangen an, unsere Kräfte zu berechnen. Die psychiatrische Intervention erst verwandelt diese Unberechenbarkeit in Unverständlichkeit, macht aus der Lebensproblematik einer Person einen Fall. Ein Fall werden heißt, daß die Symptome zum Problem gemacht werden: nicht das erschöpfte Existieren eines Alkoholikers ist das Problem, sondern sein Alkoholismus; nicht die Familie des Psychotikers ist das Problem, sondern seine Psychose; nicht die Perspektivlosigkeit einer alternden depressiven Hausfrau ist das Problem, sondern ihre Depression. Die Produktion der Fallgeschichte ist die entscheidende Legitimation der Psychiatrie und ihres zentralen Mythos, der Behandlung. Nicht weil es einen Fall gibt, gibt es die Behandlung – sondern weil es die Behandlung gibt, gibt es den Fall. Sonst wären die Maßnahmen der Psychiatrie offensichtlich absurd, würden nichts anderes bedeuten als Einsamkeit mit dem Bett, Verzweiflung mit Serenase, Liebesverlust mit Einschluß zu beantworten.

Bevor ich mich wieder dem Schicksal von Nadia zuwende, will ich eine Definition von Fallgeschichte einführen. Üblicherweise wird in einem kritischen Verständnis jener Operation, die sich Fallgeschichte nennt, vorgeworfen, daß sie auf alle Lebensäußerungen und soziale Handlungen ein diagnostisches Schema anwende. Mit anderen Worten: daß sie aus Wut Aggression mache, aus Unzufriedenheit Unruhe, aus Ablenkung Affektarmut. In der moderneren, kritischen Psychiatrie tendiert man demgegenüber dazu, diagnostische Begriffe zu vermeiden und stattdessen Beschreibungen einzuführen. Doch man hat inzwischen die Erfahrung gemacht, daß durch die Deskriptionen die alten diagnostischen Schemata wieder durchscheinen. Diese Kritik geht meiner Meinung nicht weit genug. Indem Lebensäußerungen derart umgewandelt werden, bringt man das Entscheidende zum Verschwinden: ihr Bezogensein auf Personen, auf Situationen. Der Verrückte im Irrenhaus lebt in der direkten Konfrontation mit Menschen, mit Pflegern, Ärzten, anderen Insassen, aber wie immer er auf sie reagiert, trägt er doch nur zu der Annahme bei, daß seine Reaktionen jenseits aller sozialen Realität nur das Ergebnis seiner Krankheit sei. Er befindetsich nicht in einer Auseinandersetzung, denn er ist ja ein Fall. Darin besteht die Zeitlosigkeit seiner Existenz, auch wenn die Uhrzeiten seiner Reaktionen in den Krankenblättern getreulich eingetragen werden.

Nun ist es ja nicht so, daß sich die Auseinandersetzungen und Überlebenskämpfe in einer Institution restlos in Symptome verwandeln lassen. Man braucht bloß die Fallgeschichten der klassischen Psychiatrie-Lehrbücher ein wenig gegen den Strich zu lesen, und man wird sehen, daß sie, statt die Diagnosen zu bestätigen, den Diagnostiker blamieren. Nicht nur, daß die Symptome immer noch die Menschen erkennbar machen, auf die sie sich beziehen, sie drücken auch immer den ›verrückten‹ Kampf gegen die soziale

Entleerung ihrer selbst aus.
Streicht man aus den Äußerungen einer Person die Menschen und Situationen, auf die sie sich beziehen, so wird sie zum widerstandslosen Objekt der Interpretation. Die Interpretation eines Menschen hat im alltäglichen Verkehr immer da ihre Grenze, wo die Auseinandersetzung beginnt, wo ich mit Konsequenzen reagiere, wo ich Stellung beziehen muß. Das istdie öffentliche Dimension des alltäglichen Lebens, die dem Insassen fehlt. Goffman hat dafür den exakten Begriff gefunden: das Unterleben. Er besagt, daß die öffentliche Existenz eines Insassen nichts gilt, daß seine Auseinandersetzung mit der sozialen Umwelt der Institution nicht ernst genommen wird, und er also Objekt der Interpretation wird.
Streicht man den Äußerungen von Wut, Liebe, Verzweiflung, Angst und Unzufriedenheit die Dimension der Zeit, vernichtet man den Begriff des Bedürfnisses selbst. Gibt es für Bedürfnisse keine verbindliche, sozial anerkannte Zeit mehr, in der sie sich äußern, verwirklicht oder enttäuscht werden, so verwandeln sie sich in Symptome des *Verlaufs* (einer Krankheit oder was auch immer). In der Hölle der Zeitlosigkeit verschmilzt das Lebensschicksal mit der Örtlichkeit, wird zur Wanderung von einer Abteilung zur anderen, von den ›akut Erregten‹ zu den ›Ruhigen‹.
Es ist klar, daß die Zerstörung des Irrenhauses nicht einfach das Zerbrechen der Mauern, das Aufschließen der Türen (womöglich die Überweisung in die kleinen Einrichtungen einer alternativen Psychiatrie) beinhalten kann; sie muß vielmehr zur Zerstörung der Fallgeschichte selber führen. Der Akt der Befreiung bringt, so scheint es, den Wechsel vom Fall zur Person, von der Zeitlosigkeit in die Zeit, vom Verlauf in die Geschichte, von der Welt der Reaktionen in die Welt der Bedürfnisse. Aber in dem Moment, wo eine Person aus den geschlossenen Räumen der Institution entlassen wird, wird die Geschichtslosigkeit, das Vegitieren als Fall, zum Teil ihrer Geschichte. Das Unterleben war ja ein Kampf, in dem der Insasse seinen Anspruch als Mitglied der Gesellschaft der Menschen bewahrt hat. Mithin stellt sich die Frage nach dem Verhältnis von Fallgeschichte und Lebensgeschichte präziser: wie gelingt es dem Entlassenen, sich seine Geschichte als Fall anzueignen?
Die Geschichte, die uns von Nadia erzählt wurde, ähnelt einem Gemälde. Die Teile fügen sich widerspruchsfrei zusammen. Sie ist in einer Sprache geschrieben, die sich scharf von der üblichen intellektuellen Triestiner Ausdrucksweise unterscheidet. Angelpunkt dieser Erzählung ist der Moment, da die Klinik geöffnet wurde. Von dort her gesehen wird das Unterleben in der Institution, die Produktion eines Falles verständlich. Haben wir also nunmehr die Person vor uns, aus den Maskeraden der Hospitalisierung befreit? Hier schon fällt eine merkwürdige Parallele auf: wie vorher der Fall widerstandslos interpretierbar war in seiner Unverständlichkeit, so

wird jetzt die Person ebenso widerstandslos verstehbar. Das Verständnis kennt keine Grenzen. Was also offenbart es? Es entziffert den Mechanismus dieses Lebens. Was vorher Symptom war, wird Reaktion auf die Institution.

Das zweite irritierende Moment ist die totale Aufmerksamkeit für die Person. Jeder Wunsch, das Betteln um Geld, um Spielzeug wird wahrgenommen. Die Fähigkeit im Bus zu fahren, sich in der Stadt zurecht zu finden, einkaufen zu lernen, wird wahrgenommen als Zeichen der Lebensfähigkeit. Daß Nadia ihre Bedürfnisse ausdrücken kann, erscheint als Entdeckung. Diese Aufmerksamkeit hatte in einer bestimmten historischen Phase der Triestiner Geschichte ihren präzisen Sinn. Sie war ein politisches Instrument, mit dem die Praxis der Öffnung der Klinik verteidigt wurde. Sie diente nicht einem institutionellen Mehr-Wissen über Abhängige, sondern einem zum ideologischen Handgemenge bereiten Wissen, das dem befreiten Patienten in seinen Schwierigkeiten beistehen konnte.

In dieser Aufmerksamkeit wird der Patient unmittelbar, aber unser Blick fällt auf diese Unmittelbarkeit aus einem zeitlichen Abstand heraus, daher treten die vielen verwischten Widersprüche deutlicher hervor. Dem Verständnis für Nadia erschließt sich der Sinn ihres ständigen Bettelns, ihm entgeht aber zugleich, daß sie mit ihrem Wunsch nach Geschenken und Geld immer mehr Leuten immer öfter auf die Nerven fällt – daß sie nicht nur immer wieder auf Zurückweisung stößt, sondern geradezu in einem System von Zurückweisungen lebt. Das Verständnis ist blind dafür, wieviele Erziehungsversuche sich an ihr abstumpften und wie abgestumpft Nadia gegenüber wohlmeinendem Einreden verblieb. Die Entstehung ihres kindlichen Verhaltens ist begreifbar, aber welche Kraft hat das Begreifen im Alltag von Nadia, wenn ihr von allen Seiten klargemacht wird, daß das Alter eine unabweisbare soziale Forderung ist, daß sie sich gefälligst nicht wie ein Kind zu verhalten habe? Das Verständnis geht auch schnell über ihr Verhältnis zu Männern hinweg, verschwiegen wird, daß sie sich prostituiert, mehr noch: daß ihre kindliche Wunschwelt auf Prostitution angelegt ist. Es sind die ›Penner‹ der Psychiatrie, die sie mit Kleingeld versorgen.

Noch ein Moment bleibt in dem verstehenden Erzählen unerwähnt. Es mag eher unbedeutend erscheinen, daß wir vom Aussehen Nadias nichts erfahren, aber bei genauerer Überlegung ist dieser Mangel sehr beunruhigend. Denn das Aussehen ist ja der Kurzcode der persönlichen Chancen in der Öffentlichkeit. Wenn man bedenkt, daß die Patienten in die Öffentlichkeit befreit wurden, in die Konkurrenz der Menschen um Aufmerksamkeit und Interesse, dann ist es keine unwichtige Frage, wie Nadia aussah.

Aus heutiger Sicht wirkt gerade die Unmittelbarkeit des Erzähltons veraltet. So kann man nicht mehr über Patienten reden. Dennoch

handelt es sich hier nicht um die Verfälschung einer Patientenvita. Vielmehr drückt die Geschichte von Nadia eine historische Logik aus, die zwei Aspekte hat. Der befreite Patient befindet sich zunächst einmal in einem diffusen Raum zwischen Öffentlichkeit und Irrenhaus. Da mit der Zerstörung der geschlossenen Psychiatrie sein Anrecht auf öffentliche Existenz behauptet wird, tritt jetzt seine Menschlichkeit hervor, seine Fähigkeit, Bedürfnisse auszudrücken, Beziehungen aufzunehmen. Aber damit reproduziert sich noch einmal die Zeitlosigkeit der Institution. Beschrieben wird nur, daß Bedürfnisse ausgedrückt werden, und nicht: welches Schicksal sie nehmen werden in der Auseinandersetzung mit Menschen, mit der sozialen Umwelt. Die Binnenwelt der Psychiatrie wird umgestülpt, der Stein umgedreht, und man sieht das wimmelnde Leben. So gesehen muß die Geschichte der Nadia als *umgedrehte Fallgeschichte* entziffert werden. Die Nadia dieser Geschichte ist immer noch Objekt der Interpretation, nunmehr einer wohlmeinenden. Man kann über einen Patienten immer noch alles sagen, auch das Beste, solange er keine öffentliche Position, keine öffentliche Verhandlungsfähigkeit besitzt.
Aus dieser Überlegung ergibt sich ein Zweites: der Akt der Befreiung stellt einen unentfalteten historischen Widerspruch dar. Aus der Sicht der Institution mag sich in der Entlassung des Patienten seine Fallgeschichte auflösen, aber erst in der Öffentlichkeit wird sie zum Eigentum des Patienten. Er wird im präzisen Sinn zur öffentlichen Figur, indem er einen Anspruch durch seine bloße Präsenz darstellt. Wenn man sagt, daß Nadias Schwierigkeiten aus dem Versagen ihrer Familie entstanden sind, so wird ein öffentliches Problem formuliert, die Frage nach der öffentlichen Erziehung gestellt. Und wenn man darlegt, daß ihre Reaktionen aus ihrer Institutionalisierung entspringen, so handelt es sich wieder um die Konfrontation der Öffentlichkeit mit dem Wirken einer öffentlichen Institution.
Wenn das ungehemmte Verständnis des Arztes die Menschlichkeit von Nadia bloßlegt, banalisiert er zugleich ihre Andersartikeit, ihre Verrücktheit, ihre provokative Bedeutung für die Öffentlichkeit. Also nimmt er ihr ihre Geschichte, die die Geschichte eines Falles war. An diesem Punkt entspringen die ungelösten Widersprüche einer Psychiatrie, die nicht bei dem Akt der Befreiung stehenbleiben will. Denn die Institutionalisierung ist noch längst nicht aufgehoben; das Objekt der Institution wird lediglich in eine von der Institution abhängige Person verwandelt.
Daraus ergibt sich die Frage: Soll die Provokation, die der entlassene Patient darstellt, als Problem des Patienten mit der Umwelt begriffen werden, das es zu entschärfen, einzuschränken und letzten Endes zu kontrollieren gilt? Oder soll diese Provokation als Chance wahrgenommen werden, die lebensfeindliche Alltagskultur her-

auszufordern? Konkret: sollen die Ladenbesitzer, die Nachbarn, denen Nadia auf die Nerven fällt, beruhigt werden; soll also auf Nadia eingeredet werden, daß sie sich nicht ständig so oder so verhalten könne? Oder soll man Nadia ihren Kampf um Anerkennung und um einen Platz in dieser Gesellschaft führen lassen und die Empörung der Leute als Möglichkeit sehen, die öffentliche Auseinandersetzung über die Emarginisierung zu beginnen? Kontrolle oder Vernachlässigung, Repsychiatrisierung oder Solidarität, das sind die neuen Alternativen. Wir sehen aber auch, daß es im konkreten Fall keine einfache Entscheidung zwischen diesen Alternativen gibt: nachdem Nadia aus dem Irrenhaus für Kriminelle entlassen worden ist, genügt die geringste Straftat, um sie wieder mindestens für zwei Jahre dorthin zu bringen.
Man kann aber diesen Alternativen nicht entgehen. Der Verrückte befindet sich inzwischen auf der Straße. Er ist zur öffentlichen Figur geworden und zugleich Patient. Die psychiatrische Arbeit kann sich dem Widerspruch nicht entziehen, die diese Doppelexistenz produziert; noch kann gegenwärtig eine klare politische Perspektive angegeben werden, wie mit diesem Widerspruch umzugehen sei. Immerhin ist damit ein präziser geschichtlicher Punkt bezeichnet: die Psychiatrie hat ihre Allmacht verloren, die sie in den Zeiten der Befreiung noch einmal ausgeschöpft hat. Der Patient hat sich von ihr emanzipiert und ist zum Armen, zum Herumstreicher, zum Gelegenheitsarbeiter, zum Arbeitslosen, geworden. Die Kämpfe, die er da auszufechten hat, bestimmen die weitere Politik der Psychiatrie. Sie selbst hat nur noch die Macht, sich auf ihr Spezialgebiet zurückzuziehen: Kontrollagentur des Staates zu sein.
Nachtrag: nachdem Nadia aus dem Irrenhaus für Kriminelle zurückkehrte, war sie wieder zum kleinen Kind geworden, zeterte, klebte an den Personen, wollte kleine Geschenke. Die Mutter lehnte sie immer noch ab. Abends kamen die Anrufe im Zentrum, man solle sie von zu Hause abholen. Sie wurde dann in die Aufnahme, die letzte traditionelle Irrenhaus-Station gebracht. Immer wieder mußte das Zentrum den Streit zwischen Mutter und Tochter schlichten. Nadia schläft mal in der Aufnahme, mal in der Direktion, oder sie treibt sich nachts auf den leeren Straßen von Triest herum. Es sind mehrfach Besprechungen speziell für Nadia anberaumt worden, auch deswegen, weil sie in ihrem zänkischen Kampf um Aufmerksamkeit das Chaos im Zentrum vollends unerträglich machte. Die Notwendigkeit eines speziellen Programms für Nadia sahen alle, aber die Phantasie versagte angesichts der unzureichenden und überforderten Arbeitskräfte.
Nadia geht durch die Straßen, leicht vornüber gebeugt, mit schleppendem Schritt. Die Leute blickt sie nicht an, also blicken die Leute ihr nach. Eine inzwischen chronische Bronchitis läßt sie ständig husten, trotzdem raucht sie ununterbrochen. Ihr Haar ist strähnig,

kurz geschnitten. Ihr Gesicht, immer leicht gedunsen, mit aufgeworfenen Lippen, macht einen geschlagenen Eindruck. Obwohl im Zentrum regelmäßig das Kleidermagazin durchgestöbert wird, um sie schöner anzuziehen, sieht man sie immer wieder in demselben senffarbenen zu großen Mantel. Der befreite Patient ist zum Subjekt seiner Misere geworden. In den Augen der Öffentlichkeit ist er häßlich, abstoßend, eine Last. Der ›Fall‹ ist nicht ausgestanden. Dies öffentlich zu machen – ebenso intransigent wie der Verrückte lästig ist – wird die historische Aufgabe der Psychiatrie sein.

Der Anfang – und was dem vorausging

Im Oktober 1979 begann für alle Pfleger ein dreimonatiger Kursus, der die Anerkennung ihrer Qualifizierung und damit einer anderen Gehaltsklasse bringen sollte (vgl. S. 198). Der Eröffnungsvortrag wurde von Basaglia bestritten. Es war zugleich der Tag seines Abschieds, die Provinzregierung hatte seine zweijährige Beurlaubung für die Reorganisation der Psychiatrie Lazios (Rom) bestätigt. So lag es nahe, die acht Jahre Praxis in Triest zu examinieren. In einem großen Teil seines Vortrages beschrieb er die ›vorgeschichtliche‹ Zeit, die Zeit des lastenden ›Drinnen‹, der totalen Institution, der Rechtlosigkeit der Patienten und ihrer entwürdigenden Behandlung. Aber es kam keine richtig feierliche Stimmung auf. Die Pfleger der Aufnahme, alle mit einem weit höheren Dienstalter in Triest als Basaglia, hörten sich alles mit ironischem Schweigen an. Hinterher, am Ausgang, hörte man Kommentare wie: erst jetzt habe man endlich erfahren, daß man früher Patienten gefesselt habe.

Diese Pfleger weigerten sich, eine derartige geschichtliche Zäsur zu akzeptieren, eine Vorstellung des Übergangs von der Vorhölle ins befreite Gebiet. Aus ihrer Reaktion spricht nicht nur die Weigerung, einen Teil des Arbeitslebens einfach der Reaktion zuzuschreiben. Sie drückt auch das tiefe Mißtrauen gegen die Welt der Ärzte aus, gegen deren Sichtweise und Protagonistenrolle. Das heißt durchaus nicht, daß sie mit der Triestiner Praxis nicht einverstanden sind. Die Sache liegt anders: die Pfleger haben im Verrückten vermutlich weniger das zu befreiende Subjekt sehen können, sie haben in ihm immer den Miserablen erblickt. Als Triestiner kannten sie das Elend, das die Ärzte erst schrittweise über die Intervention in der Familie entdeckten. Sie standen dem Patienten näher als dem Arzt und waren ebenso institutionalisiert wie jener. Darüber hinaus waren 60 Pfleger in dieser Zeit nur jeweils für einen Tag in der Woche angestellt. Es konnte passieren, daß sie bei Arbeitsbeginn in die Klinik kamen und wieder nach Hause geschickt wurden. Bezahlt wurden sie nur für geleistete Arbeit. Kein Wunder also, daß

die verschiedenen Klassen der Klinikgesellschaft eine verschiedene Geschichte schreiben.
Ich habe den ›Blick von unten‹ nicht zitiert, um Basaglias Rolle zu schmälern. Im übrigen habe ich nicht vor, seine Arbeit gesondert zu analysieren. Er ist inzwischen eine Figur der Weltöffentlichkeit und seine Stimme spricht für ihn selbst. Voraussetzung für die Triestiner Praxis war natürlich, daß die Erfahrungen von Gorizia bis zu einem bestimmten Punkt ausreifen konnten. Ich verweise auf die einschlägigen Veröffentlichungen »Die negierte Institution« und »Was ist Psychiatrie«.
Auf einem Kongreß in Paris hat Basaglia kürzlich den antiinstitutionellen Kampf bis zum Gesetz 180 analysiert und die Erfahrungen von Gorizia zusammengefaßt. Er unterstrich, daß die Bewegung von Gorizia zum ersten Mal die neokolonialistische Übernahme ausländischer Reformmodelle durchbrochen hat, und zugleich die reformistischen Sprachregelungen umdrehen konnte.

»Auf die Frage, was ist die Psychiatrie, antworten die mit Gorizia beginnenden Erfahrungen der italienischen Bewegung, daß jedwede therapeutische Anstrengung, ob sie sich auf die Institution stützt oder auf die Gemeinde und die Gesellschaft konzentriert, die Psychiatrie immer wieder zu ihrer ursprünglichen Bestimmung verurteilt: Zwangsläufig aus ihrer purifizierten Ordnung die Forderungen der Misere und der Armut, die immer wieder in sie hineingetragen werden, zum Verschwinden bringen zu wollen, ohne jemals wirklich Erfolg damit zu haben. Aber diese Forderungen stellen nicht die böse Erbschaft oder den Anachronismus der Psychiatrie dar! Sie sind vielmehr ihr Widerspruch, ihr Schicksal, ihr soziales Thema.«

Basaglia resümiert die historische Fragestellung nach Gorizia so:

»Die Öffnung des Irrenhauses reicht nicht aus, um die Mauern in ihrem ganzen Umfang berennen zu können. Man mußte neue Strategien entwickeln, die die geringen Möglichkeiten voll nutzten, die durch das Gesetz von 1968 gegeben wurden. Indem die freiwillige Aufnahme zugestanden wurde, konnte man die Beziehungen zwischen Draußen und Drinnen verflüssigen, den Automatismus und die Gewalttätigkeit der Zwangsaufnahme durchbrechen und neue Formen sozialer Beziehungen entfalten, nicht so sehr, um die Institution zu humanisieren, sondern um sie durch eine alternative Organisation zu ersetzen.« (Basaglia/Gallio)

Auf der Pressekonferenz im Januar 1978, als die Schließung des Irrenhauses von Triest angekündigt wurde, bekräftigte Basaglia die Zielsetzung, die aus den Erfahrungen von Gorizia entsprang:

»Es ging uns nicht um die Liberalisierung der Institution, nicht um ein neuartiges Projekt im Drinnen, das es dann mit dem Draußen zu verbinden gelte. Es ging also auch nicht um neue assistierende Dienste, die nur zur Selektion einer neuen Patientenschaft dienen; vielmehr handelte es sich darum, eine Übergangsorganisation zu entwickeln, die uns an das Ziel heranzubringen vermochte, das wir für wesentlich halten: alle Normen zu zerstören, die die Abhängigkeit des Insassen regulieren; seine Identität als rechtlich verantwortliche Person konkret wiederherzustellen und auf irreversible Weise die Basis dafür zu schaffen, daß er als gesellschaftliches Wesen wieder am sozialen Leben teilhat. Mit anderen Worten: die Vormundschaftsverhältnisse durch Vertragsverhältnisse zu ersetzen.« (Basaglia/Gallio)

Aber der Anfang in Triest wurde nicht nur bestimmt durch die kritische Anwendung der Erfahrungen von Gorizia, sondern mindestens ebensosehr durch die Auseinandersetzung mit der PCI. In den 60er Jahren zielte die Strategie auf eine Umwandlung der psychiatrischen Hilfe, und zwar in der weitergehenden Absicht, das ganze Feld der Gesundheits- und sozialen Versorgung umzuwälzen. Man wollte den Berufsstand der Mediziner in die Krise treiben, ihre Unbeweglichkeit und Abhängigkeit von den Interessen des Marktes durchbrechen und mit der Reform der psychiatrischen Hilfe auch die ›geheimen Kathedralen‹ des Klientelwesens und der Isolierung angreifen: die Allgemeinkrankenhäuser. In diesem Sinne sollte die Reform der psychiatrischen Hilfe Teil eines aufzubauenden massenfreundlichen Sozialwesens sein, das an den Quellen des Leidens einzugreifen vermag. Die Dezentralisierung der Dienste sollte zugleich die Integration in die Politik der Gewerkschaften erlauben. Auf dem Kongreß in Ariccia (1969) drückte sich diese Zielsetzung in der Forderung nach Vorsorge auf Gemeindeebene aus.

Diese Politik entsprach der Generallinie des PCI, die sie noch in den Zeiten des Antikommunismus entwickelt hatte: sich auf die Verwaltung der Regionen zu konzentrieren und innerhalb eines verfaulenden und massenfeindlichen Staates einen funktionierenden und volksfreundlichen Staat aufzubauen.

Die Verwandlung der psychiatrischen Hilfe unter diesen Vorstellungen war von der Hoffnung getragen, daß die derart eingekreisten Irrenhäuser alsbald eines natürlichen Todes sterben würden. Aber zunächst eröffnete diese Strategie der radikalen Intelligenz einen Spielraum. Mit der Intention, dem Volk zu dienen, setzte diese Intelligenz unvermittelt ihre Kritik an der kapitalistischen Kultur um, stöberte die versteckten Formen des Leidens auf und begann, das seelische Elend in Fabrik und Familie in den Bannkreis staatlicher Organisation zu ziehen. Zugleich war diese Arbeit auf Gemeindeebene abhängig vom Konsens mit dem funktionierenden Staat auf der Grundlage der Partizipation der Massen, für den der PCI einstand. Folgerichtig kennzeichnete diese Praxis ein Bangen um die Reaktion der Arbeiter, ein besorgtes Schielen auf die Meinungen der angesprochenen Schichten, die ja an diesen Diensten teilhaben sollten.

Zum Prüffeld dieser Politik wurde zu Beginn der 70er Jahre die Provinz Emilia. Jervis, Mitglied der Equipe von Gorizia, übernahm den Auftrag, die *centri di igiene mentale* zu leiten. Seine Entscheidung wurde von der Mehrheit der antipsychiatrischen Bewegung abgelehnt; die Auseinandersetzungen drohten die delikaten Beziehungen der noch jungen Bewegung mit der PCI antagonistisch werden zu lassen. Jervis nahm seine Arbeit auf unter der abgewandelten Mao-Parole »von den Dörfern in die Städte«. Basaglias Kritik drückt zugleich die Grundelemente der Triestiner Theorie aus:

»Im Namen einer politisch womöglich radikaleren und ideologisch fortgeschritteneren Strategie – insofern es sich um Modelle einer präventiven und sozialen Medizin handelt – legitimierten die neuen psychiatrischen Spezialisten und linken Verwalter ihre Art des psychiatrischen Intervenierens, indem sie sich unmittelbar auf den Konsens und die Beteiligung der Massen bezogen.
Aber wenn die neuen psychiatrischen Spezialisten das Thema des seelischen Wohlergehens auf die Tagesordnung setzen und die Formen des Wissens und seiner sozialen Organisation verändern wollen, müßten sie in erster Linie die repräsentativen Organe der Arbeiterklasse und die Massenorganisationen angreifen, wären zu einer kulturrevolutionären Politik gezwungen. Die linken Verwalter hingegen müßten sich immer mehr in jene schwer kontrollierbaren Institutionen (wie z. B. die Irrenhäuser, K. H.) einschalten und deren unvermeidliche politische Zweideutigkeit akzeptieren.«

Die psychiatrischen Spezialisten folgten immer mehr der therapeutischen Berufung und Versuchung und entgingen so der Ansteckungsgefahr durch das Elend der Irrenhäuser, ihren medizinischen, sozialen und juristischen Skandal. Die linken Administratoren hingegen begnügten sich um des sozialen Konsens willen, daß die Institutionen der Irrenhäuser ihrerseits gegen die gemeindenahen Dienste nichts einzuwenden hatten. Statt die Irrenhäuser auszutrocknen, gerieten letztere in eine funktionierende Arbeitsteilung mit ersteren – nach dem Gesetz, daß die Psychiatrie immer erfolgreich ist, insofern die Institutionen, Räume und Betten, die sie anbietet, auch gebraucht werden. Insgesamt laufen die Erfahrungen der Region Emilia darauf hinaus, daß die psychiatrischen Institutionen nicht umzuwälzen sind, ohne wirklich in das ›Herz der Finsternis‹, ins Irrenhaus selbst, vorzustoßen.

»Das Schicksal der Erfahrung von Emilia bewirkte nach einigen Jahren das Ende des Mythos einer volksnahen Psychiatriepolitik der PCI und bezeichnet auch das Ende des Mythos eines linken Spezialistentums.« (Basaglia/Gallio)

Basaglia wurde vom Präsidenten der Provinz Triest Zanetti, Mitglied der DC und Sartre-Schüler, am 1. August 1971 zum Direktor berufen. Obwohl Zanetti Christdemokrat war und Basaglia sich als ›Kommunist der Straße‹ bezeichnete, verband beide eine politische Seelenverwandtschaft in der radikalen Vorstellung von Emanzipation und im Widerwillen gegen den Alptraum eines gut funktionierenden ›linken‹ Staatsapparat. Die Beziehung zwischen ihnen war im Lauf der weiteren Jahre unverzichtbar, um den vielfältigen Widerstand der Behörden zu überwinden und die Unbeweglichkeit der städtischen, provinzialen, regionalen Verwaltungen zu durchbrechen. Die Fürsprache Zanettis erlaubte der Triestiner Equipe voranzuschreiten, ohne dem Staatsapparat den Atem für prinzipielle ideologische Auseinandersetzungen zu lassen. Durch Zanetti konnte der minimale, aber entscheidende Zeitvorteil erreicht werden, wodurch die staatlichen Behörden immer vor vollendeten Tatsachen bzw. vor der schlechten Alternative standen, entweder zu akzeptieren oder weithin sichtbar die Geschäfte der Unterdrückung und Reaktion zu besorgen.
Neben der Konstellation Zanetti/Basaglia spielte noch etwas eine

Rolle. Nach der Verabschiedung des Psychiatriegesetzes 431 im Jahre 1968 stellte sich für die Provinzialverwaltung das Problem einer neuen Psychiatrischen Klinik. Die Landesnervenklinik beherbergte damals über 1200 Patienten und verstieß damit gegen das Gesetz 431, das eine Höchstzahl von 625 Patienten vorsah. Als Basaglia im September 1970 die Ausschreibung für die Direktorenstellung gewann, hat sicher auch dieser gesetzliche Druck seine Wahl bestimmt, denn er galt nicht nur als linker Antipsychiater, sondern auch als Spezialist für Patientenverminderung.

Das ›Q‹ wie es war

Wenn auch die politische Zielsetzung von Anfang an für alle die Zerstörung des Irrenhauses war, so gab es dafür doch kein Rezept, kein Modell, keinen Zeitplan. Die Irrenhausgesellschaft kann widerstandslos programmiert werden, um sie aber kennenzulernen, braucht es Zeit. In einer Gesellschaft, in der Macht und Ohnmacht so provokativ verteilt sind, in der es der Mehrheit an allem fehlt, an Eigentum, an Kleidung, an Kämmen, eigenen Schränken, in der für ein Almosen von 500 Lire ein ganzer Tag gearbeitet werden muß, hat sich natürlich ein frenetischer Wille zum Überleben, haben sich die kompliziertesten Privilegiensysteme und Tauschbörsen entwickelt. Diese Welt mußte erst einmal erforscht werden.
Über die Arbeit in den Abteilungen kam die Welt von San Giovanni langsam in den Blick: eine Welt, in der links die Frauen und rechts die Männer lebten, getrennt durch eine ansteigende Allee, in der man als ›Akuter‹ unten eingeliefert wurde und langsam den Berg hinauf rücken konnte. Oben war man dann endlich ›ruhig‹ geworden, ›unauffällig‹ und ›affektarm‹; und viel Zeit war verflossen.

»Die Abteilung ›Q‹, ein Gebäude von einschüchternden Ausmaßen, besaß zwei Stockwerke, oben waren die Schlafräume, unten die Diensträume und der Aufenthaltsraum mit riesigen Dimensionen (7,5 mal 15 mal 4 Meter). Die Räume, die von Patienten benutzt wurden, waren heruntergekommen und abstoßend . . .
Das tägliche Leben der Insassen war gekennzeichnet durch ein ununterbrochenes absurdes Nichts-tun, man mußte praktisch davon ausgehen, daß ungefähr 150 Personen von 7-18 Uhr im Aufenthaltsraum des Erdgeschosses eingeschlossen blieben. Die übrigen 20 Personen wurden für Reinigungsarbeiten innerhalb und außerhalb der Abteilung eingesetzt (eine Arbeit, die nicht entlohnt wurde, weil sie im Rahmen der Ideologie der Arbeitstherapie erfolgte.)« (aus: libertà è terapeutica, Broschüre 1977)

Für 160 Patienten hat man nach der Umwandlung der Abteilung eine Reihe statistischer Daten erhoben. Danach ging die Aufenthaltsdauer von 1 bis 62 Jahren. Die mittlere Aufenthaltsdauer war 19 Jahre. Zum Zeitpunkt der Aufnahme waren 10 % noch nicht 11 Jahre alt, 54 % zwischen 25 und 50 Jahren und 81 % zwischen 16 und 55 Jahre. Das statistische Durchschnittsalter der Aufnahme betrug 39 Jahre. Das bedeutet, daß die in diese Abteilung eingewiesenen Frauen praktisch ihre ganze Reifeperiode in der Anstalt verbrachten und im Durchschnitt mit 58 Jahren entlassen wurden.

›Fall‹geschichten

1954 wurde der Alliierten-Status von Triest beendet und die Zone ›A‹ kehrte zurück nach Italien.
Amelia – Abteilung ›Q‹ – hatte den Sergeanten Logan, Irländer, geheiratet.
Giovanna – Abteilung ›Q‹ – hatte den Sergeanten Taylor, Amerikaner, geheiratet.
Maria – Abteilung ›Q‹ – hatte den Kapitän Thompson, Schotte, geheiratet.
Tatiana – Abteilung ›M‹ – hatte den Leutnant Howell-Lee, Amerikaner, geheiratet.
Lucia – Abteilung ›Q‹ – hat ihre Kinder in den USA; sie ist ›verrückt‹, seitdem sie den Corporal Williams geheiratet hat und mit ihm nach Pittsburgh gegangen ist.
(zit. nach del'Aqua, S. 42)

Die Triestiner Equipe hat sich praktisch geweigert, die Soziogenese und Epidemiologie der Geisteskrankheiten ihrer Patienten zu erforschen. Es fehlte ihr ohnehin die Zeit dafür. Unter welchen Diagnosen diese Frauen auch immer ›erfaßt‹ wurden, ihr Schicksal sollte gemahnen, daß die Wissenschaft die Würde, auch und vor allem die Würde eines Menschen im Unglück, verletzt, wenn sie sich auf die Erforschung der Genese seiner Schwierigkeiten wirft. Diese Schicksale besagen zumindest dieses: daß es überaus gefährlich ist, in der Jagd nach dem Lebensglück einen Fehler zu machen, solange Irrenhäuser existieren.
Auszüge aus dem Krankenblatt Vincenzo M., der Niederschlag von 27 Jahren ›Lebens‹zeit:

10. 5. 47 – Elektroschock
10. 7. 47 – fiebrig, belegte Zunge
19. 7. 47 – Reaktion Widal, negativ
10. 11. 47 – nichts Neues
12. 4. 48 – immer apathisch, stumpfsinnig, jeder Initiative beraubt. Drückt keine Wünsche aus; lächelt nichtssagend, ißt freiwillig, scheint nicht zu halluzinieren.
10. 11. 61 (nach 13 Jahren) schwere geistige Verwirrung, apathisch, untätig, indifferent.
1964 – ruhig, nicht aggressiv, untätig.
1967 – unverändert.
1970 – nicht ansprechbar, benommen, beschmutzt sich, apathischh indifferent.
1974 – drückt keine Wünsche aus, angepaßt an die Umgebung, nicht impulsiv, untätig.
Aus dem Bericht eines Kriegsdienstverweigerers:
»Das erste Mal sah ich Vincenzo, als ein Pfleger der Abteilung ›C‹ sich verpflichtet fühlte, mir die Kranken vorzuführen, die sich in dem großen Aufenthaltsraum befanden. Nachdem er mir bei einer Reihe von Personen, die unbeweglich auf den Bänken saßen und sich an die Wand lehnten, Name und Diagnose gesagt hatte, bezeichnete er mir einen Mann: ›Der hier ist eine chronische Schizophrenie, einer, der auf die Schule gegangen ist, einer der drei berühmten Brüder M., alle hier Insassen der Klinik.

Er war 1947 im Alter von 17 Jahren eingeliefert worden und seitdem in dieser Abteilung verblieben; jetzt war es offensichtlich, daß er verstanden hatte, daß man über ihn sprach.
Seit diesem Moment hatte ich das Gefühl, daß dieser Mann mit äußerster Aufmerksamkeit verfolgte, was geschah, auch wenn er jede Beziehung ablehnte, sich hin- und

hertreiben ließ, mit hängenden Schultern im Kreis herumging und in die Hosen machte. Dennoch waren wir alle betroffen von der Ironie, mit der er unsere unbeholfenen Bewegungen beobachtete, als wir versuchten, die Dinge etwas zu ändern. Wir benutzten alle spontan das ›Sie‹, wenn wir mit ihm redeten.«

Vom Zwangspatienten zur freiwilligen Aufnahme, von der freiwilligen Aufnahme zum ›Gast‹

Die Manövrierfähigkeit der Equipe entsprang einer konsequenten Interpretation des Psychiatriegesetzes von 1968. Vorher hatte das Gesetz von 1904 gegolten, wonach jeder, »der sich selbst oder andern gefährlich« ist, einer psychiatrischen Behandlung bedarf. Der Patient wird diesem Gesetz zufolge als *coatto* (Gezwungener) eingeliefert, verliert seine zivilen Rechte und wird unter Vormundschaft gestellt. 1968 wurde das Gesetz 431 (legge Mariotti) verabschiedet. Es erleichterte die Aufhebung der Vormundschaft und sah vor allem die Möglichkeit der freiwilligen Aufnahme vor.
1971 gab es in der Klinik insgesamt 830 *coatti,* weitaus schwerwiegender war noch, daß manche Abteilungen, z. B. die Häuser der ›Ruhigen‹ fast ausschließlich mit ›coatti‹ belegt waren. Aus dem rechtlichen Status der Patienten entsprang die Rechtfertigung für das Abschließen der Personen. Wenn jemand Zwangspatient war, erschien es müßig, sich mit seinem tatsächlichen Verhalten auseinanderzusetzen, denn eine Person unter Vormundschaft darf sich nicht vom Klinikgelände entfernen. Für jede seiner Handlungen ist das Klinikpersonal persönlich verantwortlich. Wird etwa ein *coatto* mit einer Waffe angetroffen, und vieles kann eine Waffe darstellen, so war das ein Offizialdelikt.
1971 waren im ›M‹ von 136 Frauen 132 *coatte,* im ›F‹ gehörten alle 75 Männer in diese Kategorie. Das Gesetz 431 wurde nunmehr dahingehend interpretiert, die vorhandenen *coatti* schrittweise in Freiwillige umzuwandeln, ein Verfahren, bei dem es allein auf die bürokratische Technik ankam und nicht etwa auf eine neue Diagnose. Dieser Trick funktionierte am Anfang recht reibungslos, erst seit 1974 erwachte der Widerstand der Richter.
Diese Umwandlung vom Zwangspatienten in eine freiwillige Aufnahme war Grundlage für die Öffnung der Abteilungen. Mit dieser Anwendung des Gesetzes war der verschlossenen Tür die rechtliche Basis entzogen. Im Lauf der folgenden Jahre nahm die Zahl der Zwangspatienten rapide ab: 1971: 830, 1972: 300, 1973: 200.
Weitaus wichtiger noch war diese Umwandlung für das, was im Triestiner Sprachgebrauch *restrutturazione della persona* heißt. Hinter dieser Formel verbirgt sich die Erkenntnis, daß es nicht genügt, die Klinik in ein therapeutisches Milieu mit offenen Abteilungen zu verwandeln, sondern daß vielmehr die Patienten wieder

ihre bürgerlichen Rechte und ökonomischen Ansprüche zurückerhalten mußten. Mit der Veränderung des Patientenstatus begann die schrittweise Überprüfung der Renten- und Pensionsansprüche, der Versuch etwa, die Renten und Sparbücher zurückzuerobern. Dieser Kampf mußte gegen die ganze Schwerfälligkeit der verschiedenen Behörden, aber auch gegen Familienangehörige geführt werden, die oft genug die Renten selbst einstrichen. Nie ging es dabei um das Erlernen des Umgangs mit Geld, sondern immer um das Ziel, daß die Leute Geld ausgeben können wie alle anderen auch. So wurden ungenaue Begriffe im Vokabular der Reformpsychiatrie wie ›Humanisierung‹ und ›Normalisierung‹ konkretisiert, indem sie zum Mittel wurden, um Waren, Geld und Geldverkehr in das Leben der Klinik einzuführen. Aus dem Ort der Verwahrung sollte ein Ort der Reproduktion der Arbeitskraft werden.
Mit der Verordnung 448 vom Juni 1972 wurde auch die Sektorisierung angegangen. Im Einklang mit der Gesundheitsreform wurde Triest in 5 Zonen aufgeteilt. Entsprechend wurde die Klinik so strukturiert, daß die Patienten nicht mehr in akut Erregte, Ruhige, Verdreckte aufgeteilt, sondern entsprechend ihrer Herkunftsviertel gruppiert wurden. Dadurch wurde vielen Patienten die Chance gegeben, alte Bekannte wiederzufinden und sich über gemeinsame Erfahrungen ein Stück eigener Geschichte zurückzuerobern.
Für jede Zone wurde eine eigene Equipe mit einem Oberarzt aufgestellt, dazu eine Equipe für den Notfall bzw. den Nachtdienst, die sowohl intern als auch extern arbeiteten.
Durch diese Maßnahmen stieg die Zahl der Entlassungen, so daß der Bau einer zweiten psychiatrischen Klinik endgültig ad acta gelegt werden konnte.
Diese Sektorisierung wurde nun keineswegs als Schritt zur endgültigen Struktur der psychiatrischen Versorgung begriffen. Sie war vielmehr das Startzeichen, um auf dem Klinikgelände zu experimentieren, die Abteilungskulturen aufzubrechen, Akute mit Langzeitpatienten zu mischen, kurz: das ganze soziale Geflecht des ›Unterlebens‹ durcheinanderzubringen. Einen schwachen Reflex dieser Improvisierfreude gibt die Klinikzeitung vom 15.5.74 wider:

»... Das ›B‹ ist in die Frauenaufnahme verlegt worden, die Frauenaufnahme kam ins ›T‹, das ›T‹ ins ›O‹. Das ›O‹ ins ›V‹, das ›M‹ ins ›F‹. Die Männeraufnahme ins ›R‹ (das ›R‹ ist die Ex-Direktion, die Direktion kam in die Villa Renner). Das ›P‹ ins ›Q‹. Das ›Q‹ ins ›F‹. Das ›D‹ ins ›R‹ vom ›F‹ ins ›I‹, vom ›G‹, vom ›H‹, vom ›L‹ in die Casa domenicale. Vom ›O‹ zum ›B‹. Das ›T‹, ›B‹, ›C‹ ins ›Z‹. Das ›Z‹ wird geschlossen. Geschlossen wird das ›P‹, das ›D‹ und das ›M‹. Vom ›C‹ zum ›B‹. Vom ›Q‹ zum ›R‹. Vom ›B‹ zum Ralli ...«

Wenn man heute mit einem Arzt über diese Anfangszeiten spricht, so kann er zwar meist genau Auskunft geben über die Veränderungen und Probleme eines Patienten, aber er wird immer wieder bei dem Versuch durcheinandergeraten, seinen Weg durch die Abteilungen zu rekonstruieren. Die Logik dieser Umzüge ist durchaus

widersprüchlich. Sie entsprang zum Teil praktischen Notwendigkeiten. Die Gebäude mußten renoviert werden. Durch die Entlassungen entstanden immer neue und immer kleinere Patientengruppierungen, so daß an die räumliche Umgebung auch neue Ansprüche gestellt wurden. Es war auch die einfachste und wirksamste Methode, eine stagnierende Pfleger- und Patientenkultur aufzubrechen, die Patienten aufzuteilen oder einen Umzug zu veranstalten. Mit diesen Mitteln konnte sehr oft eine verhärtete Frontenstellung zwischen Basaglianern und dem alten Personal aufgelöst werden. Doch gleichzeitig entwickelte sich daraus eine Logik der ›Restbildung‹. Bei der Leerung eines Pavillons blieben immer welche übrig, für die keine Wohnung und keine Arbeit zu finden war, oder die noch zu verwirrt, zu regrediert waren. Diese Umzüge haben die Patienten fraglos mobilisiert. Es ist ohnehin vollkommen richtig, die äußeren Umstände zu ändern, statt die Seele ändern zu wollen. Aber immer ist ein Teil der Patienten zurückgeblieben, denen es schlechter ging, weil es den anderen besser ging. Aber wenn man den Prozeß der Zerstörung des Irrenhauses nach dem Geleitzugprinzip – die Geschwindigkeit richtet sich nach dem langsamsten Schiff – praktiziert hätte, wäre das entscheidende politische Mittel verlorengegangen, das der Schnelligkeit.
Mit der Verordnung 448 wurde auch eine neue halbinstitutionelle Figur aus der Taufe gehoben: der *ospite* (Gast). Diese Figur gibt es bislang allein in der triestiner Psychiatrie. Der *ospite* ist ein entlassener Patient, der nur an einer einzigen Krankheit leidet: keine Wohnung zu haben. Er wohnt auf dem Klinikgelände, ist aber an keine Weisungen durch den Arzt oder Pfleger mehr gebunden, kann aber die vorhandenen Dienste in Anspruch nehmen. Diese Institution des *ospite* figuriert laut Verordnung als klinikspezifische Betreuung. Im einzelnen sind verschiedene Formen dieses Status vorgesehen:

- Gewährung eines Schlafplatzes und des 1. Frühstücks;
- Tagesaufenthalt und Hauptmahlzeit;
- Tages- und Nachtaufenthalt mit allen Mahlzeiten und ärztlicher Versorgung;
- In einer ökonomischen Notlage hatte der *ospite* auch Anspruch auf Sozialbeihilfe.

1978 konnte man im großen Saal des ›F‹, wo zumeist wandernde Gruppen von Psychiatrietouristen unterkamen, den Wandspruch einer deutschen Sozialarbeitergruppe lesen: »Immer noch 200 ›Gäste‹ in der aufgelösten Klinik«. Abgesehen davon, daß hier eine enttäuschte Utopie sich hämisch über die Realität hermacht, ist mit den Anführungszeichen um das Wort ›Gast‹ die Ironie in der Geschichte dieser Figur durchaus getroffen. Am Anfang stand der Begriff zumindest im Sprachgebrauch in Anführungszeichen, denn das Schema von *coatto* und *volontario* sollte durchaus nicht erwei-

tert werden. Die Formel des *ospite* barg in sich demgegenüber eine dialektische Dimension. In ihr widersprach die Psychiatrie sich selbst.
Die politischen Implikationen liegen auf der Hand:
Diese halbinstitutionelle Figur stellte eine dramatische Anklage dar gegen die Unfähigkeit der Stadt, diese Menschen aufzunehmen, ihnen Wohnung und Arbeitsplätze zu geben. Mit ihr hatte die Equipe einen sozialen Widerspruch eröffnet, der es ihr nicht nur erlaubte, sondern sie auch dazu verpflichtete, das Feld der allgemeinen sozialen Kämpfe zu betreten. Und mit dieser Figur erkennt der Staat an, daß die Psychiatrie mit nicht-psychiatrischen, also sozialen Problemen zu tun hat; daß sie darüber hinaus nicht länger als Ort der Behandlung begriffen werden kann, sondern auch als ein soziales Getto verstanden werden muß.
Die Zahl der *ospiti* erhöhte sich schnell: 1972: 50, 1973: 268, 1974: 303, 1975: 297. Jetzt pendelt die Zahl um 260, was etwa der Kapazität der gegenwärtigen Struktur entspricht. *ospiti* waren zumeist die Alten, die 20-40 Jahre im Irrenhaus verbracht, die ihre Verwandten verloren und sich innerhalb der Klinik einen neuen Lebenszusammenhang aufgebaut hatten. Die pessimistische Prognose, die ihnen als Langzeitpatienten zur zweiten Haut geworden war, ließ sich nie vollständig auflösen. So konnte es geschehen, daß die Figur des *ospite* die dialektische Dimension verlor und zum Synonym für Langzeitpatient verkam – ein Grund, diese Formel erneut in Anführungszeichen zu setzen.

Die Transformation des ›Q‹

Aus dem Bericht eines Mitarbeiters:

Wir begannen die Zwangsinstrumente abzuräumen (Gitterbetten, Gummizellen), die Schocktherapie wurde abgeschafft, die oft zur Kontrolle oder direkt zur Strafe angewandt wurde; die inneren und äußeren Türen wurden geöffnet; Raum für gesellschaftliche Veranstaltungen (Treffen, Vollversammlungen, künstlerische Aktivitäten etc.) wurde geschaffen. Wir durchbrachen die Geschlechtertrennung, indem wir die Abteilungen ›P‹ und ›Q‹ zusammenlegten . . .
Darüber hinaus ersetzte man schrittweise die Anstaltskleidung durch persönliche Sachen, erweiterte das Mobiliar durch Kommoden und Schränke zum individuellen Gebrauch. Einer der deutlichsten Auslesemechanismen wird eliminiert: das Verschieben der Aufgenommenen aus den Aufnahmeabteilungen ins ›Q‹ und vom ›Q‹ dann in noch mehr degradierte und degradierende Abteilungen.
Damit kommen die Ansprüche und Bedürfnisse der Patienten in Sicht: von der Wiedereroberung der physischen und psychischen Identität (durch so simple Sachen wie eigene Kleidung, Privatsphäre, Besitz eines Personalausweises) zur Forderung nach einem Minimum sozialer Anerkennung durch die Verfügung über Geld, zum Anspruch auf Arbeit mit normalem Arbeits-

vertrag . . . bis hin zur Zurückgewinnung von Gefühlsäußerungen, von Sexualität, kurzum von individuellen kreativen Fähigkeiten. So wurden die Kontakte mit den Familienangehörigen gefördert, viel Mühe kostete die Rekonstruktion der juristischen Seite der Person, indem die Aufhebung der Vormundschaft beantragt, Personalpapiere wieder angeschafft wurden. Im Zusammenhang mit der Suche nach Arbeit mußten Arbeitspapiere ausgestellt werden. 1973 waren wir dahin gekommen, ein ›Sozialsekretariat‹ einzurichten, das unverzichtbar war für die Sammlung von Daten. Dazu wurden Kontakte mit verschiedenen Behörden, Institutionen, Regierungsstellen und Gewerkschaften aufgenommen. Dank dieser Arbeit war es möglich, einen guten Teil der Patienten zu entlassen und in die Familien zurückzubringen.

Die Zerschlagung der Abteilung ›Q‹ setzte sich fort in der Entwicklung selbstorganisierter Wohngemeinschaften innerhalb der Klinik: eine Reihe von *ospiti* beiderlei Geschlechts konnten in freigewordene, vorher vom Personal belegten Wohnungen untergebracht werden . . .

Im ›Q‹ wurde ein Schönheitsinstitut geschaffen und betrieben. Es war insbesondere als Beitrag zur Rehabilitation der Frauen gedacht. Durch die Veränderung des äußeren Erscheinungsbildes sollte das psychische Wohlbefinden gefördert werden . . .

Ab 1973 begann das ›Q‹ als Organisation für die Frauen zu funktionieren, die aus der 1. Zone, einem Teil des Stadtzentrums, kamen. Mit diesem Stand wurde die erste Periode der Arbeit abgeschlossen, gleichzeitig erfolgte ein Wechsel innerhalb der Equipe.

Von den 160 Personen, die sich 1971 im ›Q‹ aufhielten, sind 25 % in die Familie zurückgekehrt (ihr Durchschnittsalter war 45 Jahre), 27 % sind innerhalb der Klinik verblieben, und zwar als *ospiti* (Durchschnittsalter 60 Jahre), 13 % wurden im Erholungsheim bei Belluno untergebracht (Durchschnittsalter 56 Jahre), 4 % wurden in die Abteilung ›M‹ verlegt (Durchschnittsalter 46 Jahre), 21 % sind verstorben (Durchschnittsalter 72 Jahre) und 10 % sind in reine Pflegeabteilungen verlegt worden (Durchschnittsalter 70 Jahre).

(La libertà è terapeutica)

Der selbstorganisierte Kindergarten und die Gefährlichkeit des Irren

Der Irre, der hinter den Mauern verschwindet, läßt ein Bild zurück: das seiner Gefährlichkeit. Es ist klar, daß man die Vorstellung der Gefährlichkeit des Verrückten nicht widerlegen kann. Man kann sein Verhalten banalisieren oder poetisieren, man kann ihn wohlmeinend in alle Richtungen hin interpretieren, in den Köpfen der Leute wird nicht nur die abstrakte Vorstellung seiner Gefährlichkeit unberührt weiterexistieren; sie muß auch weiterexistieren in dem Sinne, daß es eben riskant ist, wenn Menschen über einen bestimmten Punkt hinaus leiden, kaputt gehen, entwürdigt werden. Es gilt also, die Gefährlichkeit des Verrückten als eine Möglichkeit menschlicher Gegenwehr zu trennen von den juristischen Implika-

tionen. In diesem Sinne kann man nur mit politischen Entscheidungen, nicht aber mit wohlmeinenden wissenschaftlichen Interpretationen das Konzept der Gefährlichkeit durchbrechen. Im übrigen ist es Aufgabe der Praxis, Stationen zu schaffen, in denen der Verrückte leben kann, obwohl er vorher aufgrund seiner Gefährlichkeit von ihnen ausgeschlossen war.
Die Kinder, unserer zynischen Kultur zufolge Früchte und Garanten der Normalität, galt es immer vor den Verrückten zu schützen, wiewohl sich Kinder immer für die Verrückten und diese immer für die Kinder interessiert haben. Der selbstorganisierte Kindergarten wollte für ein halbes Jahr mit dieser kulturellen Praxis brechen:

Die Organisation des Kindergartens ist von uns in die Hand genommen worden als Basis der Selbstorganisation, als unverzichtbarer Rückhalt für ein Zusammenleben der Eltern mit den Kindern, und zwar in dem Sinne, daß er Möglichkeiten des gegenseitigen Sich-Begreifens und Kennenlernens bietet. Unser Kindergarten will keineswegs ein tolerantes und permissives Asyl sein, sondern im Gegenteil Ausdruck einer Intoleranz und Einseitigkeit gegenüber allen Arten von Asyl, ob Kliniken, Obdachlosenasyle oder Irrenhäuser.
Die Bedeutung der Gegenwart von Kindern im Irrenhaus ist in der Hoffnung und dem Appell zu suchen, daß man eines Tages aufhört, Irrenhäuser über den Köpfen und in den Köpfen von Kindern zu bauen. Der Widerspruch, das Nichtakzeptierbare liegt in der Tatsache begründet, daß ›normale‹ Kinder mit ›Verrückten‹ hier zusammentreffen. (Selbstverständigungspapier von 1973)

Diese emphatische Intention fand ihr ›reguläres‹ Ende. Die Notwendigkeit, Kindergärtnerinnen anzustellen, erwies sich als unabweisbar und damit auch die der staatlich-städtischen Anerkennung. Nach einjährigem Kampf wurde schließlich ein ›normaler‹ Kindergarten durchgesetzt. Die noch vorhandenen Gitter um den Garten der ehemaligen Abteilung wurden instandgesetzt, die Pforte mit einer Wechselsprechanlage versehen. Heute bewegen sich einige Frauen aus der naheliegenden Abteilung für Pflegefälle in der Nähe der Pforte. Sie haben ihr Leben im Irrenhaus verbracht und hatten nie die Chance, selber Kinder zu haben. Sie kennen alle Kinder und wissen am genauesten, wann es einem von ihnen schlecht geht.

Wie die Geschichte von Vincenzo weiterging

Es wird hier aus den täglichen Notizen eines Kriegsdienstverweigerers zitiert, der seinen Zivildienst in der psychiatrischen Klinik ableistete:

»Von den Neuigkeiten, die ich aus einem schwierigen Gespräch mit der Mutter (seit 30 Jahren besucht sie regelmäßig ihre drei Söhne in der Klinik) erhalten habe, konnte man etwas über die Familiensituation erfahren. Es ist die klassische Geschichte eines Paares aus dem Süden, das gezwungen war, nach Triest zu kommen, mit all den Anpassungsschwierigkeiten, unter ökonomischem Druck, und mehr noch mit den Problemen, die der Mutter

zufolge auf den ›Charakter‹ ihres Mannes zurückgingen: er sei sehr nervös, bekäme cholerische Anfälle, die darin gipfelten, seine Frau zu schlagen ...
Ein ›Gast‹ der Klinik erinnerte sich an den Zeitpunkt als Vincenzo aufgenommen wurde: ein Jugendlicher, der den ganzen Tag auf der Terrasse der Abteilung verbrachte ..., sprach, aß, sich ankleidete, aufs Klo ging und sich völlig normal sauberhielt ...
Versuche, eine Beziehung zu ihm aufzubauen, aber er entfernt sich und spricht ständig mit sich allein, leise und ohne Unterbrechung. Später beginnt er, ein ›Ja‹, ein ›Nein‹ oder ein ›aber ja‹ in seine übliche Rede einfließen zu lassen: es sind immer adäquate Antworten ... Gehorcht allem, was man ihn machen heißt. So begleitet man ihn aufs Klo und er macht sich nicht mehr voll ...
Wir entdecken, daß er noch schreiben kann, versuchen eine Beziehung darüber aufzubauen, aber die Sache gelingt nicht: er schreibt, was man ihm gesagt hat, schreibt den Namen des Gegenstandes, den er zeichnen soll, korrigiert orthographische Fehler. Er zeigt ein extremes Unbehagen in diesen Situationen, das er durch sein klassisches Im-Kreis-Herumgehen und durch In-die-Hose-Pissen ausdrückt ...
Ich begleitete ihn in die Abteilung ›H‹, wo er auch seinen Bruder Alberto traf und wo er eine viel angenehmere Situation vorfand und mit vielen Leuten zusammen war, die ihn nicht als andersartig oder krankhaft ansahen, sondern als einen der ihren, dem sie im Irrenhaus eben übel mitgespielt hatten. ... er verzichtete auf die Fluchtversuche, trank gerne Kaffee und schaute sich voller Neugier um ... Einzig die Brüder bildeten eine Ausnahme. Sie verhielten sich ihm gegenüber kalt und manchmal auch feindlich, sie finden ihn andersartig und befremdend und wissen nichts über ihn zu sagen ...
Ich begleite ihn in die Abteilung ›F‹ und nach ein paar Tagen bleibt er da auch zum Mittag- und Abendessen. Er beginnt mit Messer und Gabel zu essen; stellt sich zum Essenholen in die Reihe, geht allein aufs Klo und geht nicht mehr im Kreis herum, sondern beginnt die Abteilung zu erkunden und setzt sich dabei oft in die Nähe der Leute, um ihre Unterhaltungen mitzubekommen. Abends findet man ihn zuweilen vor dem Fernseher (in seiner Abteilung ist das nie passiert). Meine Beziehung zu Vincenzo wird besser und manchmal kann man mit ihm reden ...
Nach einiger Zeit entscheide ich mich, Vincenzo zu den ›Häuschen‹ zu bringen, wo nicht nur mehr Leben ist, wo er auch eine weitaus wärmere Aufnahme findet. Er wird von den Anwesenden mit Anregungen geradezu bombardiert; er fühlt sich schrittweise immer wohler, akzeptiert ohne Hemmungen Kaffee und Zigarette, blickt den Leuten ins Gesicht, die mit ihm sprechen. Dann ist er zum Spiegel gegangen und hat lange sein Gesicht betrachtet ...
Eines Tages wollte er nicht ausgehen und ich habe ihn an der Jacke gepackt; er gab mir einen Schlag und sagte mit klarer Stimme: ›Laß mich in Ruhe‹. ...
Dann entschloß man sich, Vincenzo in eine bessere Abteilung zu verlegen ...
Aber seine Geschichte, so wie sie mit der alten Abteilung ›C‹ und mit dem ›neuen C‹ verflochten war, wurde auch jetzt wieder Teil der neuen Abteilung. Vincenzo fuhr fort, seine Provokationen zu starten. Nach und nach wurde er wieder vergessen: sofort begann er wieder, sich in die Hose zu machen, im Kreis herumzugehen und sich zu verschließen. Da er nicht schlafen konnte, war er unruhig und man gab ihm Psychopharmaka: weil für

›Kranke‹ wie ihn eben die Zeit nicht reichte, weil sein Leiden sich in einer Sprache ausdrückte, die nicht gewalttätig war, die man vielmehr nur durch Zuneigung aufnehmen konnte; eine Sprache, die zu subtil das falsche Bewußtsein der Psychiatrie denunzierte . . .«
(Zitiert nach: Studio sulla situazione . . . 1975)

Angesichts dieser Geschichte gibt es wenig zu kommentieren. Nachzutragen ist, daß das alles keine kampflosen Entwicklungen waren. Insbesondere die Pfleger im ›alten C‹ haben sich erbittert der Arbeit der Kriegsdienstverweigerer widersetzt. Sie haben die Türen vor ihnen verschlossen, es gab Schlägereien, und einem Kriegsdienstverweigerer sind auch die Autoreifen zerschnitten worden. Aber diese Auseinandersetzungen waren kein Hindernis für die Entinstitutionalisierung, im Gegenteil stellten sie eine Chance dar. Als der Streit zwischen Kriegsdienstverweigerern und Pflegepersonal, das seine Kultur, seine Routine verteidigte, auf dem Höhepunkt war, gab es eine denkwürdige Versammlung, in der ein Pfleger ausrief: »Wir sind genauso institutionalisiert wie die Kranken!«
Die Geschichte von Vincenzo zeigt noch etwas anderes: Das Problem ist nicht, was mit den Patienten zu geschehen hat, sondern wie das Bei-den-Leuten-Bleiben organisiert werden kann. Aber auch diese Haltung hat sich nicht in einem festen Regelsatz niedergeschlagen. Erst kürzlich ist in diesem Zusammenhang eine erhellende Definition zustande gekommen. Auf dem Pflegerkurs Ende 1979 kam die Frage auf, was es denn eigentlich heiße, sich um eine Person zu kümmern. Im Triestiner Sprachgebrauch wird das als ›einer Person folgen‹ (*seguire)* ausgedrückt und man sagte, daß *seguire* nicht *pedinare* (›beschatten‹) bedeuten darf.

1973 (I) – Marco Cavallo

Die Träume der Freiheit, die Erneuerung der Kultur kommen von ›unten‹, von den Rändern, aus den abstoßenden und abgestoßenen Winkeln, wo wirkliche Mauern den Blick verwehren, wo unsichtbare Mauern den Blick wenden lassen. Aber das ist kein reiner Quell, der nur erst einmal seine Bahn gefunden haben muß, es ist vor allem kein unversiegbarer Quell. Am schnellsten wird er durch Beschwörung erschöpft.
Marco Cavallo ist ein auftrumpfendes Symbol am Ende der Ära des Irrenhauses geworden. Diese Befreiung und das blaue Pappmaschée-Pferd Marco Cavallo und was damit verbunden ist, hat Guiliano Scabia in seinem Buch minutiös dargestellt. Es ist geschrieben aus der Emphase des Beteiligten. Ich schreibe aus einer Zeit heraus, wo die alten Inschriften schon verwittern und Marco Cavallo zur Vorgeschichte zu gehören scheint. Dasselbe Klinikgelände, aus dem Marco Cavallo entsprang und zum Zeichen einer kulturrevo-

lutionären Umwälzung wurde, ist kürzlich Gegenstand einer Strafanzeige geworden. Den Direktoren Basaglia und Rotelli wird vorgeworfen, öffentliches Eigentum veruntreut zu haben: eine Klinik, die in einer rechten Zeitung als beispielhafte Leistung der österreichischen Verwaltung hingestellt wird. Die Irren sind auf der Straße, als Provokation der triestiner Feine-Leute-Kultur, aber die Orientierung am vergilbten Traum eines ›Mitteleuropa‹ beherrscht weiterhin die Stadt.
Marco Cavallo läßt sich nicht mehr ungebrochen besingen.

»November 1972. Das Irrenhaus von San Giovanni existiert seit 70 Jahren. Wir sind seit einem Jahr in Triest. Ein Jahr der ersten geöffneten Türen, der ersten Ausgänge, der ersten Versammlungen, der ersten wilden Polemiken, der ersten Kämpfe. Das fällige Fest des Irrenhauses wurde nach draußen verlagert. Es ist Sonntag. Ungefähr 600 ›Verrückte‹, die Hälfte aller Insassen, kommen heraus. Für einige wenige Stunden tanzen sie, essen sie, singen sie, machen ihr Fest zusammen mit den Bewohnern des Viertels, auf dem Sportgelände ›1. Mai‹ im Viertel San Giovanni . . . Der erste Ausgang, die ersten Begegnungen. Worauf angespielt wird, ist offensichtlich. Das Programm ist voller Ambitionen, vielleicht zu voll. Am Abend müssen alle wieder nach Drinnen. Am nächsten Morgen, Montag, ist das Fest zu Ende . . .
Es kommt Ugo Guarino (ein Triestiner Maler und Bildhauer). Das Atelier, wo einige Insassen zur Spieltherapie angehalten wurden, ist geschlossen und dann zerstört worden. In zwei großen Räumen der Abteilung ›A‹ stellt U. Guarino für alle ständig Papier, Bleistifte, Farben, Pinsel bereit. Jeder kann eintreten, etwas machen, herumschauen, reden, nichts tun. Einige kommen, um zu essen, denn die Abteilung ist immer noch überfüllt; andere wollen dort Ruhe haben, legen sich schlafen. Es werden, je nach Bedarf, Anschlagtafeln, Plakate, Flugblätter gemacht . . .
Jeden Tag erscheint in diesem Laboratorium das triestiner Künstlerkollektiv ›Arcobaleno‹ (Regenbogen) . . . Angelina, eine Frau aus Kalabrien, die nach New York ausgewandert war und, wieder nach Italien zurückgekehrt, in San Giovanni eingeliefert wurde, zeichnet ein Pferd, durch vier Linien unterteilt: in jedes Segment seines Körpers zeichnet sie eine Sache – eine Blumenvase, eine Gans, einen Topf, ein Haus, einen Baum und Pinocchio. Marco Cavallo war geboren.« (del'Aqua, S. 97.)

Weihnachten 1972 bittet Basaglia eine Reihe Künstler nach Triest. Sie bekommen eine geleerte Abteilung, das ›P‹ und zwei Monate Zeit, ›etwas zu machen‹. Die Räumung der Klinik schafft Raum. Die Ideen entwickelten sich in drei Richtungen: jeden Tag mitzuteilen, was geschieht, die Klinik als Öffentlichkeit zu begreifen; Arbeiten zu machen und Techniken anzuwenden, bei denen alle mitmachen können; schließlich: Wünsche und Träume freizumachen. Die Klinik, traditionell das Vernichtungslager der Wünsche, sollte verwandelt werden in eine Produktionsstätte der Wünsche. Deswegen sollte etwas ›Großes‹ konstruiert werden. Schon in den ersten Besprechungen macht die Patientin Angelina den Vorschlag, ein Pferd zu bauen. Bis Ende 1972 gab es ein Pferd auf dem Klinikgelände, das die Wäsche transportierte. Es sollte geschlachtet werden. Eine Petition von Patienten, Pflegern und Ärzten hat es gerettet. Das Pferd hieß Marco: Marco Cavallo, das Pferd Marco. Es verkörperte also schon die Menschlichkeit in einem Gefilde erschöpfender Routine.
Was dann begann dokumentiert das Buch von Scabia Tag für Tag.

1973 – Kampagne Marco Cavallo

Die Patienten kamen in das Laboratorium, begannen zu zeichnen, mitzumachen. Es entstanden Puppen, Theaterstücke, Lieder. Indem die Patienten dazu verführt wurden, mit Materialien umzugehen, den Pinsel in die Hand zu nehmen, wurden sie angefallen von ihrer Geschichte, von ihrem Leben ›vorher‹, von ihren unlöschbaren Hoffnungen. Berühmt ist das Beispiel eines Patienten, der nie sprach. Er begann eine Barke zu zeichnen und die Barke fuhr den Weg zurück in seine Heimat Istrien, zu seinen Brüdern, zu seiner Arbeit. – »Wenn jemand«, sagte eine frühere Lehrerin, »ein Zeichen setzt, drückt er sich aus: Wenn er imstande ist, sich auszudrücken, existiert er, gilt er. Warum also verstößt ihn die Gesellschaft?«

Das Laboratorium wurde zum Ort einer kollektiven Selbstverständigung, an dem nicht nur Patienten mit ihren Geschichten fürs Theater oder für die Puppen zum ersten Mal ihre eigene Geschichte preisgaben. Hier wurden auch die Mechanismen der Ausschließung zum Thema. Man könnte diesen ganzen Prozeß in Begriffe der

Animation fassen, ihn als einen massenhaften therapeutischen Prozeß interpretieren (wiewohl sich die Begriffe Masse und Therapie grundsätzlich nicht vertragen), man hätte dann aber nicht die entscheidende Veränderung begriffen. Es ist leichthin gesagt, daß Patienten ihre Fähigkeit zu wünschen ausdrücken, ihre Bedürfnisse zurückerobern, als handle es sich um einen innerpsychischen Vorgang, um eine Wiederkehr aus der Regression. Wer aus dem Buch von Scabia nur mit gerührten Augen herausliest, wie die verschüttete menschliche Kreativität sich erhebt, überliest den gewaltigen Schritt, die mutige soziale Handlung der Patienten. Sie haben nämlich etwas aufgegeben, oder wenigstens für eine Zeit hintenangestellt: ihre Schläue des Überlebens. Von jeher wußten sie, daß sie aufpassen müssen, daß die Institution ein vermintes Gebiet ist, daß alle ihre Äußerungen unkontrollierbare Konsequenzen haben können. Sie haben sich für eine Zeit preisgegeben, indem sie auf sich selbst vertrauten, mitmachten und sich äußerten. Was boten ihnen die Künstler? Zeit, Bereitschaft zuzuhören, und wohl auch Ungefährlichkeit.

Es gibt zwei Brüche in dieser Geschichte. Der erste ist bezeichnet mit der Chiffre ›S‹. In dem Buch von Scabia haben alle Patienten ihren Namen, ihren Vornamen genaugenommen. Und dann gibt es S., er bleibt anonym. Er zerstörte die Arbeiten von Patienten in der Werkstatt, war dagegen, daß die Photos seiner Mitinsassen ausgestellt wurden und verweigerte sich im übrigen der Diskussion seiner Motive. Er erklärte nur alles für Betrug. Im Jahre 1966 war er Fürsprecher der Patienteninteressen gewesen. Er blieb uneinsichtig und mußte schließlich ferngehalten werden.

Die zweite Störung des Bildes: am Sonntag, dem 25. Februar, soll das riesige, blau angemalte Pappmaschée-Pferd Marco Cavallo den Zug in die Stadt anführen. Dagegen entsteht eine Opposition: Am Dienstag darauf ist Generalstreik angesagt und die Klinik will sich zum ersten Mal in ihrer Geschichte daran beteiligen, um die untragbaren Zustände und Arbeitsbedingungen in die politische Auseinandersetzung zu tragen. Die Position der Gegner des Umzuges:

»Marco Cavallo ist ein zu wichtiges Symbol geworden. Ihn hinauszubringen, bedeutet seinen Symbolwert zu verharmlosen; es bedeutet, weiterhin so zu tun, als betreibe die Provinzialverwaltung von Triest gutgeführte Hospitäler. In Wirklichkeit ist keineswegs alles in Ordnung. Nach wie vor ist die Situation fatal, die Pfleger werden ausgebeutet. Dies ist kein Modell-Hospital. Die Patienten tragen zerlumpte Kleidung. Aus diesen Gründen kamen wir zu dem Schluß, Marco Cavallo solle nicht hinausgehen.«

Aber das Viertel San Vito hatte sich schon auf den Empfang von Marco Cavallo vorbereitet und alle, die mitgemacht hatten, bestanden energisch auf dem Umzug. Nach einer langen Nachtdiskussion beschließt man, zwischen Umzug und Generalstreik einen antagonistischen Gegensatz zu sehen.

Bei strahlendem Sonnenschein werden die Mauern der Abteilung eingerissen (das Pferd war ein wenig zu groß geraten) und der

Umzug formiert sich. Es ist das erste kollektive Erscheinen der Verrückten in den Straßen Triests. Die Musik spielt auf und es wird dieses Flugblatt verteilt:

Dieses Fest heute ist für uns Teil eines Kampfes, der vor einem Jahr begonnen hat und der sich gegen all das richtet, was das Irrenhaus in Italien vertritt. Marco Cavallo will ein Symbol jenes Befreiungskampfes sein, der für alle begonnen hat, die im Irrenhaus leben und leiden. In diesem Sinne müssen wir betonen, daß dieser Prozeß der Befreiung zwar in der Landesnervenklinik von Triest begonnen hat, daß aber alle, die daran arbeiten, in ihrer täglichen Arbeit an sich selbst und an den Kranken erfahren müssen, daß die ungelösten Probleme weiter existieren. Die tatsächliche Realität der Klinik ist die:

1. daß trotz unseres äußersten Einsatzes die materiellen Existenzbedingungen der Insassen nach wie vor beherrscht werden von der Misere und dem Mangel an den elementarsten Dingen (hygienische Einrichtungen, Kleider, Schränke, Kommoden, anständiges Essen etc.)
2. daß die Arbeitsbedingungen der Pfleger extrem belastend sind (48 Wochenstunden, Personalmangel, lächerliche Löhne, unmögliche Arbeitszeiten).
3. daß jede konkrete Perspektive für den größeren Teil der Patienten fehlt und sie so verdammt sind, für immer in der Klinik zu bleiben (Arbeit, Häuser, Unterhaltsmittel etc.)

Mit aller Schärfe betonen wir, daß diese Probleme miteinander zusammenhängen und ihre Lösung nicht auf die einzelnen Mitarbeiter geschoben werden kann, sondern die Verantwortlichkeit der Verwaltung und der Politiker anklagen.
Im nationalen Generalstreik am 27. dieses Monats und im Streik auf Provinzebene am 28. erblicken wir eine wichtige Gelegenheit, um zusammen mit den Arbeitern und Gewerkschaften zu unterstreichen, daß es ohne eine soziale Veränderung keine wirkliche Veränderung der psychiatrischen Institution geben kann. Wir verpflichten uns deshalb zu einer entschlossenen Teilnahme an dieser Phase des Kampfes.

Pfleger, Ärzte und Künstler der Psychiatrischen Klinik

Der Umzug mündete in ein Volksfest in San Vito. Die Aktion Marco Cavallo findet ihre beste Würdigung im folgenden Zitat eines Textes von Rotelli, del'Acqua, Reali, Sarli:

In der Stadt tummeln sich die Subproletarier hinter dem Pferd wie einst die Proletarier hinter dem Karren der Mutter Courage: Das Pferd, nutzlos und schön, ist und bleibt eine Ware, ein produziertes Ding. Das Subproletariat hat eine Ware produziert und ist eben dadurch gesellschaftsfähig geworden – für einen Augenblick. Die Produktion hat ihre eigene Ordnung, das Gesetz schützt die Produktion und erhält sie aufrecht. Die außerhalb oder jenseits des Gesetzes stehen, produzieren für einen Tag, und einen Tag lang sind sie mit ihrer Pferd-Maschine zugelassen, die wieder einmal nur eine Wunsch-Maschine, keine politische Maschine ist. Sie brüsten sich mit ihrem Flitter, ihren bunten Lumpen – der ewige Karneval der Armen. Es ist Platz da, um sich aufzustellen, aber wehe dem, der sich dagegenstellt. Der Kampf kennt andere Termine, andere Zentralen, andere Schauplätze. Wieder einmal hat das Spektakel triumphiert. Das Symbol steht und fällt mit denen, die ihm Bedeutung zuschreiben und die um diese Bedeutung sich versammeln. Es hat keine Macht über die gesellschaftlichen Verhältnisse. Marco Cavallo überlebt lediglich in den Seelen seiner Erbauer; die Kranken und Ausgeschlossenen treten zurück in die Kulissen der Zerstörung.
Hinter dem Pferd lauern das alte Grauen, der Dreck, die Gewalt, die Not des Irrenhauses, die Lage des Subproletariats im Innern eines ›Hospitals‹, einer Institution, in der die ›Aggressivität‹ des ›Kranken‹ nur verschwindet, um gewandelt wiederzukehren in der hospitalisierten Fügsamkeit des Objekts. Auch Marco Cavallo ist ein solches Objekt – steril und seiner Zukunft beraubt. Immerhin garantiert Marco Cavallo den Opfern die Möglichkeit der Träume, eine einzigartige Chance – dieses Pferd verkörpert die Vergesellschaftung eines Wunsches, der, losgelöst vom Bedürfnis, reine Negation der Geschichtlichkeit ist: des Wunsches, an einem Ort ›außerhalb des Irrenhauses‹ zu

sein, jenseits der Kleinlichkeit und der Armut und der Enge, die das Leben unzumutbar machen für jeden, der es liebt.
Scabia, Frankfurt 1979, S. 207

1973 (II) – Der Kampf um die Sozialhilfe

Das Pferd Marco Cavallo war noch der Vorgeschichte des Irrenhauses entsprungen. Es stand aber auch an einer geschichtlichen Wegemarke, an der es als Symbol zurückbleiben sollte. Die Befreiung aus den Mauern entließ keine befreiten Individuen, sondern eine soziale Minderheit im Elend. Bessere Überlebens- und Kampfbedingungen für diese Minderheit auf dem Weg nach draußen, in die Gesellschaft, zu erkämpfen war die eine Alternative; die andere: sich in den Vexierbildern einer Befreiungsideologie zu verlieren.
Die Auseinandersetzungen des Jahres 1973 sollen anhand von Flugblattexten und anderen Dokumenten wiedergegeben werden. (Sie finden sich in dem Sammelband: Raccolta dei volantini scritti).
Mit dem Flugblatt anläßlich des Auszugs von Marco Cavallo wurde zum ersten Mal eine mögliche Auseinandersetzung mit der Provinzialregierung thematisiert, in deren Namen ja auch bisher die Befreiung der Patienten vorangetrieben werden konnte. Drei Tage nach dem Fest nahm die Psychiatrische Klinik erstmalig in ihrer Geschichte an einem Streik teil. In Zusammenhang mit dieser Auseinandersetzung geriet einer der finstersten Winkel der Klinik in die Schußlinie: die Wäscherei, in der Pfleger unter gesundheitsschädigenden Bedingungen eine entwürdigende Arbeit verrichteten. So waren sie gehalten, die schmutzige Bettwäsche nach Empfang zu zählen. Dazu muß man wissen, daß es in der Klinik üblich war, Urin und Kot mit Bettüchern aufzuwischen.
Zitat aus dem Flugblatt vom 28. 2. 73:

In einigen Sektoren der Klinik ist in der Tat das fundamentale Recht der Arbeiter, an der Streikkundgebung teilzunehmen, unbekannt geblieben. Es hat Entlassungsdrohungen und andere Einschüchterungsmanöver gegeben, die eben dort um sich greifen können, wo Verhältnisse andauern, die unerträgliche Arbeitsbedingungen hervorrufen und im übrigen den elementarsten Ansprüchen der Patienten Hohn sprechen. Deswegen halten morgen, am 1. 3. 73, alle Arbeiter der psychiatrischen Klinik in der Wäscherei eine Vollversammlung ab, um die in den Dienstleistungsbetrieben anstehenden Probleme zu diskutieren.

Pfleger und Ärzte des O. P. P.

Im Laufe des Monats wurden die schlimmsten Mißstände in der Wäscherei abgestellt: das Nachzählen der schmutzigen Wäsche entfiel und die Arbeit am Waschtrog wurde aufgehoben. Die weit wichtigere Frage betraf die *giornalieri,* Pfleger mit dem Status eines Tagelöhners. Sie wurden gegen ihre Interessen und alle gesetzlichen Bestimmungen auch in der Wäscherei eingesetzt. Von der Gewerkschaft wurde gefordert, ihren Status zu legalisieren und ihnen endlich Arbeitsplätze als Pfleger zu sichern.

Diese Forderung mag gegenüber der poetischen Kühnheit von Marco Cavallo banal und kleinkariert erscheinen. Aber man darf nicht vergessen, daß das System der Kontrolle sich nicht allein in der unmittelbaren Beziehung zum Patienten niederschlägt, und daß in ihm die Kontrollierenden ebenfalls kontrolliert werden. Im übrigen war diese Forderung der erste Schritt, die zentralen Dienstleistungsbetriebe zur Debatte zu stellen. Daraus entsprang ein zäher Kleinkrieg, der bis heute anhält. Im Jahre 1980 geht es um die Auflösung der Zentralküche, aus der das Essen in die restlichen Abteilungen wie in die Außenzentren geliefert wird. Die Auflösung dieser zentralen Dienstleistungsbetriebe stellt eine der entscheidenden Maßnahmen zur Entinstitutionalisierung der Psychiatrie dar: damit wird die soziale Bedeutung des Essens zurückerobert, das eben nicht nur eine Sache ist, die ankommt und ausgeteilt wird. Wenn die lebendige Beziehung zwischen dem, der kocht, und dem, der ißt, verlorengeht, fehlt ein bedeutendes Element des sozialen Lebens.
Die zweite Front der Auseinandersetzungen im Jahre 1973 wurde mit dem Kampf um die Erhöhung der Sozialbeihilfe eröffnet. Im Rückblick erscheint der Kampf um die Behilfen in einer klaren Linie als Kampf um die legitimen materiellen Ansprüche. Heute kann man sich kaum mehr vorstellen, wie überaus schwierig es war, diese Klarheit herauszuarbeiten. Anfangs bewegte sich der Widerspruch zwischen der Forderung nach erhöhter Hilfeleistung und der Entwicklung des Bewußtseins, daß es sich um einen legitimen Anspruch handelt, um ein Recht.
Im Juni 1973 erschien ein Memorandum, das sowohl die Widersprüchlichkeit als auch die Bedeutung des Kampfes um die Beihilfen formulierte:

Auf der Basis der ausgereiften Erfahrung des letzten Jahres wollen die Mitarbeiter in der Psychiatrie die Sozialbeihilfe in folgender Weise verstehen:

1. *als ein Instrument der Vorbeugung*, d. h. als eine Möglichkeit, neue Aufnahmen zu vermeiden und die Verschärfung psychischer Störungen durch einen ökonomischen Notstand zu verhindern, der durch kein anderes Mittel zu beheben ist.
2. *als ein Mittel der Rehabilitation:* als Möglichkeit der Entinstitutionalisierung der Personen, wodurch sie schrittweise ihre Menschenwürde zurückerlangen und folglich ihre Entlassung selbst vorbereiten können (insbesondere bei Langzeitpatienten).
3. *als ein Instrument der Wiedereingliederung:* als Möglichkeit, in Belastungssituationen zu intervenieren, die aufgrund psychologischer Erkenntnis durch eine ökonomische Notlage verschuldet sind, sei sie vorübergehender Natur (z. B. durch Arbeitslosigkeit), sei es ein Dauerzustand (z. B. zu geringe Pensionen).

In diesem Zeitraum begann man den Vergabemodus der Beihilfen zu untersuchen und anzugreifen. Kritisiert wurden der lächerlich geringe Höchstsatz (20 000 Lire = etwa 50 DM) und die fragwürdigen Kategorisierungen der Empfangsberechtigten. Z. B. mußte man für mindestens sechs Monate in der Psychiatrie aufgenommen sein, um dann als Entlassener Anspruch auf Sozialbeihilfe zu haben.

Ende Juni wurden folgende Forderungen öffentlich erhoben:

- Jede Person hat Anspruch auf Sozialhilfe, wenn es ihre materiellen Lebensbedingungen nicht gestatten, ein autonomes Leben zu führen;
- die Beihilfe muß regelmäßig erfolgen, so daß mit ihr geplant werden kann;
- es sollen keine Unterschiede zwischen Entlassenen und geistig Behinderten mehr gemacht werden;
- die Dauer des Klinikaufenthaltes darf keine Rolle mehr für die Vergabe spielen;
- die bisherige Eingabefrist (höchstens 6 Monate nach Entlassung) soll abgeschafft werden;
- die Vergabe soll nach der Schwere der Situation erfolgen, die von Fall zu Fall individuell zu definieren ist;
- die Provinzialregierung soll nur das Recht zur formalen Kontrolle behalten;
- die Laufzeit der Sozialhilfe soll ab Vorlage des Antrags gelten, entsprechend habe die Auszahlung beschleunigt zu erfolgen.

Die Auseinandersetzungen verschärften sich, als sich herausstellte, daß für Juni die Auszahlungen für eine Reihe von Personen ausblieben. Die Provinzialverwaltung begründete das damit, daß zwei Drittel des Sozialhilfe-Fonds verbraucht seien.

Die Equipe reagierte darauf mit einer doppelten Taktik: sie versuchte den Rest des Sozialhilfefonds so zu verwalten, daß eine möglichst große Anzahl von Entlassenen und *ospiti* wenigstens etwas Geld in die Hand bekommt und damit de facto ihr Anspruch schon einmal anerkannt ist; zugleich fuhr sie fort, Beihilfen zu beantragen, als ob die Ankündigung der Provinzialverwaltung nicht erfolgt sei. Damit versuchte sie, der Provinzialregierung das Problem zurückzugeben.

Die Streichung und Kürzung der Beihilfen rief unter den Betroffenen jedenfalls eine ungeheure Empörung hervor. In einer Vollversammlung wurde ein Brief verfaßt und von allen Sozialhilfeempfängern unterschrieben, der den Provinzpräsidenten aufforderte, die Maßnahmen

> noch einmal zu überdenken, die Sie sicher im besten Glauben eingeleitet haben, die aber erbarmungslos wirken und die den bisherigen Frieden zerstören, ja den Seelenfrieden derer vernichten, für die die Beihilfe alles bedeutet . . . Die Lösung sollte den Einsichten allgemeiner Vernunft, dem Bürgersinn und den Erfahrungen aus der Geschichte des öffentlichen Sozialwesens entspringen – nicht aber den Begriffen von Kommerz, von Angebot und Nachfrage, von Bilanzfolgen. Unsere Korrektheit verbietet es, Sie an unsere Rechte zu gemahnen – das wäre weder weise noch wohlerzogen – aber wir appellieren an die Eigenschaften, die Sie dazu befähigt haben, diese Stelle als Präsident einzunehmen . . .

Diese Protesterklärung, ein Meisterwerk höflicher Drohung, war der Anfang eines Organisationsprozesses der Sozialhilfeempfänger, der sich mehr und mehr auf die allgemeinen Lebensbedingungen bezog und damit über die Kultur der Institution hinausreichte. Es stellte sich heraus, daß Leute, die eine Mindestrente erhalten, 50 % für ihren Klinikaufenthalt abgezogen bekommen, daß aber gleichzeitig ihr Sozialhilfeantrag zurückgewiesen wird mit dem Hinweis, sie seien ja Rentenempfänger. In einem Flugblatt wurde erklärt:

Warum wird bei Geisteskranken das Recht auf kostenlose Behandlung nicht anerkannt, das dem Rest aller italienischen Bürger garantiert ist?
Solange die Behandlung nach einer Einweisung in die psychiatrische Klinik nicht kostenlos erfolgt, bleibt die Geisteskrankheit immer eine schwere ökonomische Belastung für den Eingewiesenen und seine Familie, mit gravierenden Folgen für sein Gleichgewicht und seinen seelischen Zustand.

Nachdem man alle ausfindig gemacht hatte, bei denen der Antrag auf eine Beihilfe abgelehnt worden war, wurde beschlossen, daß alle Betroffenen am 17. September zur Provinzregierung gehen und Aufklärung verlangen sollten.
Inzwischen wurden Vorschläge und Forderungen für die anstehende Neuregelung der Sozialbeihilfe ausgearbeitet. In einem Dokument vom 25. September fordert die Kommission als neuen Höchstsatz für Sozialbeihilfe 80 000 Lire (etwa 250 DM); im einzelnen für Externe 80 000, für *ospiti* 50 000 und für Empfänger ohne Wohnung 80 000 Lire. Die Begründung für die Erhöhung ist denkbar einfach und verzichtet zum ersten Mal auf eine therapeutische Maskerade: »Die Summe, die wir fordern, soll uns draußen ein autonomes Leben ermöglichen, und zwar so, daß wir uns real ein Zimmer mieten, Essen, Kleidung, Zigaretten usw. kaufen können . . .«
Am 29. September wird erneut der diskriminierende Vergabemodus der Beihilfen angeprangert. Man fordert, daß Begriffe wie ›geistesschwach‹ und ›Ex-Insasse‹ gestrichen werden, und daß endlich die Halbjahresfrist für die Sozialhilfe ein Ende findet.
Nach dem Besuch in der Provinzverwaltung fanden sich dann doch Gelder für die von Streichungen und Kürzungen Betroffenen. Diese Episode beweist, daß der Organisationsprozeß der Ex-Patienten, *ospiti* und anderen Verrückten so weit vorangeschritten war, daß nunmehr ihre politische und öffentliche Macht ins Kalkül der Regierungskunst aufgenommen werden mußte. Der Vorgang repräsentiert den einzig wirklichen Prozeß der Normalisierung der Verrückten. Nicht durch Assimilation, Angleichung an die Lebensformen draußen, durch Wohngemeinschaften und bürgerliche Kleidung werden sie normal, sondern allein durch die Eroberung öffentlicher Macht. Besitzen sie Macht, besitzen sie auch Normalität.
Die Erhöhung des Maximalsatzes der Sozialbeihilfe auf 80 000 Lire wurde schließlich am 19. November 1975 für das Rechnungsjahr 1975 beschlossen.

1973 (III) – Der Kampf um die Kooperative

Die Entscheidung, eine Kooperative aufzubauen, fiel schon im ersten Jahr der Basaglianer. Sie sollte aus den Ex-Patienten und Patienten organisiert werden, die ohnehin quasi unentgeltlich im

Klinikgelände arbeiteten. Die Initiative entsprang zwei Motiven: es galt, die geleistete Arbeit als Arbeit anzuerkennen und zugleich die Mystifikation der Arbeitstherapie abzubauen, wonach unentgoltene Arbeit nicht Ausbeutung, sondern Therapie war.

Die Idee der Kooperative verknüpft sich mit einer langen demokratischen Tradition in Italien und beinhaltet folgende Prinzipien:

- Dienstleistungen und Arbeitsmöglichkeiten kommen den Arbeitern direkt zu, diese arbeiten gegenüber den üblichen Gesetzen des freien Marktes zu vorteilhafteren Bedingungen. Wenn für die Reinigung eines Gebäudes ein fester Preis ausgemacht wird, kann die Kooperative durchaus die doppelte Zahl von Arbeitern einsetzen, die unabhängig von ihrer tatsächlichen Leistung einen vollen Lohn erhalten, da die Kooperative nicht auf Gewinnmaximierung angewiesen ist;
- jedes Mitglied ist gleichberechtigt, unabhängig davon, ob es Kapital einbringt oder nicht.

Das Statut der Kooperative wurde zum Modell für die spätere Buchhandlungs- und die Landwirtschaftskooperative.

Im Januar 1973 bekam die Kooperative die Reinigungsarbeiten innerhalb der Klinik zugesichert und bewarb sich auch um Verträge außerhalb der Klinik. Letzteres zunächst erfolglos, da die rechtliche Anerkennung auf sich warten ließ. Der Verwaltungsrichter wies das Statut zweimal ab. Stein des Anstoßes war ein Passus im Statut, in dem erklärt wird, daß die Kooperative zur Wiedereingliederung von entlassenen Patienten diene. Diese therapeutische Zielsetzung widersprach der volkswirtschaftlichen Figur der Kooperative. Als diese Zeile gestrichen wurde, passierte das Statut anstandslos.

Ab Oktober wurden sämtliche Reinigungsarbeiten innerhalb der Klinik von der Kooperative durchgeführt, damit waren die Pfleger zugleich von der dequalifizierenden Verpflichtung befreit, für die Sauberkeit der Abteilungen sorgen zu müssen.

Nach 40 Arbeitstagen erhielten die Arbeiter der Kooperative keinen Lohn. Einige legten sofort die Arbeit nieder und es begann sich eine gemeinsame Kampffront von Pflegern, Beihilfeempfängern und Kooperativisten zu bilden. Einbezogen waren auch die Patienten, die für andere Arbeiten in der Klinik wöchentlich 500 Lire (!) erhielten.

In einem Flugblatt wurde der Zynismus der Provinzialregierung angeklagt, daß sie zwar eine fortschrittliche Praxis gern mit aus der Taufe gehoben habe, dann aber nicht die dafür nötigen Gelder bereitstelle. Zugleich bildete sich ein Kampfkomitee, das zunächst durchsetzte, daß die Abteilungen nicht mehr gereinigt, mithin der Verwahrlosung preisgegeben wurden. Von Pflegern, Beihilfeempfängern und Kooperativisten wurde ein gemeinsamer Kampffond geschaffen. Am 13. November erklärten die Pfleger der Klinik in einem Flugblatt:

»... ihre Solidarität mit den Aktionen und verpflichten sich, keine der Arbeiten zu machen, die nach der Entscheidung (vom Oktober 1973) der Provinzialregierung der Kooperative anvertraut waren. Indem jener Regierungsbeschluß anerkennt, daß sich die Betreuungsarbeit der Pfleger für die Patienten um ein Vielfaches erhöht hat .... entpflichtet er uns von den Reinigungsarbeiten der Abteilungen, denen wir zugeordnet sind.
Dieser Beschluß erkennt erstmals an, daß sich unsere Arbeit qualitativ verändert hat. Es ist darüberhinaus unbedingt notwendig, daß diese de-facto-Anerkennung ihren offiziellen Niederschlag in Begriffen der Qualifikation findet ...
Die Pfleger fordern die Anerkennung: 1. der Kooperativisten in ihrer Qualifikation als Arbeiter, 2. der Pfleger in ihrer qualitativ neuen Arbeit.«

Am 4. Dezember schließlich erklärt die Provinzverwaltung, daß die Gelder für die Entlohnung der Kooperativisten vorhanden seien, und daß auch die bisher unbezahlte Arbeit korrekt entgolten würde. Nur: solange nicht der Arbeitsvertrag ordnungsgemäß unterschrieben sei, könne man nicht an die Auszahlung denken. Zur Unterschrift brauche es aber den Verwaltungsrat der Kommune und der wiederum könne nur konstituiert werden, wenn das Statut rechtlich anerkannt sei.
Soweit der kurze Einblick in die Sphäre des Kleinkriegs und der bürokratischen Verschleppungstaktik. Dahinter muß nicht unbedingt ein politisches Kalkül stehen, es zeigt eher das naturwüchsige Operieren der Apparate innerhalb der gegebenen politischen Strukturen. Die Patienten standen immer am Ende der Machtskala, also wußte die staatliche Bürokratie, daß die Zeit, die man ihnen raubt, nichts kostet. Im Jahre 1973 haben sich für die triestiner Patienten die Verhältnisse in diesem Punkt geändert.
Und hier ist ein Moment in den Auseinandersetzungen um dic Kooperative nachzutragen, das in seiner Bedeutung nicht hoch genug eingeschätzt werden kann. Am 21. November erklärte die C. G. I. L., die kommunistische Gewerkschaft:

»Dank eines Kampfkomitees von Patienten und Ex-Patienten sieht sich das Provinzsekretariat der C. G. I. L./Krankenhausangestellte verpflichtet, zu folgenden Fakten Stellung zu nehmen:
1. Um die Arbeitstherapie als Instrument der Ausbeutung des Kranken abzuschaffen, ist die Kooperative von Patienten unter dem Einsatz der Mitarbeiter der psychiatrischen Klinik von Triest verwirklicht worden. Die Kooperative gibt den Patienten den Status als Arbeiter zurück und macht damit deutlich, daß die sogenannte Geisteskrankheit nichts anderes ist als die Ausschließung vom Arbeitsprozeß ....
Das Sekretariat drückt seine Beunruhigung und Besorgnis über die bedrohte Lage der Arbeiter im Kampf aus und erklärt sich bereit, sie in dieser Situation zu unterstützen. Darüberhinaus macht es sich zum Sprecher ihrer legitimen Ansprüche ...«

Auch wenn diese Erklärung sich noch in vorsichtigen und zum Teil schwammigen Formulierungen absichert, stellt sie doch eine Wende in der Haltung der Gewerkschaft dar. Diese verläßt zum ersten Mal ihre Rolle als ausschließlicher Vertreter der Berufskörperschaft der Pfleger und verteidigt die verletzten Interessen der Patienten.

Ankunft der neuen Möbel '73; links und rechts zwei der sog. ›ragazzine‹, an denen einst im Alter von 14 Jahren die Lobotomie verübt wurde. Die Equipe hat sich in den Jahren '73-'76 besonders für diese Mädchen engagiert.

1973 (IV) – Über neue Möbel, alte Berufsrollen und ihre Politisierung

»Wenn wir eine arme Frau, die aus dem seelischen Gleichgewicht geraten ist, deren Mann trinkt und die mit Schulden und Elend zu kämpfen hat, statt nach San Giovanni ins Luxushotel ›Duchi d'Aosta‹ schicken würden, mit ständig dienstbereiten Kellnern, sicher würde sie schneller geheilt werden und unter geringeren Kosten für die Gesellschaft.« (Basaglia) Derlei Einsichten sind nicht neu und inzwischen weltweit verbreitet, sie haben sich aber in dem humoristischen Begriff des therapeutischen Milieus versteckt.

Jedenfalls ging die Equipe daran, das Angebot des Klinikgeländes selbst zu verändern. Es wurde die Bar eingerichtet. Den ganzen Sommer über wurde ein Filmzyklus veranstaltet. Man versuchte eine nahegelegene Osteria zu mieten. Da sich die Patientenzahl verringert hatte, waren weniger Betten nötig, aber mehr Plätze, wo man zusammenkommen konnte. So setzte man durch, daß die Klinik neu möbliert wurde. Plastikmöbel vom modernsten Design in den Farben Grün, Dunkelbraun, Weiß und Orange wurden angeschafft. Diese Möbel haben viel Aufsehen erregt und lösten in Teilen der Öffentlichkeit die Besorgnis aus, daß es den Irren zu gut gehen könne. Das Aufsehen über die Möbel war gewollt! Mit ihnen sollte gezeigt werden, daß der Anspruch auf eine ästhetisch befriedigende Umgebung nicht erst ab einer bestimmten Gehaltsstufe legitim ist. Im übrigen braucht man die Tatsache, daß die Verrück-

ten aus der Armut kommen, nicht mit der Armseligkeit staatlicher Dienste zu beantworten.
Aber eine solche Renovierung kann auch die bloße Modernisierung der psychiatrischen Apparatur ausdrücken. Das Symbol hängt ab von dem Bewußtsein, mit dem gearbeitet wird. Im Jahr 1973 wurden nun alle Berufsgruppen innerhalb der Klinik gezwungen, ihre Auffassung vom Beruf zu präzisieren.
Im Oktober 1973 versuchen die Sozialarbeiter Italiens einen eigenen Gewerkschaftsverband aufzubauen. Auf dem Kongreß von Urbino kritisieren dies die Sozialarbeiter aus der triestiner Psychiatrie. Sie erblicken darin bloße Ständepolitik. Mit dem Versuch, die Berufsrolle des Sozialarbeiters zu definieren, würde nur die objektive Zweideutigkeit dieser Rolle negiert, seine allgemeine Aufgabe, soziale Widersprüche zu vertuschen, aus der Diskussion genommen. Sobald aber diese Rolle negiert werde, trete man in Konfrontation mit der Macht. Der notwendige Kampf um die Autonomie der Arbeit lasse sich nur zusammen mit den anderen Arbeitern führen, deswegen sei eine seperate Organisation schädlich . . .
Anfang November hat die Nationale Gewerkschaft der Klinikärzte zu einem dreitägigen Streik um Gehaltserhöhung und für die Beibehaltung der bisherigen 30 Wochenstunden aufgerufen. Die Ärzte der psychiatrischen Klinik von Triest weigern sich an diesem Streik teilzunehmen: »Die Ärzte des O. P. Triest halten es für zutiefst reaktionär und ständepolitisch, eine Position einzunehmen, welche die Kasteninteressen privilegiert und sich nicht auf Ziele hinbewegt, die alle Arbeiter (Ärzte, Pfleger, Patienten) zu einigen vermag.« Die Ärzte erklären sich vielmehr solidarisch mit der Position der F. L. O. (Federazione del Lavoratori ospidalieri), wonach die berufliche Einstufung nach der Art der geleisteten Arbeit erfolgen soll. In dieser Situation fordern sie:

»a) Juristische und ökonomische Anerkennung der Qualifikation, die aus der Praxis der Pfleger erfolgt, und zwar indem die neuen Arbeitsaufgaben einbezogen werden, die immer noch nicht bezahlt werden (Außendienst, Betreuung in der Familie, etc.)
b) Garantie der Übernahme in den Beamtenstatus für die ›Tagelöhner‹, die Hilfspfleger mit Probezeit und die Ärzte, die statt einer Anstellung bislang nur ein Stipendium bekommen.
c) Garantie einer adäquaten und regelmäßigen Entlohnung der Patienten durch die Verstärkung und Vergrößerung der Kooperative.«

In diesem Dokument sind die Grundlinien der Politik zusammengefaßt.

– Die Zerstörung der Psychiatrie ist kein therapeutischer Akt. Insofern muß die Formel ›Freiheit heilt‹ als neue Mystifikation betrachtet werden. Es geht vielmehr darum, die Institutionalisierung aller Beteiligten aufzubrechen, insbesondere also die Organisation und Definition der Arbeit.
– Bekämpft werden muß eine rein syndikalistische Lohnpolitik. Lohnforderungen und Ansprüche auf Berufseinstufung müssen

im Zusammenhang mit den Inhalten der Arbeit durchgekämpft werden.
- Eine politische Trennung der einzelnen Berufsgruppen innerhalb der Institution muß aufgehoben werden, und zwar dadurch, daß das gemeinsame Ziel definiert wird, an dem sich alle qualifizieren können.

Die Entwicklung der Auseinandersetzung bis zu diesem Punkt stellte durchaus keinen einheitlichen Prozeß innerhalb der Klinik und der Equipe dar. Einige Abteilungen hatten sich zur Avantgarde entwickelt, vor allem die *montagna,* die ihren Namen nicht nur vom Gelände her rechtfertigte, sondern sich auch auf die Bergpartei der französischen Revolution bezog. Insbesondere die Pfleger im ›F‹, einst eine ›ruhige‹ Männerabteilung, sahen sich als Vorhut, organisierten autonom die Arbeit außerhalb der Klinik, in der Stadt. Sie repräsentierten eine völlig neue Qualität von Arbeit mit neuen Erfahrungen und anderen politischen Inhalten.

So fortgeschritten die Arbeit dieser Pfleger auch war, als Vorhut wurden sie doch nur in den Augen der Ärzte anerkannt; in den Augen der übrigen Pfleger galten sie oft genug als Speerspitze der Ärztemacht, als Klassenverräter. Dies erhellt, wie unverzichtbar die Verknüpfung der neuen Pflegerarbeit mit der beruflichen Qualifikation war. Wenn nicht alle Pfleger in den neuen Inhalten ihrer Praxis die zukünftigen Interessen hätten erkennen können, wären die Überlebenschancen der Triestiner Politik gering geblieben.

Die Situation hatte sich ohnehin auf riskante Weise zugespitzt, gegen Ende des Jahres trat immer deutlicher eine Spaltung innerhalb der Klinik hervor, und die Avantgarde mußte sich nach allen Seiten wehren, um nicht in die Isolierung zu geraten. Es gab nicht nur die Front ›draußen‹, die Feindseligkeit und diskriminierenden Reaktionen der Triestiner Kultur, jetzt entstand auch eine ›innere‹ Front. Im Entwurf eines Informationsblattes vom November werden folgende Punkte aufgeführt: Diffamierungskampagne eines Teils der lokalen Zeitungen; zahlreiche Strafanzeigen gegen Pfleger und Ärzte; offene Versuche der Einschüchterung; ständige Ermittlungen seitens der Polizei; nächtliche Einbrüche in die Küche, Akte des Vandalismus (unterschrieben von einer ›Gruppe der Selbstjustiz‹; Diebstähle von Geld, Gegenständen und Dokumenten von Patienten, die später zerrissen und zerstört wieder aufgefunden wurden.

Da nun die Praxis in der Klinik politisch an einem Punkt angelangt war, wo sie von den Herrschenden nicht mehr kontrollierbar erschien, und da vor allem das Bündnis von Patienten, Pflegern und Ärzten (zumindest in manchen Abteilungen) eine nicht mehr zu unterdrückende Gegenmacht darstellte, wurde jene Spaltung innerhalb der Klinik zum politischen Problem. Es bestand die Gefahr, daß sie durch die Reaktion benutzt werden könnte, um den Prozeß

der Zerstörung des Irrenhauses zu bremsen und aufzuhalten.
Die Zeit war also reif, die politischen Konstellationen zu überprüfen. Die Probe aufs Exempel entsprang aus dem Problem der elf Ärzte, die bislang ohne Anstellung, allein unterstützt durch ein Stipendium, gearbeitet hatten. Insbesondere diese Ärzte haben jene Praxis vorangetrieben, in deren Folge sich die politische Auseinandersetzung verschärfte. Seit geraumer Zeit stand ein Wettbewerb um ausgeschriebene Stellen an, der den Verdacht aufkommen ließ, die staatliche Verwaltung wolle mit diesem Mittel handstreichartig den Ärztestab austauschen. Angesichts dieser Situation versuchte die Equipe die Provinzialverwaltung zu zwingen, vor dem Wettbewerb zur bisherigen Praxis Stellung zu nehmen. Am 19. November wurde folgender Brief abgeschickt, in dem insbesondere zwei Forderungen erhoben wurden:

»1. Die Eröffnung von Außenzentren in der 3. Zone von Triest, um mit den Bürgern engere und fruchtbarere Beziehungen knüpfen zu können, um den Kampf um die Demystifizierung der ›Geisteskrankheit‹ qualitativ auszudehnen, um in akuten Situationen ohne Repression zu intervenieren, um den Kampf für die seelische Gesundheit voranzubringen.
2. müssen die ungeklärten Arbeitsverhältnisse der Ärzte beseitigt werden, was pro Zone die Besetzung von jeweils zwei offenen Stellen für Assistenzärzte heißt, wie es der Beschluß der Provinzregierung vorsieht. Allein dadurch ist möglich, die praktische Arbeit fortzusetzen.
Angesichts der Bedeutung dieser beiden Forderungen würde eine beschleunigte Antwort, ob negativ oder positiv, endlich klarstellen, ob man eigentlich seitens der Regierung mit der Arbeit dieser zwei Jahre einverstanden ist oder aber sie ablehnt.«

Der unterzeichnende Oberarzt erklärt in diesem Brief weiter, daß noch im selben Jahr eine Antwort erfolgen müsse, sonst sehe er sich gezwungen, seinen Rücktritt einzureichen.
Am 21. November formuliert die Equipe der Abteilung ›F‹ einen Rechenschaftsbericht, in dem sie auf die Arbeit der vorhergegangenen beiden Jahre zurückblickt und zu dem Schluß kommt, daß

»der Abbau der Irrenhausstrukturen soweit vorangetrieben ist, daß man nunmehr die Arbeit in der Gemeinde projektieren kann. Es ist darum geboten, in diesem Zeitraum die Außenzentren zu eröffnen, die allein eine wirksame Verbindung mit dem Viertel und der Zone garantieren können, für die wir durch die Sektorisierung der Klinik vorgesehen sind. Geschieht dies nicht, dann glauben wir, daß die bisher geleistete Arbeit einen Rückschritt erleiden wird, der nur sehr schwer wieder gutzumachen ist.«

Sodann wird ein Treffen mit dem Direktor der psychiatrischen Klinik und der Provinzregierung gefordert, auf dem dieselben Forderungen erörtert werden sollen, die schon im Brief vom 19. November hervorgebracht worden waren. In einem weiteren Brief der ärztlichen Equipe an die Provinzregierung wird noch einmal auf das Sonderproblem der nicht etatisierten Ärzte eingegangen. Für den Fall, daß deren Ausschluß angestrebt wird, drohen die Unterzeichner an, »alle gegebenen Möglichkeiten auszuschöpfen, um ihre legitimen Interessen zu verteidigen.«

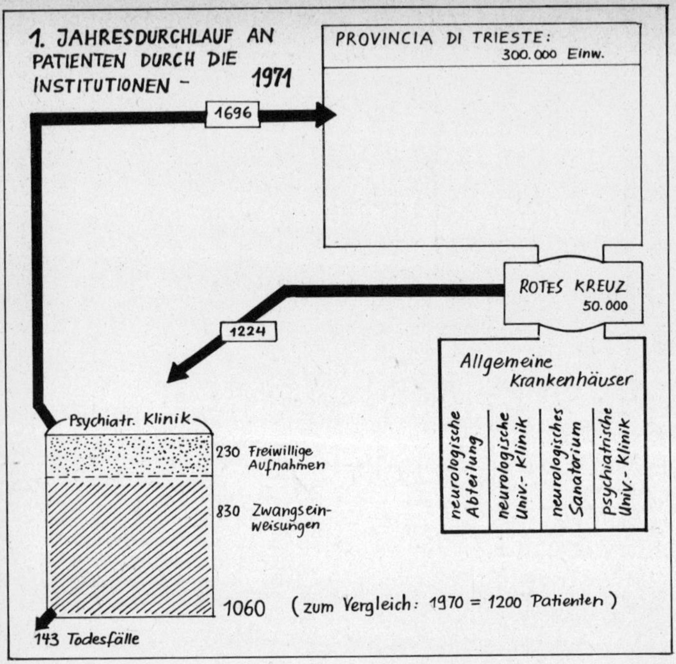
1. JAHRESDURCHLAUF AN PATIENTEN DURCH DIE INSTITUTIONEN – 1971
PROVINCIA DI TRIESTE:
300.000 Einw.
1696
ROTES KREUZ
50.000
1224
Allgemeine Krankenhäuser
neurologische Abteilung
neurologische Univ.- Klinik
neurologisches Sanatorium
psychiatrische Univ.- Klinik
Psychiatr. Klinik
230 Freiwillige Aufnahmen
830 Zwangseinweisungen
1060
(zum Vergleich: 1970 = 1200 Patienten)
143 Todesfälle

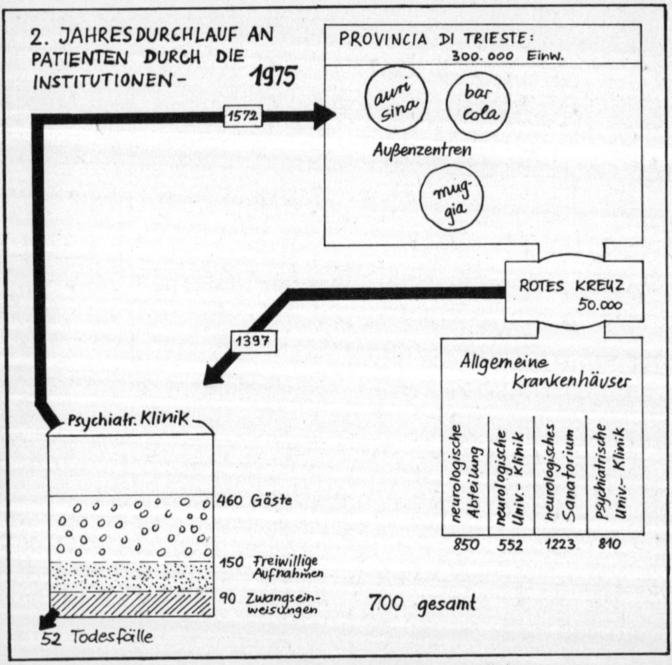
2. JAHRESDURCHLAUF AN PATIENTEN DURCH DIE INSTITUTIONEN – 1975
PROVINCIA DI TRIESTE:
300.000 Einw.
aurisina
barcola
Außenzentren
muggia
1572
ROTES KREUZ
50.000
1397
Allgemeine Krankenhäuser
neurologische Abteilung
neurologische Univ.- Klinik
neurologisches Sanatorium
psychiatrische Univ.- Klinik
850
552
1223
810
Psychiatr. Klinik
460 Gäste
150 Freiwillige Aufnahmen
90 Zwangseinweisungen
700 gesamt
52 Todesfälle

(5) Centri di salute mentale

Psychiatrische Alternative oder neue Ebene im antiinstitutionellen Kampf?

Zwei Seiten der Vorgeschichte

Offiziell wurden die *Centri di salute mentale* mit der Verordnung Nr. 106 vom 27. Januar 1975 aus der Taufe gehoben, auch wenn die Arbeit in der Gemeinde schon gegen Ende des Jahres 1973 begonnen hatte. Im Text der Verordnung heißt es, daß »in der dritten Zone des OPP Triest das CSM von Duino-Aurisina gegründet wird mit der Funktion allgemeiner Gesundheitsfürsorge innerhalb des Arbeitsfeldes der Prävention psychischer Krankheiten . . .«. Zum einen schimmert in dieser Konzeption noch die Idee der Sektorisierung durch, zum anderen wird das Arbeitsfeld und der psychiatrische Aufgabenbereich ausgeweitet. Grundsätzlich wird die Einsicht übernommen, daß es kein Konzept geistiger Gesundheit geben kann ohne eine umfassende Vorstellung von Gesundheit überhaupt.

Im Juli 1976 erlaubt die Provinzialregierung den Kommunen Duino-Aurisina die Benutzung der Räume für diverse Aktivitäten. Im Juli 1977 wurde eine Zusammenarbeit auf dem Gebiet der Schulmedizin, der Mutter/Kind-Betreuung und der Altenfürsorge vereinbart. Die Provinzialregierung hatte also durchaus die Absicht, die neuen Dienste soweit als möglich zu entpsychiatrisieren und sie eng mit den sozialen Bedürfnissen der Gemeinde zu verknüpfen. Am 29. April 1975 wurden dann die Zentren von Barcola und von Muggia eingerichtet.

Nur die Zentren von Aurisina und von Muggia schafften es in einem embryonalen Stadium, in Zusammenarbeit mit der Kommune eine allgemeine Gesundheitsfürsorge aufzubauen. Hingegen ist es Barcola nie gelungen, mit der Gemeinde von Triest ähnliche Vereinbarungen zu treffen. Dort hat ein Kinderarzt ein ganzes Jahr kostenlos in Erwartung einer offiziellen Anerkennung gearbeitet. Es wurde trotzdem keine Stelle eingerichtet. Auch der Plan einer gynäkologischen Ambulanz ließ sich nicht realisieren.

Im März 1976 wird die Eröffnung eines Zentrums in Via Gambini (4. Zone) genehmigt. Wiewohl aber die Provinzregierung schon zugestimmt hat, stellt sich der Landesgesundheitsbeauftragte dagegen. Am 6. Juni erklärt er, daß die Struktur des Zentrums nicht den gegebenen Normen der psychiatrischen Hilfe entspreche. In dieser strikten Auslegung der ambulatorialen Funktion werden sowohl ärztliche Standesinteressen verteidigt, als auch der Versuch

unternommen, den Spielraum des Zentrums möglichst einzugrenzen. Auf ihre spezielle Funktion beschränkte Zentren wären politisch ohnmächtig.
Gegen diese Haltung der Regionalregierung setzt die Provinzialregierung ihre Vorstellungen einer Territorialisierung der psychiatrischen Dienste durch, indem sie das Zentrum in Via Gambini als Rehabilitationszentrum definiert. Mit dieser taktischen Argumentation gelang es auch, mit einer Ausnahme, die anderen Projekte zu legalisieren. In der Verordnung zur Arbeitsweise der Zentren vom Juni 1977 heißt es:

> Ziel des Zentrums ist der Kampf gegen die Emarginisierung und sozialen Ausschließungsprozesse, die sich gegen die als Geisteskranke bezeichneten Personen richten. Dieses Ziel wird verfolgt durch Prävention, Therapie und Rehabilitation – am Wohnort, in sozialen Institutionen, in Schulen und im Zentrum selbst.
> Die Ziele im besonderen sind demnach:
> a) Es soll keine Einweisung ins Spital mehr geben von Personen, denen im Zentrum, daheim oder in anderen nichtpsychiatrischen Einrichtungen geholfen werden kann;
> b) jedem soll spezifische, technische (= psychiatrische) Hilfe zur Verfügung gestellt werden, sofern er danach verlangt;
> c) um eine adäquate Hilfe zu gewährleisten, soll möglichst schnell die Entlassung von Personen unter Vormundschaft vorangetrieben werden;
> d) es sollen alle Schritte zur Entlassung und Wiedereingliederung von Langzeitpatienten unternommen werden;
> e) es sollen alle möglichen Mittel eingesetzt werden, damit sich in der Bevölkerung und bei den interessierten politischen Gruppierungen das allgemeine Wissen und Bewußtsein über die Probleme des Gesundheitswesens und besonders über die psychiatrische Problematik entwickelt – dadurch soll eine kollektive Intervention gefördert werden;
> f) auf Verlangen der Bevölkerung soll das Außenzentrum im Sinne von präventiver Psychiatrie an Schulen und am Arbeitsplatz der Patienten intervenieren.

Beim Studium aller gesetzlichen Formulierungen zeigt sich, daß der politische Spielraum der Zentren so groß ist, daß man von einer weitgehenden Autonomie sprechen kann. Insofern sie explizit auf die Probleme verpflichtet werden, die mit der Auflösung des Irrenhauses verbunden sind, sind sie auch nicht als Alternativeinrichtungen gedacht.
Beim Aufbau der Zentren handelte es sich nicht um Konstruktionen oder Modelle, die ›draußen‹ eingerichtet und aufgebaut wurden, es war im strikten Sinn ein kollektiver Auszug *nach draußen.* Dynamik und Zielsetzung entsprangen den Kämpfen des ›drinnen‹; in der Tat gab es kaum eine gemeinsame Vorstellung, was man ›draußen‹ machen wollte.
Die Zentren formierten sich in den Abteilungen, in den Kämpfen der ›Basaglianer‹, der auch ›Tupamaros‹ genannten rebellierenden Pfleger gegen die alte Pflegergarde und die Oberpfleger. Der politische Inhalt der Zentren war also aufs engste mit der Abteilungsgeschichte verknüpft. Die Gruppe des ›F‹ ging nach Barcola, die des ›Q‹ nach Via G. Gozzi, die des ›T‹ und der Ex-Aufnahme der Frauen nach Muggia.
Das Hauptziel der Zentren war: *Waffen zur Zerstörung des Irren-*

hauses zu sein. Die theoretische Leitvorstellung entsprang der Einsicht von Gramsci: Man kann das Alte nicht zerstören, wenn man nicht zugleich etwas Neues aufbaut. Der Reformismus folgte der umgekehrten Vorstellung: er will das Alte abschaffen, *nachdem* das Neue aufgebaut worden ist – das Alte soll also abgeschafft werden, weil es das Neue aufzubauen gilt, statt das Neue aufzubauen, weil es das Alte zu zerstören gilt.

Grobe Skizze der Zentren

Die Gründung der Zentren wurde also auf Druck der Kollektive einzeln durchgekämpft, in ihnen haben sich folglich auch die unterschiedlichen Erfahrungen der jeweiligen Equipen niedergeschlagen: die einzelnen Zentren stehen für unterschiedliche ›Kulturen‹ und praktische Vorstellungen. Natürlich wird die Kultur eines Zentrums auch von den Benutzern bestimmt, die wiederum die verschiedensten sozialen Probleme ausdrücken.

Insgesamt umfaßt jede Equipe 20-25 Personen: ein verantwortlicher Arzt (Oberarzt), zwei oder drei weitere Ärzte, Sozialarbeiter und Inspektoren, Pfleger, Freiwillige und eine Köchin. Geöffnet sind die Zentren von 8-20.30 Uhr. Die drei Zentren, die Bettenplätze hatten, organisierten nach dem Rotationsprinzip einen Nachtdienst. Den Zentren zugeordnet sind Wohngemeinschaften und Kooperativen. Sie haben durchweg alle eine Mensa. Die psychiatrischen Interventionen gehen von Hausbesuchen, über ambulatorischen Dienst, Anfragen um Sozialfürsorge, Intervention bei den *ospiti* im OPP, bis zur Organisation von Ferienaufenthalten, politischem Engagement in den Stadtteilen und allen Formen ökonomischer Hilfeleistung für Leute in Not. Spezialistentum wird abgelehnt; auf der anderen Seite muß immer darauf geachtet werden, daß die Zentren nicht zum Alibi für die mangelnden sozialen Einrichtungen der Provinz Triest werden.

Die Zentren sind in der unterschiedlichsten sozialen Umgebung angesiedelt, die zum Teil den sozialen Charakter ihrer Zonen durchaus nicht repräsentiert. So liegt das Zentrum Barcola direkt im schönsten Erholungsgebiet der Stadt, am Meer; das Zentrum Muggia liegt mitten in der eher kleinbürgerlichen Gemeinde, hat aber als Einzugsgebiet den Borgo San Sergio, einen Stadtteil mit deutlich subproletarischen Zügen; das Zentrum Aurisina liegt oben auf dem Karst inmitten einer slowenischen Gemeinde. Die 1. Zone hat inzwischen zwei Zentren: eines im Obdachlosenasyl der Via G. Gozzi, mitten im Herzen der Misere – und in San Vito, einem großbürgerlichen Viertel mitten in der Stadt. Via Gambini und Via della Guardia liegen in innerstädtischen Notstandsgebieten, letzteres Zentrum im Viertel San Giacomo, das auf eine mächtige Klassenkampftradition zurückblicken kann.

Die baulichen Voraussetzungen sind sehr unterschiedlich: Barcola, Via Gambini und Aurisina besitzen eigene Gebäude mit Schlafplätzen. Via della Guardia ist in den oberen beiden Stockwerken eines Wohngebäudes untergebracht, das gründlich renoviert werden muß. Das Zentrum Muggia hat immer unter Platzmangel gelitten. Es sollte ursprünglich das erste Zentrum sein und dafür war ein Gebäude in Borgo San Sergio vorgesehen. Aber schon in der Anfangsphase geriet die Equipe in den Widerspruch zwischen Provinzialverwaltung (linke DC) und Gemeinde (PCI/PSI). Aus diesen Reibereien ergab sich die provisorische Lösung eines Zentrums in Muggia, einer Gemeinde unter kommunistischer Verwaltung. Die Gemeindeverwaltung widersetzte sich anhaltend der ›Gefahr‹ eines Exports des Irrenhauses nach Muggia. So wurde das Zentrum in die Logik eines ambulatorischen Dienstes gedrängt, der als sauber und effizient präsentiert werden konnte.
Auch die politische Linie der Zentren zeigt Unterschiede. Barcola versucht bis zu einem gewissen Grade die Patienten ins Zentrum zu ziehen, einmal um die Chance zu erweiterter Kommunikation zu erhöhen, vor allem aber, um den sozialen Problemen einen Ort zu bieten, wo die Vereinzelung und individuelle Charakteristik des Leidens sich auflöst und wo es möglich wird, diese Probleme organisatorisch und politisch zu wenden. So ›sammelten‹ sich eine Zeit lang Patientinnen, die man schlagwortartig als ›depressive Frauen‹ charakterisieren könnte. Es wurden Gruppen gebildet, aus denen dann etwa die Handarbeitskooperative entstand. Eine ähnliche Praxis wurde seit Frühjahr 1979 mit den ›psychotischen Jugendlichen‹ eingeschlagen, die dann im Herbst 1979 die Bar organisierten. Via della Guardia hilft eher, das ›soziale Netz‹ im Stadtteil zu verstärken, und engagiert sich im Augenblick für die Schaffung einer Volksmensa. Via Gambini versucht im Unterschied zu Barcola, die Leute nicht im Zentrum zu halten, weil es darin die Gefahr einer neuen Psychiatrisierung erblickt. Muggia hat eine Zeit lang vor allem auf die Zusammenarbeit mit der kommunistisch verwalteten Gemeinde gesetzt.
Die politische Kommunikation unter den Zentren ist gering. Das war solange ein tolerierbarer Zustand, als bis zu einem gewissen Grade noch die Zentralität der Klinik existierte. Ungelöste Probleme wie die der *ospiti* in der Klinik erzwangen immer wieder eine gemeinsame Auseinandersetzung. Insbesondere die Aufnahme provozierte Berührungs- und Reibungspunkte. Sie war ein grober Gradmesser für die Qualität der Arbeit der Zentren: wenn sich die Einweisungen aus den Zonen vermehrten, mußte irgendwann Rechenschaft geleistet werden (»Warum hat Barcola vier Leute in der Aufnahme?«). Mit der endgültigen Auflösung der Klinik im April 1980 gibt es diesen Bezugspunkt nicht mehr.
Erst neuerdings ist deshalb wieder ein Versuch gestartet worden,

die Praxis der Zentren wieder allgemeiner zu diskutieren. Der Ausgangspunkt ist eine spezielle psychiatrische Intervention: der Gebrauch des Depotneurolepticum Moditen soll analysiert werden.

Ansichten zur Geschichte des Zentrums von Muggia

Ernesto Venturini, Arzt:
Ich glaube, daß das Zentrum eher als ›Befreiung *vom* Irrenhaus‹ denn als ein ›klares und präzises Projekt‹ dessen gestartet wurde, was man in der Gemeinde machen wollte. Die Leute, die nach draußen gegangen sind, die Ärzte, Pfleger und Sozialarbeiter, hatten das Irrenhaus einfach satt . . . Die Leute sagten mir in dem Moment, in dem sie sich entschieden, nach draußen zu gehen: ›Ich kann nicht länger hier drinnen bleiben‹. Das war eine überaus klare Situation, jenseits jener Rationalisierungen, die wir später entwickelt hatten. Das entscheidende Motiv des Auszugs war der Bruch mit einer Situation, die als angsterregend und beengend erlebt wurde. Man müßte allerdings an diesem Punkt etwas gründlicher analysieren. Einige Pfleger hatten ja überaus wichtige und befriedigende Momente erlebt, die erste Phase der Öffnung des ›T‹: es war eine kollektive Arbeit, die das Gefühl von Sicherheit gab und bei der man die Resultate sehen konnte. Ich glaube, daß diese Periode ein bißchen Gorizia zurückbrachte: ›Gorizia in Triest‹ und natürlich ein herausfordernder Widerspruch darüber hinaus. Die Abteilung ›T‹ lag ja etwas isoliert vom übrigen Teil der Klinik und lebte in ihrer Welt, die gegenüber einer gewissen ›Anarchie‹ der übrigen Abteilungen durch ›Verantwortlichkeit‹ und ›Korrektheit bestimmt war. Die Praxis dort bedeutete eine Menge für die Insassen, insofern sie ihnen entschieden und zum ersten Mal die Möglichkeit gab, ihr Leiden auszuleben und dialektisch zu wenden.
Diese Situation hat sich fatalerweise geändert, weil die Widersprüche in den übrigen Teilen der Klinik aufbrachen. Das hat dann einen Abfall der Spannung und des Engagements mit sich gebracht. Der Auszug: m. E. suchte man diese Spannung zurückzugewinnen – man wollte wieder eine Situation herbeiführen, . . . um der bloßen Verwaltung und Kontrolle zu entfliehen, wie sie sich wieder entwickelt hatte. Das scheinen mir die tatsächlichen Motive gewesen zu sein, abgesehen von der Tatsache, daß der Auszug eine Reihe wichtiger Privilegien mit sich brachte. (Ende des Nacht- und Sonntagsdienstes z. B.).
Die Freiheit, die ›Befreiung vom Irrenhaus‹ ist letztendlich ein positiver Akt an sich: man muß also nicht unbedingt denken, es hätte da ein klares Projekt, einen politischen ›Reifungsprozeß‹ geben müssen . . . In Muggia ist das Zentrum praktisch gegen alle gestartet worden, gegen die Direktion des OPP, die nach drei Jahren Verhandlungen mit den Kommunisten müde geworden war und überhaupt nichts mehr erwartete, sondern nur noch auf Aurisina und Barcola ›setzte‹. Von der Provinzregierung wurde es keineswegs warm unterstützt, weil diese überhaupt kein Interesse hatte, ein Zentrum in Muggia zu eröffnen – wegen der politischen Spannungen von Administrationen verschiedener Couleur. Es wurde nicht einmal von der Gemeinde gewollt, weil man – abgesehen von schönen Worten – eine unpopuläre Initiative befürchtete.
Wir versuchten also, fehlende politische Initiativen zu ersetzen durch ein

gegenüber dem Schema des traditionellen Irrenhauses alternatives politisches Projekt: wir versuchten unsere Intervention mehr in Richtung Prävention als in Richtung Behandlung zu orientieren . . .
Eine gewisse Zeit lang sind wir unter dieser Hoffnung vorangeschritten. Es war eine sehr schöne Periode – alles in allem; in ihr ließ sich ein Klima des Enthusiasmus und eine präzise und aussagekräftige Praxis aufrechterhalten. Dann kamen die Konfrontationen mit der Wirklichkeit: monatelang ist es uns gelungen, Klinikeinweisungen zu vermeiden, aber dann sahen wir uns Situationen gegenüber, wo man der Einweisung nicht mehr aus dem Weg gehen konnte. Ich glaube, daß an diesem Punkt in uns erneut das Gefühl der Frustration aufkam. Vor allem aber, was entdeckten wir? Daß bei dem Bruch mit dem OPP eine politische Alternative in der Gemeinde fehlte. Die lokalen politischen Kräfte standen unserer Arbeit mit großer Distanz gegenüber: sie wollten Effizienz und Kontrolle, wollten das ›Irrenhaus Muggia‹ . . .
Ständig passierten andere Geschichten: der in der Klinik zurückgebliebene Teil der Zone geriet in eine unhaltbare Situation. Ein erneuter Bruch mit der Klinik wurde notwendig, weitere Pfleger und ein Arzt zogen aus. Die Auseinandersetzungen zentrierten sich in diesem Moment auf die sofortige Eröffnung eines Zentrums in Borgo San Sergio. Aber das neue Zentrum kam nicht zustande, weil die staatlichen Institutionen sich entgegen ihrer schönen Worte anders orientierten, gegen die Prävention . . . Es hat eine Periode gegeben, in der wir ins reine Fürsorgertum, in die Effizienz um jeden Preis verfielen . . . ohne daß es eine Kommunikation mit den anderen über die Arbeit gab. Meiner Meinung nach kam dann der Ausweg durch eine Reihe von Krisenmomenten, vor allem durch die Stellungnahme der Pfleger in ihrem Brief, worin sie erklärten, daß sie zurückkehren wollen, um wieder in der Klinik zu arbeiten. Sie klagten das autoritäre Verhalten der Ärzte an. . . . So waren die Verhandlungen mit der Gemeindeverwaltung allein von den Ärzten geführt worden, während vorher diese Beziehungen auch über die Pfleger liefen: Auf der anderen Seite: die Organisationsprobleme des Zentrums produzierten immer mehr managerartige und bürokratische Beziehungen mit der Provinzregierung . . .
Aus dieser Krise entsprang m. E. der ernsthafte Versuch, über uns selbst nachzudenken, über unsere Kräfte, und zwar indem wir allein auf uns selbst vertrauten und nicht mehr auf wer weiß welche Dinge warteten. Es sind klare Worte gewechselt worden: daß es unsinnig sei, daß in unser aller Phantasie immer noch zwei Gruppen existieren (die von Borgo San Sergio und die von Muggia) was sich bislang im Schichtwechsel und in der Aufteilung der Leute niederschlug; daß es Zeit sei, mit dieser Absurdität, dieser Schizophrenie Schluß zu machen; daß es nur eine Gruppe gibt. Gehen wir also vom Zentrum aus, als etwas, das es gibt. Gehen wir aus von der Wirklichkeit des Irrenhauses, das noch immer nicht zerstört ist, von den Langzeitpatienten – um einen Sinn zu finden in den Sachen, die wir machen . . .
Es ist klar, daß die Wahrnehmung einer Menge negativer Erfahrungen mit dem Programm der Prävention in der Gemeinde den Entschluß, das Irrenhaus – sofort und um jeden Preis – zu schließen, verstärkt und mehr Entschiedenheit und Konkretheit verliehen hat . . . Also versuchten wir uns alle daran zu beteiligen, die Erfahrung dieser Jahre, die Erfahrung von Muggia lehrte uns jedoch, daß wir uns nur auf uns selbst verlassen durften . . .
Das Problem der Anwesenheit von Langzeitpatienten sehe ich persönlich

als eine Bereicherung des Lebens im Zentrum und für uns alle. Leute wie Millo und Silvana haben kein Bedürfnis, ›rehabilitiert‹ zu werden, sie haben das Bedürfnis, sich auszudrücken, und ich glaube, daß wir von ihnen eine Menge lernen können. Ihre Menschlichkeit ist das Leiden; die sozialen Widersprüche, die sie zur Sprache bringen – selbst wenn es sich um nichts anderes handeln sollte als um ihre jahrelange Hospitalisierungsgeschichte – zwingt uns, uns für die Rückeroberung eines verlorenen sozialen Spielraums einzusetzen. Ich glaube, daß wir zusammen mit ihnen unseres Körpers, unserer Wünsche wieder bewußt werden können. Sie stellen uns sehr einfache, sehr wichtige Fragen, die man sich nicht mehr stellt, wenn man unter ›Normalen‹ lebt.

Sicher war es wunderbar, wenn wir in Prävention machten, in den Schulen, in der Fabrik, anderswo: die Leute fühlten sich belohnt. Aber ich glaube, daß diese Theorien allein aus der offiziellen Meinung und nicht aus den Leuten selber entspringt . . . Ich denke, daß es viel wichtiger ist, eine Versammlung über den Fall von Millo einzuberufen, der bei uns lebt, oder über eine Person in Krise, die ihre Krise in Muggia durchlebt. In dieser Auseinandersetzung stünde die Person selbst im Vordergrund. Da sind nicht wir es, die sich zwischen die Welt der Kranken und die der Gesunden stellen, um die Dolmetscher zu spielen . . . Wohingegen unter dem Gesichtswinkel der Prävention es sich in erster Linie um uns dreht, um unser Projekt, um unsere klaren Ideen – und dann erst kommen die anderen . . .

Eine korrekte Linie der Prävention ist es aber immer, mit Bewohnern des Zentrums ins Restaurant zu gehen, in der Krise mit den Personen etwas zu machen. Das war eine präventive Situation, weil damit ganz konkret gegen den Bruch zwischen der Welt der Gesunden und der Welt der Kranken angekämpft und das Recht behauptet wurde, die eigenen Schwierigkeiten zusammen mit den anderen zu durchleben . . . Darum wird die Idee der Prävention konkret, wo es Situationen gibt, die uns auf das Problem des Irrenhauses zurückverweisen, das es zu zerstören gilt. Das Irrenhaus zerstört man, wenn Personen wie Silvana nach draußen kommen und diesen Prozeß sichtbar machen. Endgültige Schließung bedeutet zu erklären: Silvana kann nicht mehr im Irrenhaus bleiben; damit erfinden wir eine neue Lösung für Borgo San Sergio . . .

Vielleicht ist die Periode der (ursprünglichen Vorstellung von) Prävention als politisch bedeutender und im Sinne der beruflichen Qualifikation für den Pfleger auch als lohnender erlebt worden; wohingegen der Anspruch der Behandlung und der Langzeitpatienten keinerlei Anerkennung und Gratifikation in sich birgt . . . und die Angst und die Bedrückung durch das Irrenhaus mit sich bringt, mit dem man nichts mehr zu tun zu haben meinte, weil man im Zentrum arbeitet. Die Tatsache, daß Silvana nach 18 Jahren aus dem Irrenhaus herauskommt, müßte man hingegen an alle Mauern schreiben. Vielleicht fehlen uns dieser Mut und diese Entschiedenheit. (1978)

Mario Spessot, Pfleger:

Ich habe am 15. August 1974 in der Klinik angefangen zu arbeiten, in der Abteilung ›T‹. Hier fand ich eine schwierige und belastende Situation vor. Auf der einen Seite gab es zehn Pfleger, die aus der ehemaligen Aufnahme der Männer hierher versetzt worden waren, aufgrund der Dezentralisierung der Aufnahmeabteilungen nach Aufteilung in Zonen. Diese ›Zehn‹ erlebten

die Versetzung als Weggeschobenwerden und . . . machten Front gegen die Direktion und gegen die Ärzte. Auf der anderen Seite gab es die andere Gruppe der Pfleger, die von der Gruppe der ›Zehn‹ die ›Tupamaros‹ genannt wurden. Sie arbeiteten schon länger auf der Linie Basaglias. Ich stand in diesem Hexenkessel genau dazwischen: beobachtete, hörte zu, dachte nach und begriff überhaupt nichts mehr . . .
Das Leben und die Arbeit in der Abteilung hat mir persönlich nie gefallen, und kaum bot sich die Möglichkeit da herauszukommen, bin ich sehr gern gegangen: ich hatte selbst darum gebeten. Es war absolut keine ›politische‹ Entscheidung . . . Es war die simple Überlegung, daß die Situation nicht noch schlimmer sein konnte, als sie in der Abteilung gewesen war.
Ich wußte nicht, was mich draußen erwartete: ich denke, daß keiner Lust hatte, in der Abteilung zu arbeiten. Das gilt nicht nur für die, die abstumpfende und schmutzige Arbeiten verrichten, sondern auch für die Ärzte: da gibt es die vier Mauern und dazwischen mußt du dich bewegen, acht Stunden deines Lebens am Tag verbringen. Draußen, so dachte ich, kann ich herumfahren, mich bewegen, die Wohnungen besuchen, ich dachte: ›das wird besser sein‹. Draußen habe ich angefangen, die Dinge mit anderen Augen zu sehen. In der Abteilung waren die Kranken Gegenstände, für die man das Essen, die Betten machte, denen man Spritzen gab, die ruhig gehalten wurden, damit sie keinen Ärger machen; draußen sahen wir sie im Kreis der Familie, mit ihren Problemen, und sie wurden zu Personen. Auch die Aggressivität gegenüber dem Kranken verringerte sich, ja verschwand überhaupt; während du in der Abteilung als Pfleger das ständige Bedürfnis hattest, dir einen eigenen Raum zu schaffen, wo du dich aufhalten konntest: die Abteilungsküche z. B., das abschließbare Klo . . . Der Kranke kam natürlich in die Küche und schon wurdest du aggressiv und er wurde rausgeschmissen. Draußen gibt es diese Reaktionen nicht mehr.
Die Gruppe der Pfleger, die als erste nach draußen ging, war meiner Meinung nach nicht auf eine homogene Position oder auf eine Entscheidung für ein Programm eingeschworen . . . Auch die wenigen, die erklärten, sie seien aus politischer Überzeugung herausgegangen, benutzten eine Entschuldigung, um die wirklichen Bedürfnisse zu verstecken: tatsächlich ist es schwierig, eine weitergehende Perspektive zu erblicken, wenn die Arbeit abstumpft. Allein die Ärzte und Sozialarbeiter sind in der Lage, Perspektiven zu sehen, wegen der enormen Macht, die sie haben – die Macht, dorthin zu gehen, wo sie wollen. Dieser Punkt ist bei der Analyse der Arbeitsbedingungen der Pfleger zu berücksichtigen, für die ich mich immer schlagen werde: die Frage unserer beruflichen Qualifikation, durch die wir uns verändern, besser noch, gefragte Leute sein können – nicht um eine Qualifikation als solche zu besitzen, sondern um den Rücken frei zu haben.
Ich erinnere mich, daß wir an dem Tag, an dem wir in Muggia ankamen, alle zusammen ins Zentrum von Aurisina gefahren sind, das seit kurzem eröffnet war. Es gab da eine Vollversammlung. Wir waren beeindruckt von der Lage des Zentrums, vom Gebäude und vom Innern. Sofort haben wir untereinander zu diskutieren angefangen, über den Sinn eines ›Hauses‹, d. h. eines derartigen Gebäudes, das wir glücklicherweise nicht besaßen und das uns bei Beginn der Arbeit . . . von vornherein eingeschränkt hätte. Nicht allein, um freier zu sein, hinsichtlich der Arbeitszeiten waren wir gar nicht so sehr im Vorteil. Wir waren schon an den Schichtwechsel gewöhnt und viele von uns hatten ihr Leben darauf eingerichtet: z. B. die Hausfrauen oder die mit

einem Zweitberuf . . .
Ganz anders die Ärzte: sie neigten im Verlauf dieser Diskussionen dazu, unsere Position als Verteidigung der Pflegerrolle mißzuverstehen. Sie schätzten die Wichtigkeit eines eigenen ›Hauses‹ und einer logistischen Struktur und sie konnten unser fundamentales Problem – und nicht nur unseres, sondern auch das der anderen Zentren – nicht begreifen: daß man erst einmal unsere Arbeit in der Umgebung bekannt machen mußte, das was wir machen, und das, was wir sind. Und erst in einem zweiten Schritt konnte man sich . . . eine solche Einrichtung wie beim Zentrum von Aurisina oder von Barcola auf die Schultern laden. Sonst bleibt man dabei stehen, sich die Arbeit wieder durch eine festgelegte, geschlossene Struktur einzuschränken, die keine Möglichkeit mehr läßt, ›auf andere Art‹ zu arbeiten. Nehmen wir die Anstrengungen, die wir bei Demonstrationen in Muggia unternommen haben, um die Bevölkerung in eine Auseinandersetzung über das Thema Gesundheit/Krankheit zu verwickeln; das waren irgendwie keine ›wirklichen‹ Anstöße, die in die Realität unserer Praxis hineinwirkten – und die Beteiligung der Leute blieb sehr begrenzt. Das sind jedenfalls nicht die Geschichten, durch die wir unsere Präsenz in der Gemeinde ausweisen können: ständig, Tag für Tag, müssen wir versuchen, in die Situationen einzudringen, die die Organisation der Gesellschaft selbst darstellen, also in die Fabriken, in die Schulen, in die Erholungsheime, in die Fürsorgeeinrichtungen – und zwar so, daß wir sagen können, wir sind da wegen einer konkreten Intervention, die uns auch das Recht gibt. Tatsächlich sind wir von dieser Idee ausgegangen, aber wir sind nur äußerst schwach von den Ärzten unterstützt worden, die eher auf eine andere Art von Institution aus waren, auf ein alternatives Zentrum.
Die Schließung des Irrenhauses ist für mich berechtigt und realistisch: aber es gibt Grenzen, über die hinaus sie eine Utopie wird. Zum Beispiel sollte man sich genauer überlegen, was es bedeutet, Leute nach draußen zu verfrachten, die 20 bis 30 Jahre im Irrenhaus gelebt haben. Das Irrenhaus bedeutet für mich nicht nur jene vier Mauern, sondern auch all das, was vorher geschah, bevor Basaglia kam: Elektroschock, Gummizellen etc., das war das Irrenhaus. Heutzutage ist San Giovanni kein Irrenhaus mehr, wohl aber ein Ort, wo weiterhin Probleme zugedeckt werden, die allein aus politischen und sozialen Gründen keine Lösung finden. Wenn wir die Zentren öffnen, und diese Probleme nach draußen transportieren, wird sich die Situation entwickeln, daß sich die Personen zwar an einem anderen Ort befinden, aber die Probleme werden dieselben sein, und keiner kann sie lösen . . .
Wir dürfen jedenfalls nicht fortfahren, die Bedürfnisse der Leute zu verschleiern; wir müssen sie vielmehr dort auf den Tisch legen, wo man dazu verpflichtet ist, etwas für sie zu machen . . . Wir müssen jetzt analysieren, was tatsächlich geschieht, um besser verstehen zu können, wieweit wir eigentlich gehen können. Die Frage ist, wer sind wir? Wie weit können wir gehen? In Muggia haben wir es mehrfach versucht, aber innerhalb der vier Wände. Auch die Auseinandersetzungen, die es mit der Gemeinde, mit der ECA, mit all den anderen Behörden gegeben hat, sind immer so gelaufen als wollten wir diese Institutionen nicht bis zur letzten Konsequenz angreifen.

Barcola: Soziales Profil der Zone und Geschichte des Zentrums

Die Zone von Barcola umfaßt 55 000 Einwohner, die den unterschiedlichsten Schichten zugehören. Auch ihre sechs Viertel zeigen ein in sich widersprüchliches soziales Bild. Sie sind in die Gebirgsfelder und scharf eingeschnittenen Täler des nordwestlichen Teils der Stadt eingelagert. Das Viertel Scorcola z. B. kennzeichnet eine starke Präsenz des mittleren und Großbürgertums. Hier dominieren zunehmend die Zweit- und Eigentumswohnungen, entsprechend wird die ursprünglich slowenische Bevölkerung verdrängt, die z. T. zur Unterschicht gehört. Allein im Viertel San Giovanni, wo auch die Klinik liegt, gibt es noch ein funktionierendes kulturelles Leben der slowenischen Minderheit, das durch slowenische Schulen und Vereine aufrechterhalten wird. Da aber die Stadt nie in der Lage war, die ethnische Minderheit zu integrieren, ist die Tendenz zur Ghettobildung deutlich. Es gibt Straßenzüge, die dem Begriff des Ghettos im übelsten Sinne gerecht werden.
Das Viertel Cologna beginnt am Rand des Karstabbruchs und fällt gegen die Innenstadt hin ab. Hier wohnen hauptsächlich Immigranten mit einer äußerst heterogenen kulturellen und ethnischen Struktur. Es mischen sich (oder besser: mischen sich gerade nicht) Triestiner, Flüchtlinge aus Istrien, Italiener aus dem Süden und Slowenen. In Roiano gruppiert sich ein fester proletarischer Kern um die Firma Stock. In der Talsohle dieses Viertels stehen die riesigen lichtarmen Mietskasernen aus dem 19. Jahrhundert, während an den Hängen hauptsächlich kleine einstöckige Häuschen mit Garten das Bild prägen, unterbrochen allerdings durch triste Komplexe des sozialen Wohnungsbaus. Diese Häuschen verkörpern ein Problem der Arbeit des Zentrums. Sie sind meist über 50 Jahre alt wie ihre Bewohner, sie sind kaum beheizbar und es kostet eine ständige Anstrengung, sie bewohnbar zu halten. In den kalten, von der Bora beherrschten Wintern werden diese Häuschen zu Fallen der Einsamkeit und Brutstätten von Depressionen.
Das Zentrum ist ein ehemaliges Polizeirevier, das von der Stadt zur Verfügung gestellt wurde. Es ähnelt einer Villa und liegt, umgeben von einem kleinen Garten, an einer der wichtigsten Ausfallstraßen nach Venedig. Im Erdgeschoß gibt es fünf Schlafzimmer, in denen z. T. auch die Freiwilligen verschiedener Nationen gewohnt haben, die nachts oft das Gebäude hüten mußten. Hinzu kommen drei weitere Räume, von denen der eine als Büro, Untersuchungsraum, allgemeiner Treffpunkt und Austragungsort der täglichen Streitereien diente. Dem schließt sich die ›Apotheke‹ an. Gegenüber liegt ein größerer Raum, der Versammlungen und den Tischtennisspielern dient. Im oberen Stockwerk befinden sich sechs weitere (Schlaf-, Fernseh-, Eß-)Räume und die Küche. Das Zentrum liegt an der Badebucht von Triest inmitten des Villengürtels. Man

könnte sagen, daß es an einem sehr unrepräsentativen Punkt der Zone eingerichtet ist. Ich finde aber die Ortswahl ideal. Wenn die Mehrzahl von Patienten auch aus Elendsquartieren kommen, muß ein staatlicher Dienst nicht unbedingt in die Elendsviertel ziehen, das würde geradezu die Institutionalisierung der Misere bedeuten. Ein Villenviertel ist gerade der richtige Platz, um die sozialen Widersprüche wieder ins Spiel zu bringen, die durch Verschiebung und Ghettoisierung weggedrückt und kontrolliert werden. Schon die Lage gibt den Patienten die Chance, sich auch wieder unter die gutbürgerlichen Triestiner zu mischen, die sie am liebsten abschieben möchten.
Hinzu kommt natürlich, daß im Sommer durch die Bade-, Unterhaltungs- und Kontaktmöglichkeiten die Arbeit erleichtert wird. Zudem schließen sich an das Zentrum eine Reihe von Cafés und Osterien an, in die man mal eben mit Personen ›in Krise‹ gehen kann, um einen Ortswechsel für ein weitergehendes Gespräch zu schaffen. Mit der Zeit haben sich um das Zentrum herum feste Treffpunkte von Patienten entwickelt. So treffen sich die ›Alkoholiker‹ in einer Osteria oberhalb des Zentrums – manch einer steht vom Tropf auf, um sich unmittelbar dorthin zu begeben. Ein Sachverhalt, der konträr interpretiert werden kann: als raffinierte Kontrolle einer fortgeschrittenen Psychiatrie, die die Patienten dazu bringt, ihr Leben spontan im Bereich der Institution einzurichten. Oder als eine soziale Nische, in der man mal Pause vom Überlebenskampf machen kann, wo ›Alkoholismus‹ nicht mit Verwahrlosung, unzureichender Ernährung und Fehlen jeglicher Fürsorge bezahlt wird.
Niemand hatte eine präzise Vorstellung über die Arbeit ›draußen‹ und die Gemeinde erschien in der Projektion von ›drinnen‹ ein wenig wie Feindesland, wo man sich keinen Fehler erlauben durfte. In der Tat sahen die Bewohner der Villengegend am Anfang in dem Zentrum einen Schandfleck und begannen, die Kommune unter Druck zu setzen. In einer Pressekampagne wurden die geringsten Vorkommnisse aufgebauscht. Das Hauptärgernis – abgesehen von Phantasien über die Gefährlichkeit der Irren und die Bedrohung der Kinder – war wohl, daß die kleine Gruppe von ehemaligen Langzeitpatienten, die aus dem ›F‹ mit nach draußen gekommen waren, in die Bars und Osterien der Umgebung eindrangen.
Das Zentrum reagierte auf diese Bedrohung zunächst dadurch, daß es die größtmögliche Öffentlichkeit herstellte. Zu Versammlungen im Zentrum wurden immer alle Bürger eingeladen und allmählich wandten sich die Leute mit ihren Beschwerden direkt an das Zentrum. Auf dem Höhepunkt des Konflikts wurde eine Stadtteilversammlung organisiert und vor allem die Bewohner der Bahnhofsgegend, zumeist Arbeiterfamilien, eingeladen. In der Debatte gerieten die Vertreter der Villengegend vollkommen in die Defensive.

Die Arbeiter sahen in dem Angebot eines Kinderarztes und in dem Plan, ein gynäkologisches Ambulatorium zu errichten, eine wesentliche Verbesserung der Gesundheitsversorgung des Viertels; mit Empörung wiesen sie das Gerede über die Gefahr für die Kinder als asozial zurück. Nach dieser Versammlung hatte sich das Zentrum in der Gemeinde praktisch durchgesetzt.

Barcola: Versuch der Ordnung meiner Eindrücke

Als ich Ende 1977 nach Barcola kam, hatte ich zunächst eine ziemlich unangenehme Zeit durchzustehen. Ich beherrschte kaum die Sprache und kam mir vor wie ein Stück Holz. Niemand wies mich ein, niemand gab mir etwas zu arbeiten und ich mußte aufpassen, daß nicht jemand in der Eile mit mir zusammenstieß. Später lernte ich, daß es durchaus üblich war, die Leute nicht einzuweisen, die neuen Pfleger nicht und schon gar nicht die freiwilligen Mitarbeiter. Man verläßt sich darauf, daß jeder selbst seine Möglichkeiten entdeckt und aus sich heraus initiativ wird. Dieser Haltung liegt die Überzeugung zugrunde, daß es in der Psychiatrie keine spezialistischen Instrumente geben darf, sondern daß die Instrumente die Mitarbeiter selbst sind. Also bestimmt deren Initiative die Arbeit. Obwohl meine Rolle als Freiwilliger nie definiert war, habe ich immer die Erfahrung gemacht, daß ich mir die Verantwortlichkeit aneignen konnte, die ich mir eben zutraute.

Ich bekam gleich zu Beginn mit einer Reihe heikler ›Fälle‹ zu tun, darunter einem psychotischen Jugendlichen, der zwangseingewiesen war. Eines Abends entwischte er mir. Damit war für den verantwortlichen Arzt die Gefahr einer Anzeige gegeben, wenn es zu irgendeiner Form von Gewalttätigkeit kommen würde. Aber derartige Risiken wurden relativ gelassen eingegangen. In Triest hat nie ein Arzt eine Chance gehabt, der dieses Risiko nicht akzeptieren wollte.

Ich habe mit Unterbrechungen etwa 18 Monate in diesem Zentrum gearbeitet. Insgesamt habe ich genug mitgekriegt, sagen wir, um die Rhythmen der Arbeit wiederzugeben. Ich muß hier gestehen, daß mich dieses Kapitel beim Schreiben am wenigsten reizt und es ist mir nicht so recht klar, warum das so ist. Gegenüber Psychiatrietouristen habe ich mich beim Erklären der Probleme des Zentrums immer in Schwung geredet und war dann womöglich begeisterter als mein Gesprächspartner. Hingegen habe ich normalerweise die Perioden der Mißstimmung, des Nicht-weiter-Kommens, mit den anderen Mitarbeitern geteilt. Insgesamt ist ein Prozeß des Disengagements der Mitarbeiter zu verzeichnen. Die Gefahr der Routine wird gesehen und stellt ein ungelöstes Problem dar. Der Routine entgeht man ja nicht, indem man sie vermeidet, sondern allein durch neue Ziele.

Hier liegt der wunde Punkt, die Klage über den Mangel an neuen Zielvorstellungen wird von allen Mitarbeitern geteilt. Die Routine drückt sich dabei etwa in der schrittweisen unmerklichen Verkürzung der Hausbesuche aus, in der mangelnden Kommunikation unter den Mitarbeitern, in der inhaltlichen Entleerung der täglichen Vollversammlungen. Teilweise muß dieser Prozeß als ein unvermeidliches Zurückschrauben der ursprünglichen Hoffnungen verstanden werden, und zwar auf die Alltäglichkeit einer Institution im Stadtteil, die sich mit den unterschiedlichsten Interessenlagen auseinandersetzen muß und für die nicht mehr jene klare kulturrevolutionäre Frontstellung existiert wie diejenige, den Verrückten zurück in die Öffentlichkeit zu bringen. Allerdings ist mit dieser Überlegung der zunehmende Zerfall der Pionierequipe von Barcola nicht erklärbar. Einige aus der Gründergeneration der Pfleger kümmern sich um eine neue Berufsperspektive, andere arbeiten an anderen Stellen der Psychiatrie.

Mein Unbehagen, über das Zentrum zu berichten, entspringt weniger diesen Tendenzen als dem Gefühl, daß viele Probleme gewissermaßen im Stadtteil versteckt werden; daß andererseits das Zentrum immer einen Zug zum Modell hat, zur Integration der Leute im Zentrum und mithin zur Objektivierung der Patientenschaft; man spürt, daß sehr schnell wieder eine kleine Psychiatrie entstehen kann.

Der Alltag der Arbeit und der Charakter der Interventionen wird in Barcola von den Frauen bestimmt. Die weiblichen Pfleger sind bei weitem in der Überzahl und zudem wird die Arbeit durch einen harten Kern der Pflegerinnen beherrscht, die zu den Pionieren der Öffnung gehörten. Aus diesem Grunde setzte auch schon früh das Engagement für die Frauengruppe ein, die vornehmlich aus Patientinnen im Alter von 40 bis 50 Jahren bestand, die sich nach langen Ehejahren in der Einsamkeit und ohne berufliche Perspektive wiederfanden. Viele Pflegerinnen identifizierten sich nicht zuletzt deshalb mit den Patientinnen, weil sie ihr eigenes Engagement mit dem Scheitern der Ehe bezahlen mußten. In den ersten Jahren war die Arbeit der Frauengruppe bis zu einem gewissen Grade von einer feministischen Ideologie geprägt, man versuchte also, die Frauen von der Richtigkeit der Scheidung zu überzeugen. Später erkannte man, daß das ein problematisches Unterfangen war, auch wenn der ›Fall‹ es berechtigt erscheinen ließ. Die Rolle als staatlich angestellter Pfleger ließ sich bei aller Erfahrung von gemeinsamen Problemen nicht vollends in den Hintergrund drängen. Auch die praktizierte Solidarität war zugleich eine staatliche Maßnahme, die Abhängigkeit schuf.

Daß die Frauen den Charakter der Arbeit bestimmen, drückt sich u. a. in der pragmatischen Orientierung der Arbeit und in der Fähigkeit zur schnellen Entscheidung aus, auch im hohen Maß an

Offenheit und Öffentlichkeit gegenüber familiären Problemen der Patienten. Es herrscht die persönliche Auseinandersetzung vor, formale Regelungen der Arbeit und der Interventionen brechen schnell zusammen. Die Frauen sind auch weniger bereit, sich von Patienten ausnutzen zu lassen, formulieren offen ihre eigenen Grenzen und ideologisieren das seelische Leiden kaum. Auf der anderen Seite ist das Interesse am Patienten intensiver und umfassender und arbeitet sich schneller durch die Barrieren der Privatheit. Eine typische Lösung wurde mit der Frauengruppe eingeschlagen: als diese Gruppe auf dem besten Wege war, sich als Selbsterfahrungsgruppe totzureden, begann man, die Handarbeitskooperative zu organisieren. Ein nicht zu unterschätzendes Verdienst der Frauenvormacht ist es, daß Interpreten der Krankheitsbilder keine Chance haben.

Knotenpunkte: Die Gemeinsamkeit der Arbeit äußert sich alltäglich in den informellen Zusammenkünften in der Küche, dem Vormittag in der Apotheke und in den täglichen Vollversammlungen. Lange Zeit waren die Montagvormittage in der Apotheke das regelmäßige Hauptereignis der Woche – dort werden die Schichtwechsel ausgehandelt mit dem ständigen Problem, daß die ersten Tage der Woche überbelegt waren. Der Streit um den Schichtwechsel verknüpfte alle anstehenden Probleme des Zentrums und brachte den umfassendsten Informationsaustausch in der Woche. Es ist sicher symptomatisch, daß in den letzten Jahren der selbstorganisierte Schichtwechsel aufgegeben und das Rotationsprinzip eingeführt wurde; eine Pflegerin erklärte dazu dezidiert: »Die Rotation ist für mich in Ordnung. Da wir gesehen haben, daß wir nicht autonom genug sind, haben wir nichts anderes verdient als die Rotation.«
Von ähnlicher Bedeutung sind die Vollversammlungen. Als ich kam, fehlten dabei schon die Patienten. Sie setzten sich nur dazu, um Zigaretten und Geld zu schnorren. Solange politische Projekte anstanden, funktionierten die Vollversammlungen. Auch schwierige ›Fälle‹ bewirkten inhaltliche Debatten. Doch in der Regel wurden die Vollversammlungen zu Arbeitsverteilungssitzungen umfunktioniert. Diese Entleerung der Vollversammlungen drückt den Rückfall der Pfleger in die Berufsrolle am schärfsten aus.

Organisationsprobleme: Zwei wesentliche Organisationsprobleme waren ständig präsent. Einmal die Organisation nach Gruppen: das Zentrum hatte die Equipe in drei Gruppen entsprechend der Stadtviertel aufgeteilt, aber es gelang nie, diese drei Gruppen zu selbständigen Kollektiven umzuformen. Sicher hat das bewirkt, daß über die Hausbesuche nur bruchstückhaft eine kontinuierliche und inhaltliche Auseinandersetzung zustande kam. Die Tendenz war

eher, daß jeder Pfleger seine feste Kundschaft hatte; war ihm die Mißstimmung im Zentrum zu groß, flüchtete er zu ihr.
Das zweite ›ungelöste‹ Organisationsproblem betraf die Pfleger insgesamt. Die Pfleger haben ohne Übertreibung die Geschichte des Zentrums als Verlust ihrer Autonomie erlebt. Sie wurden immer wieder zu Ausführungsorganen der Arztbeschlüsse, auch wenn diese formell demokratisch erfolgten. Es wurden verschiedene Versuche unternommen, diese Tendenz zu brechen. Die Pfleger trafen sich eine Zeitlang ohne die Ärzte und kamen nicht zur Vollversammlung. Aber vorherrschend war schließlich die Reaktion, sich krank zu melden. Diese Organisationsversuche scheiterten zumeist an der Arbeitshetze. Sich als Pfleger zu organisieren bedeutete auf jeden Fall Mehrarbeit und größeren Zeitaufwand.

Patientengesellschaft oder neue Institutionalisierung: Die Kultur des Zentrums wird von niemand anderem als von dem Patienten bestimmt; für die Mitarbeiter ist es der Arbeitsplatz, für mindestens 15 % der Patienten Teil ihres Lebensraumes. Zum Beispiel für Carlo S., anfangs Koch des Zentrums und von allen akzeptierte Autorität. Oder für Alberti, die wandelnde Provokation der wohlanständigen Umgebung Barcolas. Er war ständig vollgepinkelt, seine Kleider stanken vor Dreck – eines seiner Geheimnisse, denn er wurde regelmäßig gewaschen und neu eingekleidet. Er war Friseur gewesen und hatte mit seiner Pensionierung auch die berufsmäßige Sauberkeit und den guten Geruch abgelegt. Sein Schnorrercharme war unwiderstehlich. Oder für Maria S., die aus Istrien immigriert war. Sie benutzte das Zentrum regelmäßig als Resonanzboden ihres Elends, verwickelte alle in ihre Wut auf ihr Leben. Oder ›Dada‹, ein Alter, der sich nur mit einer Art Ständer bewegen konnte. Infolge eines Kriegsleidens brachte er nur den Lallton »da da« heraus, war aber ein Virtuose der Kommunikation. An den Telefonaten mit seiner Frau nahm das ganze Zentrum gespannt Anteil.
Zu diesen Personen hatte sich eine Art Haßliebe entwickelt. Leute, die mit ihren Krisen den Alltag des Zentrums beherrschten, provozierten in der Regel auch ein langfristiges Engagement seitens der Mitarbeiter. Es gab aber auch die Stillen, die selbst in der Krise stumm litten. Sie sind auf dem besten Wege, zum Dauerbenutzer des Zentrums, zu einer neuen Figur des Langzeitpatienten zu werden.
Diese Patientengesellschaft hatte verschiedene Formationen. Da war zunächst die Gruppe der Frauen, die sich um die Küche herum gebildet hatte. Sie bestand z. T. aus alten Frauen, die ständig im Zentrum schliefen und aus Jüngeren, die als Kooperativmitglieder in der Küche arbeiteten. Sie kriegten alles mit und machten sehr oft das Personal darauf aufmerksam, wenn jemand Probleme hatte.

Dann die Gruppe der alten Männer: für sie war der Tageslauf des Zentrums die wichtigste Lebensorientierung. Das Zentrum war für sie ein Altenheim, aber sie lebten besser als in einem Altenheim: wo auch immer sie sich niederließen, es geschah etwas, was sie beobachten konnten. Als im Sommer 1979 die Aufnahme aufgelöst wurde und das Zentrum Bettenplätze für die Nachtaufnahme brauchte, wurden sie zum großen Teil in die Geriatrie abgeschoben. Diese Aktion war formal sicher berechtigt, denn es handelte sich um Assistenzfälle, die keinerlei psychiatrischer Intervention bedurften. Alle hatten aber ein leichtes Gefühl von Unrecht. Dann gab es die ›Alkoholiker‹, zu deren festem Tagesprogramm die Mahlzeiten und das Fernsehen gehörten. Sie waren im buchstäblichen Sinne Benutzer des Zentrums. Dann die Jugendlichen, die immer mehr geworden sind. Was ihnen das Zentrum bieten konnte, war eklatant wenig. Teilweise wurden sie in die Arbeit integriert, zu Ferienausflügen mitgenommen. Aber das Zentrum konnte nichts mehr sein als eine Art Treffpunkt mangels besserer Treffpunkte.
Sind das neue Formen von Psychiatrisierung, von Institutionalisierung? Zunächst einmal drückt das Zentrum mit diesem Angebot nur den Mangel aus: den Mangel an Altenheimen, an Mensen, an guten Nachbarschaftsbeziehungen, an Jugendfreizeitheimen. Diese Ersatzlösungen können sich kaum zu dauerhaften Einrichtungen entwickeln. Mangels Räumen und Personal ist niemand im Zentrum daran interessiert, da etwas zu verewigen, das hieß aber nie, eine Politik des Abschiebens zu machen. Im Gegenteil: man half bis an die Grenze der Kapazität und der Erschöpfung, damit sich die Probleme im Zentrum akkumulierten. Allein so sah man die Chance, dann auf eine politische Lösung hinzuarbeiten. So wurde etwa die Überfüllung der Mensa des Zentrums so lange akzeptiert, bis schließlich in zwei Schichten gegessen werden mußte – in der Hoffnung, dadurch soviel Druck auf die Provinzverwaltung und die Gemeinde auszuüben, daß endlich die Einrichtung von Volksmensen in Angriff genommen werde.

Kompetenzen und Machtstrukturen: Die Autonomie der Mitarbeiter, soweit es die Arbeit mit den Patienten betrifft, steht nicht zur Debatte. Aber ebensowenig steht die Vormachtstellung der Ärzte zur Debatte. Als Teile der Avantgarde des antiinstitutionellen Kampfes genießen sie einen historischen Platzvorteil. Während die Pfleger hauptsächlich im Stadtteil arbeiten, ist die Arbeit der Ärzte auf den Gesamtzusammenhang der Institution bezogen, mithin vertreten sie auch die allgemeinen politischen Forderungen. Das drückt sich schon im Stundenplan aus. Die Pfleger kommen gegen 8 Uhr morgens ins Zentrum oder beginnen mit den Hausbesuchen, während die Ärzte sich zur gleichen Zeit in der Direktion versammeln, um die Probleme von nächtlichen Einlieferungen u. ä. zu

besprechen. Sie erscheinen etwa gegen 10 Uhr im Zentrum. Auch die kulturellen Unterschiede sind eklatant: die Pfleger sind Triestiner und sprechen den Dialekt der Patienten, z. T. beherrschen sie auch Slowenisch; die Ärzte leben in der Kultur des antiinstitutionellen Kampfes und identifizieren sich in den wenigsten Fällen mit der Stadt. Doch diese hier aufgeführten Widersprüche waren gewissermaßen ›gegeben‹. Es wäre sinnlos gewesen, sie durch ein formales Demokratisierungsmodell liquidieren zu wollen, denn sie hatten sich eine lange Zeit als fruchtbar erwiesen. Doch in der letzten Zeit beginnen diese Widersprüche sich abzustumpfen bzw. zu Machtverhältnissen zu erstarren. Einerseits wegen der zunehmenden Arbeit und den immer längeren Erschöpfungsperioden, andererseits durch die Übernahme einer Reihe Pfleger des ›drinnen‹, die immer noch an eine Befehlshierarchie gewöhnt waren. Die Ärzte geraten mehr und mehr in die Rolle des Arbeitsverteilers, des Managers im Zentrum; auf die Dauer steht damit die Autonomie der Pfleger selbst zur Debatte.
Formell gesehen ist die Kompetenzverteilung klar: außer einer verwaltungstechnischen und einer generellen juristischen Verantwortlichkeit haben die Ärzte keine Kompetenzen, aufgrund derer sie in das Verhältnis Mitarbeiter-Patient eingreifen könnten. Dies ist in einem bezeichnenden Konflikt deutlich geworden: Im Frühjahr 1978 wurden die baulichen Verhältnisse des Zentrums immer unerträglicher. Die Klos leckten, die Warmwasseranlage funktionierte nicht, die Küchenverhältnisse waren ein Skandal. Die Mitarbeiter hatten es satt, auf die Maßnahmen der Provinzverwaltung zu warten und beschlossen zu streiken. Von dem Streikbeschluß alarmiert erschien der amtierende Direktor der Psychiatrie und erklärte, der Streik komme ihm absurd vor. Die Renovierungsanträge seien genehmigt, und in Italien brauche eben alles seine Zeit. Auch sehe er nicht ein, warum ausgerechnet die Pfleger streiken wollen. Das leckende Klo, die bröckelnden Wände, die herunterfallende Decke, das sei schließlich die Kompetenz der Ärzte. In diesem Falle hätten die Ärzte versagt, oder sie seien von den Pflegern nicht genug unter Druck gesetzt worden.

Veränderung der Krankheitsbilder: Die ›Krankheitsbilder‹ haben sich natürlich nicht verändert (abgesehen davon, daß die klinischen Kunstwerke extremer Zustände wie der Katatonie nicht mehr vorkommen), verändert hat sich allerdings ihre Bedeutung. Es gibt die paranoiden Wahnbildungen, die schizophrenen Symptome, die Halluzinationen. Nach meiner Meinung wäre es ein bedrückender und zweifelhafter Erfolg der neuen Psychiatrie, wenn sie diese Fähigkeit des Individuums zum Verschwinden gebracht hätte. Nehmen wir als Beispiel paranoide Wahnproduktionen: diese überaus logischen Erklärungssysteme versuchen meistens, den Kraftverlust

begreiflich zu machen. Da gibt es Augen, elektrische Systeme, Glühbirnen etc., die die Kräfte heraussaugen. Die Erfahrungen, daß Kräfte abgesaugt werden, sind durchaus banal. Oft genug gehen die Verhältnisse über unsere Kräfte, oft genug wissen wir, daß wir etwas verändern müssen, aber die Kräfte haben uns verlassen. Ich sehe keinen prinzipiellen Unterschied zwischen unseren alltäglichen Erklärungsversuchen und einer paranoiden Erklärung. Sie sind weder intelligenter noch logischer und auch kaum realistischer. Die Psychiatrie kann diese ›Krankheitsbilder‹ nicht ›abschaffen‹, ebensowenig wie sie die allgemeinen Reproduktionsbedingungen unseres Lebens verändern kann.
In welchem Sinne ändert sich also die Bedeutung der ›Krankheitsbilder‹? Zunächst einmal ist die Arbeit des Zentrums an einem Punkt angelangt, wo die ›Psychotiker‹, die ›Paranoiker‹ relativ klare Ansprüche stellen und dabei dreht es sich sehr oft um materielle Unterstützungen. Sie denken nicht im Traum daran, ihre ›Psychose‹ abzugeben. Das heißt nicht, daß sie nicht unter Umständen gern von ihrem Verfolgungswahn erzählen, aber dann im Rahmen eines allgemeinen Austausches von Lebensansichten. So kommen häufig ältere Frauen, die unter in der Fachliteratur sogenannten ›ekklesiastischen Psychosen‹ leiden, d. h. deren Welt voller Teufel ist. In der Auseinandersetzung kann man da schon einmal erklären, daß die Leute im Mittelalter die Dinge so gesehen haben.
Diese Haltung beinhaltet durchaus keine Banalisierung des Leidens selber. In den Gesprächen mit Patienten geht es – immer unter Zeitdruck – vielmehr darum, die realen Verwicklungen einer zerstörerischen Situation zu erkennen. Es ist weitaus schwieriger, zu einer gerechten Interpretation der Familienverhältnisse zu gelangen, als eine Diagnose zu machen. Und da die Patienten freie Bürger sind, gilt es auch die Grenzen der Höflichkeit zu beachten. Jemanden den ich nur oberflächlich kenne oder einen Fremden spreche ich auch nicht unvermittelt auf seine Störungen an und deute sie – vielmehr würde ich eine sehr empfindliche Grenze verletzen. Ein staatlicher Dienst hat noch weniger das Recht, diese Grenze (auch der Höflichkeit) routinemäßig zu überschreiten.
Was geschieht also positiv? Historisch gesehen kann es nach wie vor nicht die Aufgabe der psychiatrischen Dienste sein, etwas ›positives‹ zu machen, sondern schlimmeren Schaden abzuwenden. Immerhin sind im Zentrum die Voraussetzungen dafür gegeben, daß eine reale Auseinandersetzung mit dem Patienten stattfindet. Ein Beispiel soll genügen: Auf Wunsch einer Verwandten wurde das Zentrum zu einer jungen Frau gerufen, die schon seit drei Jahren eingeschlossen im Haus lebte und in der letzten Zeit keine Nahrung mehr zu sich genommen hatte. Die Familie war großbürgerlich. Die junge Frau hatte Jahre zuvor einen Versuch zum selbständigen Leben unternommen, hatte auswärts als Lehrerin gearbeitet und

mit einem Mann zusammengelebt. Das Verhältnis scheiterte, sie kehrte nach Triest zurück und schloß sich in der Wohnung ihrer Familie ein. Man überzeugte sie davon, ins Zentrum zu kommen; wenn sie Lust habe, könne sie auch an der Arbeit des Zentrums teilnehmen. Sie erschien, und fing von der ersten Minute an, als Pflegerin zu arbeiten: nahm Telefongespräche an, empfing Patienten, machte Eintragungen. Alle erschraken über das Maß an Identitätsverlust, das sich in ihrem reibungslosen Funktionieren ausdrückte. Irgendwann faßte ein Pfleger den Mut, ihr zu erklären, daß sie nicht als Pflegerin eingestellt sei, daß sie sich vielmehr als Patientin zu betrachten habe. Darauf verstummte sie völlig und stand eine zeitlang wie ein Möbelstück in den Räumen herum. Sie wurde dann gezwungen, mit Kaffee trinken zu gehen. Wenn immer sich Gruppen bildeten, wurde sie in die Mitte genommen, wurde ›angemacht‹, ihr Schweigen wurde scherzhaft gedeutet. Man brachte sie dazu, zum Friseur zu gehen. In dem Gewirr von Zuwendung und Ablehnung, Interesse und Desinteresse, in der Kette kleiner Vorschläge zum Mitmachen, verlor sich ihre Affektabwehr. Irgendwann begann sie über sich zu reden und verschwand aus dem Zentrum.

Sprüche und Regeln

Was sind die Orientierungen in dem alltäglichen Chaos der Praxis? Oft sind es die Redewendungen, die die Prinzipien wieder sichtbar machen.

»Es juckt mich nicht, ob es einem Patienten gut oder schlecht geht.« – Wer das sagte, war gerade nicht der abgebrühte Pfleger, sondern eher die Pflegerin mit der dünnen Haut. Es ist kein Ausdruck von Gleichgültigkeit, sondern von Engagement. Dieser Satz besagt, daß ich meine Entscheidungen nicht auf dem sogenannten Wohlergehen des Patienten gründen kann. Denn das ist eine fragwürdige Basis. Man kann für einen Patienten alles tun, ihm auch die Freizeit widmen, es geht ihm dann vielleicht besser, aber geht es ihm gut? Hat man ihn nicht mit dem Selbstopfer nur in eine viel undurchsichtigere Abhängigkeit gebracht?

»Wir können uns nicht zum Herren eines anderen Lebens aufwerfen.« – Ein Satz, klar bis zur Banalität. Aber wie leicht passiert einem das innerhalb der Psychiatrie dann doch!

»Unsere Arbeit kann nur ein Anstoß sein« – Mit anderen Worten: wir wissen nie, was einem Patienten nützt oder schadet. Die Subjektivität des Patienten ist etwas, was in der Psychiatrie zwar unterstützt werden kann, aber niemals in die Planung einbezogen werden darf.

»Es gibt keinen Unterschied zwischen dem Reden mit dem Patienten und dem Aus-der-Scheiße-Befreien.« – Natürlich besteht ein Unterschied, wohl aber darf es keine mehr oder weniger privile-

gierte Tätigkeit geben. Wer sich um das leibliche Wohl des Patienten kümmert, kümmert sich um den Patienten und nicht allein um seine Hygieneprobleme. Und: jeder, ob Arzt oder Pfleger, muß zu allen Arbeiten herangezogen werden dürfen.
»Es gibt keine schlechten oder guten Pfleger«. – Es gibt sie oder auch nicht. Aber das Verhalten oder die ›Erfolge‹ gegenüber dem Patienten dürfen nicht zum Streitpunkt werden. Es wird im Kollektiv gearbeitet und da gilt, daß jeder gibt, was er geben kann.

Mißstimmung: Ausschnitte aus einer Diskussion

Im Frühsommer 1979 durchlief das Zentrum von Barcola eine Krise. Der erfolgreiche Pflegerkampf hatte für die Pfleger des Zentrums die Erfahrung der politischen Isolierung gebracht. Die Zunahme jugendlicher Patienten machte hilflos, ihre objektive Perspektivlosigkeit ließ die Möglichkeiten des Zentrums als lächerlich gering erscheinen. Zudem waren etwa zehn Pfleger dazugekommen, die bisher in der Klinik gearbeitet hatten. Weil sie einen anderen Arbeitsstil gewöhnt waren und die Dynamik im Zentrum nicht kannten, neigten sie dazu, sich bei Problemen an die Ärzte zu wenden. Sie wurden deshalb von den Pflegern des ›harten Kerns‹ geschnitten. Die Auseinandersetzungen begannen, als Mariuccia, eine Pflegerin der ersten Stunde, sich eines Vormittags allein im Zentrum befand und nur noch routinemäßig auf den Andrang von Personen reagieren konnte. Wutentbrannt schloß sie das Zentrum ab und ging Kaffeetrinken.
Cogliatti (Ärztin):

»Ich will versuchen, die Probleme historisch zu analysieren. Im Augenblick sind ja so Formeln im Umlauf wie »ja damals, vor sechs, sieben Jahren etc.« Also: abgesehen davon, daß damals alles auf dem Wellenkamm des Enthusiasmus voranging, abgesehen von der Situation des Anfangs, muß man sich vor Augen halten, daß man seinerzeit zwei verschiedene Ziele angehen mußte: das Ziel der Organisation der Arbeit und dann der Patient. Die Organisation der Arbeit war unerträglich, man denke nur an die rigiden Schichtwechsel, an die Abhängigkeit vom Oberpfleger, vom Inspektor, der über die Ferien, die freien Tage usw. entschied. . . . indem die Pfleger sich von den Zwangsmechanismen der Organisation freimachten, indem sie zum autonomen Subjekt wurden, erwarben sie zugleich auch die Fähigkeit, auf den Patienten zu antworten, auf ihn einzugehen. Indem dieser frei wurde, wurde auch jener frei, also war es möglich geworden, daß der eine mit dem anderen was zu tun hatte.
Dann ging die Geschichte weiter, das Zentrum wurde geschaffen. Mit gewissen Einschränkungen kann dieser Reformprozeß als ein Prozeß der ›Aristokratie‹, der Avantgarde definiert werden, der von einer geringen Anzahl von Pflegern vorangetrieben wurde, die vollkommen ihre Berufsindentität verloren hatten; und ich glaube, indem sie sich mit dem Arzt identifizierten, hatten sie auch ihre Klassenzugehörigkeit verloren. Es ist natürlich auch wahr, daß die Mehrheit der Pfleger keine Änderung der Arbeitsbedingungen, keine neuen Freizeitregelungen, keine höhere Entlohnung durchzusetzen versuchte, nicht für die Bedürfnisse der Patienten kämpfte. Die Pfleger von Barcola hingegen, die zusammen mit anderen Pflegern aus den Zentren so etwas wie die führende Schicht der Klinik darstellten, forderten eine andere Art der Arbeitsorganisation und vor allem ein anderes Eingehen auf die Bedürfnisse der Patienten.

Dann gab es die Pattsituation in der Klinik, nach der Hausbesetzung, die Spaltung zwischen Basaglia und der Gruppe, die von Rotelli geführt wurde. In der *Casa di marinaio* waren die Pfleger Avantgarde, eine Gruppe von fünf, sechs Patienten, auch die eine eher herausragende Gruppe, und dann die Ärzte. Aus der Besetzung entsprang der Antrieb für die anderen, die Masse der Pfleger. Sie fingen nach und nach an, die Interessen ihrer ›Kategorie‹, ihrer Berufsrolle geltend zu machen. Es begann der Pflegerkampf um die Frage der Besoldungsstufe, der beruflichen Anerkennung usw. An diesem Punkt entwickelte sich eine unversöhnliche Spaltung . . . Die Pfleger der Avantgarde kämpften allein für die Bedürfnisse der Patienten und nicht mehr für die Interessen ihrer Klasse, ihres Berufs. Die Masse der Pfleger hingegen wußte allein für die berufsspezifischen Interessen . . . zu kämpfen, unfähig diesen Kampf, der auch in irgendeiner Fabrik in irgendeinem Ort ablaufen könnte, wieder mit der Besonderheit der Triestiner Praxis zu verbinden. Das Ziel muß meiner Meinung nach jetzt sein die verschiedenen Bedürfnisse wieder zusammenzubringen, angesichts der Krise, angesichts eines Typus von Arbeitsorganisation, die weitaus regressiver ist als vor zwei Jahren.«

Man sieht hieraus, wie souverän die Ärztin alle Momente der widersprüchlichen Pflegerrolle im Reformprozeß beherrscht.
Das zweite Bruchstück dieser Debatte ist die Äußerung eines Pflegers, der lange Zeit in den Vollversammlungen verstummt war und manchmal eigens überzeugt werden mußte, überhaupt zu erscheinen.
Candotto (Pfleger):

»Ich glaube, unsere Probleme gehen über die Frage der Arbeitsorganisation hinaus, sind verbunden mit der allgemeinen politischen Entwicklung. Über Italien geht eine Welle der Repression hinweg, wie man sie vorher nicht kannte (die Verfolgung der ›Autonomia‹ seit dem 7. April 1979, K.H.) und davon sind wir natürlich betroffen, wir betrachten uns doch als eine Gruppe, oder ein Grüppchen der Linken . . .
Ich fühle mich heutzutage weder als Pfleger noch als Sozialarbeiter, noch als die neue Figur des *operatore socio-sanitario,* die durch das Gesetz eingeführt worden ist. Die Sozialarbeiter hier erledigen die bürokratische Arbeit, intervenieren im sozialen Feld, handeln autonom. Was ist also heute die neue Rolle des Pflegers? Ich kann mich nicht mehr mit der Rolle des Pflegers in der Klinik identifizieren. Du (auf das Votum der Ärztin bezogen) hast den Widerspruch zwischen der Masse der Pfleger und der Pflegeravantgarde hervorgehoben. Nun ja, ich habe diese widersprüchliche Rolle gelebt, habe andere Sachen gemacht als vorher; aber indem ich andere Sachen als vorher machte, fühlte ich mich in einer anderen Rolle, in einer Rolle allerdings, die aufgrund unseres Versagens nicht anerkannt wurde. Meine Arbeit betraf die verschiedensten Momente, die Therapie, die Bürokratie, das soziale Umfeld, die Fürsorge. Jetzt mit den neu eingestellten Sozialarbeitern wird ein Teil weggeschnitten, also ändert sich der Inhalt der Arbeit, andert sich die Berufsrolle. Ich sage nicht, daß das schlimm ist, ich beklage mich nicht darüber. Aber das sind Vorgänge, die die Frage der Arbeitsorganisation überschreiten.
Als wir hier angefangen haben, sind wir aufgetaucht als Subjekt; als Subjekt, das Dinge unternahm, selbst die Dinge in die Hand nahm. Es ist nicht die Frage, ob unsere Arbeit da besser oder schlechter war, nicht die Frage der Qualität der Arbeit. Wichtig war, daß wir uns autonom entschieden. Kam ein Patient und fragte nach dem Arzt, sagte ich: ›Schauen sie, sie können genauso gut auch mit mir sprechen‹. Das sage ich heute nicht mehr. Es kommt vor, daß der Arzt mit einem Patienten spricht und ich auch, dann kommt der Arzt herein und sagt: ›Kannst du nicht Herrn XY einen Tropf machen‹. Also unterbreche ich mein Gespräch und mache das. Ich kann mich natürlich dagegen wehren, zum Teil tue ich das auch, aber das ändert nichts an der neuen Situation. Das ist keine Anklage, ich bin auch nicht resigniert, das ist eben der Prozeß, der sich in den letzten Jahren abgewickelt hat.« (Frühjahr 1979)

(6) Nachtrag zur Geschichte von Rosanna

In dem Buch von Sil Schmid, ›Freiheit heilt‹ wird die Figur der Rosanna in den Vordergrund gestellt. Rosanna ist eine Berühmtheit der Klinik. Sil Schmid sah sie in der Klinik, nachdem sie einen dramatischen Selbstmordversuch gemacht hatte, indem sie sich von der Triestiner Hauptrelique der Geschichte, dem *teatro romano,* stürzte. In jenem Buch wird gezeigt, wie intensiv sich die Equipe um Rosanna kümmert, wie unermüdlich man sich mit ihr auseinandersetzt. Genau das ist ihr Problem. Als besonderer Fall genießt sie Privilegien, Aufmerksamkeit, Zuneigung. Sie lebt wahrhaft in der Institution, versteht meisterhaft, deren Widersprüche zu nutzen. Die Institution ist ihre Familie, ihre Herkunft, ihre Zuflucht. Vor einem Jahr fand man für sie endlich eine Wohnung, die aus Sondermitteln der Provinz eingerichtet wurde. Am Tag, als sie dort einziehen sollte, fuhr sie mit einem jungen Arzt durch die Stadt, bat ihn anzuhalten und verschwand. Dann sah man sie auf dem *teatro romano;* die Feuerwehr kam, sie rang mit dem Feuerwehrhauptmann. Später erzählte sie lachend, daß sie ihm sagen mußte, er solle aufpassen, sonst würden sie beide fallen. Am nächsten Tag ging sie mit den Zeitungsausschnitten durch die Klinik und las sie jedem vor. Sie hatte wohl klarmachen wollen, daß man sie mit der Einrichtung einer Wohnung nicht abschieben könne.
Im März 1980 wurde der neue Notfalldienst im *Ospedale Maggiore* eingerichtet. Kurz darauf wurde Rosanna eingeliefert. Sie hatte sich den Bauch aufgeschnitten. Das geschah noch zweimal. Der Anlaß: ein junger Arzt hatte sich geweigert, sie in die Wohnung zu begleiten. Auf jeden Fall hatte Rosanna von dem neuen Dienst Besitz ergriffen. *Grazia Cogliatti* beschreibt das Engagement des Zentrums von Barcola für ihre Person:

»Rosanna kam im Januar 1976 ins Zentrum und hat die ersten drei, vier Monate im Zentrum gewohnt, war überaus fähig sich anzupassen und klarzukommen. Sie arbeitete praktisch als Hilfspflegerin. In dieser Zeit wurde kein Nachtdienst gemacht und das Gebäude war der Obhut von Rosanna überlassen. Sie telefonierte, wenn was geschah, sie war verantwortlich. Aber diese Zwischenrolle zwischen Patientin und Pflegerin hat Rosanna in ihrer ganzen Geschichte durch die Abteilungen gesucht. Die ersten Monate sind völlig ruhig verlaufen, wie es immer geschieht, wenn Rosanna am Beginn einer Geschichte ihre Kräfte investiert . . .

Dann hat sich zwischen C. und ihr eine Beziehung entwickelt. Zur gleichen Zeit wurde die Wohngemeinschaft Largo Panfili aufgebaut. Als das über die Bühne war, war die Bekanntschaft und die Beziehung zur Gruppe von Barcola, wenn man so will, längst vergessen, erledigt . . . Es gab nichts mehr zum Kennenlernen, sie hatte schon alles begriffen, all die neuen Regeln der neuen Institution. Also blieb ihr nichts anderes übrig, als zur einzigen Sache zurückzukehren, die sie besaß, ihren Körper. Also erneut Schnittverletzungen, erneut Sachen schlucken usw. . . . Es ist immer dasselbe; sie sucht etwas, was sie anzieht, sucht eine affektive Beziehung, doch vor allem eine Beziehung, die ihr Sicherheit gibt. Für diese Sicherheit würde sie alles verkaufen. Sie schafft es nicht, es ist ihr nicht möglich, Kompromisse zu ertragen, durch die die Sicherheit riskiert werden könnte . . .
So hat sie letztens eine überaus gute Periode erlebt. Sie hatte eine Beziehung zu einem Typen, der im ›F‹ wohnte und Drogen nahm, ein schöner, faszinierender, zarter Junge. Sie war wirklich in ihn verliebt . . . Und sie sagte: ›Du wirst sehen, bei mir wird Germano keinen Schuß mehr machen.‹ Für Rosanna gehören Drogen zu den Sachen, die man nicht nehmen darf. Am Anfang hat Germano in dieser Beziehung offenbar etwas gefunden, er hörte zunächst damit auf. Nach einer gewissen Zeit fing er natürlich wieder an zu fixen. Er hatte inzwischen eine gewisse Macht über Rosanna, benutzte ihre Wohnung, auch für den Drogenhandel. Trotz aller Verliebtheit konnte Rosanna diese Art von Risiko für die Sicherheit der Beziehung nicht ertragen und sie hat ihn rausgeschmissen. Er versuchte sie zu erweichen, sagte: wirst sehen, ich machs nicht mehr usw. Sie blieb aber fest und es ging ihr dann natürlich schlecht. . . . Sie hat sich wieder geschnitten, sagte dabei, sie will nicht mehr mit Germano zusammen sein . . . Das will besagen, daß sie eine Situation verließ, die ihr affektiv etwas gab, die sie aber von den Werten entfernte, die sie ganz sicher hat . . .
Nach der Periode in Largo Panfili scheint sie bei Sergio Monara gewohnt zu haben, einem Alkoholiker von der Casa Domenicale. Aber auch diese Beziehung dauerte aus denselben Problemen der Sicherheit nur einen Monat . . . Sie kehrte dann in die Aufnahme zurück, wo sie immer privilegiert wurde. Sie lebte immer durch die Aufnahme, sie hatte da ihr Zimmer für sich, die Geschenke, die Zigaretten, das Radio, die Ausflüge, die Kinogänge; und wenn der Tausch von Waren ihre innere Leere nicht mehr füllen konnte, war die einzige Sache, auf die sie sich immer verstand, das Sich-Schneiden. Das zwang die anderen wieder, ihr die volle Aufmerksamkeit zuzuwenden und damit begann der neue Zyklus.
Im Frühling des letzten Jahres begannen wir die Wohnung zu suchen. Es war natürlich auch ihr Wunsch, . . . sie wollte immer mehr, erst die Geschenke und dann die Wohnung. Die Wohnung wurde schließlich gefunden und es begannen die langen Verhandlungen um die Einrichtung; ihr müßt mir den Fernseher kaufen, ihr müßt mir die Gardinen kaufen, ihr müßt mir den Ofen kaufen usw. . . . Es war ein ständiger Wechsel von Hochs und Tiefs das ganze Jahr über. Sie blieb am Anfang eine kurze Zeit dort, um dann in die Aufnahme zu flüchten . . . Sie hat mehr mit den Pflegern der Aufnahme zu tun als mit den Mitarbeitern von Barcola. Die Beziehung zu den Mitarbeitern von Barcola gibt ihr wenig Sicherheit, vielleicht weil die sehr viel mehr die Person verantwortlich machen wollten, damit ihre privilegierte Situation aufgehoben und sie auf die gleiche Ebene mit anderen Patienten gestellt wird. Während sie in der Aufnahme immer Privilegien hatte . . .

Man muß aber sagen, daß es dieses Jahr immer besser wurde. Zwar gab es immer wieder die Schnitte und das Flüchten in die Aufnahme, aber es gelang ihr, sich immer länger zu halten . . . Es gab natürlich diese Erpressungssituation: wenn du mir das nicht gibst, oder das nicht machst, dann gehe ich in die Aufnahme. Wir von Barcola waren gezwungen, uns auf diese Erpressung zunächst einzulassen. Dann wurde die Aufnahme aufgelöst. Als es dann den servizio di diagnosi e cura (vgl. S. 174) gab, hat sie sofort begriffen, daß das das Höchste an Psychiatrie war, und es gelang ihr einige Male, dort die Nacht zu verbringen. Aber nicht sehr oft, nur drei, vier Mal, seitdem es diesen Dienst gibt. Und sie weiß auf jeden Fall, daß sie am Morgen wieder weg muß. Seitdem ist sie nicht mehr nach Barcola gekommen, sie hat es immer geschafft, zu Hause zu schlafen . . .
Sie hat jetzt ihr Leben. Wenn du in ihre Wohnung kommst, siehst du, daß sie ihre Einkäufe gemacht und für sich gekocht hat, die Wohnung ist sauber, aufgeräumt . . . Durch ihre Beschäftigung mit den täglichen Problemen hat sie sich eine gewisse Motivation verschafft. Sie ruft an, weniger um zu sagen: wenn du nicht kommst, stürze ich mich runter; sie sagt: es geht mir schlecht . . . Sie hat sofort mit den Leuten im Haus über und unter ihr Freundschaft geschlossen. Oben wohnt eine Frau um die Dreißig. Ich weiß nicht, wieviel Kinder sie hat. Sie ist eine stark gebaute Frau, südlicher Typus, sie hat sie gewissermaßen als Tochter aufgenommen, eine Tochter, die sie ins Vertrauen ziehen kann . . . Sie wird zum Essen eingeladen, und es sind diese Frauen, die das Zentrum anrufen, wenn was ist. Rosanna benutzt sie natürlich auch ein bißchen, weil sie weiß: wenn sie selber anruft, kommen wir möglicherweise nicht, aber wenn die Frauen anrufen, kommen wir ganz sicher . . . . So gesehen lebt sie wie in einem kleinen Dorf . . . Sie ist das arme Mädchen mit dem schweren Schicksal . . .« (Frühjahr 1980).

Veränderung in der Patientenpopulation des Centro di salute men tale di Barcola (Quelle: Misiti, Trieste 1980)
In einer Vergleichsstudie der Jahre 1977, 1978, 1979 zeichnet sich eine Altersumschichtung der Patientenschaft ab: 1977 war die stärkste Gruppe die der Über-61jährigen (28,4 %); 1979 gibt es signifikante Zunahme der Unter-20jährigen (17 %; 1977 2,7 %). Zusammen mit dem Alter von 21–31 Jahren (24,4 %; 1977 10,8 %) bilden sie nunmehr die stärkste Gruppe. – Das Verhältnis von Nichtberufstätigen (65 %) und Berufstätigen ist dabei nahezu gleichgeblieben. – Über die Hälfte aller männlichen Diagnosen ist ›Alkoholismus‹; fast die Hälfte aller weiblichen Diagnosen umgreift ›depressive Zustände‹. *Zahlen zu den Dienstleistungen des Zentrum* (Quelle: ebd.) 1978: nächtlicher Aufenthalt – 2 970 (9,2 %), Tagesaufenthalt – 6 646 (20,3 %), Essensausgabe – 11 528 (35,2 %), Ambulatorium – 3 333 (10,2 %), Hausbesuche – 1 307 (4 %), Einzelgespräche – 257 (0,8 %), Sozialhilfeanträge – 970 (2,9%), Sozialisationsmaßnahmen – 5 454 (16,7 %), Arbeitsplatzsuche – 30 (0,1 %), Wohnungssuche – 45 (0,1 %), Wohnungsrenovierungen – 58 (0,2 %), medizinische Interventionen 164 (0,5 %). Pfleger wenden die meiste Arbeitszeit für organisatorische und sozialisierende Maßnahmen (33,1 %) und Hausbesuche (33 %) auf; Ärzte hingegen für Einzelgespräche (35 %) und Organisationsarbeit (23,8 %).

(7) Via del Ceretto

Im Spätsommer 1977 begann ich in dem Haus der via del Ceretto, einem ›appartamento‹ für Langzeitpatienten, zu arbeiten, zunächst mit zwei italienischen Studentinnen zusammen, später allein. Diese Wohngemeinschaft löste sich auf, als Anfang Juni 1978 die Padrona des Hauses starb. In der via del Cerreto arbeiten hieß: den Alltag aufrechtzuerhalten, Streitigkeiten zu schlichten, das Haus sauberzuhalten, zu kochen, Spritzen zu geben und den Bewohnern das Bewußtsein zu vermitteln, daß es tatsächlich ihr Lebensraum ist. Nicht Therapie stand zur Debatte, sondern täglicher Kampf mit dem Eigensinn der Alten und mühevolles Improvisieren angesichts der Misere der Verhältnisse. Mich berührt auch jetzt noch die Erfahrung, die ich mit ihrer zähen Lebenslust und ihrer kindlichfrischen Hoffnung auf ein besseres Leben machte. Was ich mir vorher nicht zugetraut hatte, ergab sich so nebenher: Zärtlichkeit und Freude am körperlichen Kontakt mit diesen Alten, die nach Pisse stanken und die bei der geringsten Unordnung zu verwahrlosen begannen.
Das Verhältnis der Wohngemeinschaften zu den Zentren ist nicht ohne weiteres auf einen Nenner zu bringen. Verwaltungsmäßig gelten die Wohngemeinschaften als private Einrichtungen, werden aber zum großen Teil von den Zentren mit Essen versorgt. Manche Wohngemeinschaften werden von Pflegern geführt, andere wiederum nicht. Besondere Anschaffungen werden oft aus den versteckten Fonds der Zentren finanziert. Auf der anderen Seite fließen in diese Fonds Gelder aus den Wohngemeinschaften. Die Wohngemeinschaft, über die ich hier schreiben will, existiert nicht mehr. Das Häuschen fiel mit dem Tod der Hausbesitzerin an die Erben zurück. Man könnte die Geschichte dieses Hauses als eine Geschichte des Fehlschlags begreifen. Den Reformisten interessieren die Beispiele des Gelingens, die Modelle, die Experimente; wer etwas verändern will, sollte versuchen, ein offenes Auge für die Niederlagen zu haben, auch wenn sich nicht gleich allgemeine Schlüsse daraus gewinnen lassen.
Die Hausbesitzerin Lucia L., 69 J., hat ihr ganzes Leben mit dem Häuschen verbracht, und das in dem ganzen beängstigenden Sinne des Wortes. Es war ihre Wirklichkeit und ihre Krankheit, das Gehäuse ihrer weggestorbenen Familie und ihrer vergangenen Ehe.

Da sie nicht mehr als Schneiderin arbeitete, war die Reputation des Hauses das einzige, was sie dem sozialen Druck der Nachbarschaft, den sie sehr genau empfand, entgegensetzen konnte. Die Gemeinschaft mit den Patienten brachte zwar Leben ins Haus, durchbrach ihre Einsamkeit, entwand ihr aber das letzte soziale Instrument, das sie besaß, das Haus selbst. Lebenslust und soziale Anerkennung wurden für sie zum unlösbaren Widerspruch. An ihrem Lebensende hatte sie ihre Einsamkeit, aber auch ihr Gefühl für die soziale Reputation verloren.
Im Jahr 1975 war sie hingefallen und wurde wegen einer zeitweiligen Demenz, Folge des Alkoholismus wahrscheinlich, in die Psychiatrie eingeliefert. Ihre Cousine, bei der sie einen gewissen Zeitraum gelebt hatte, wollte sich von ihr entlasten. Sie ließ das Haus renovieren (was Lucia als blanken Geldraub betrachtete – man bekam das alltäglich schon vor dem Frühstück zu hören) und nahm Kontakt mit dem Zentrum auf. Das Zentrum versprach die Betreuung von Lucia gegen das Nutzungsrecht der nichtbewohnten Räume (das Haus hatte 3 Zimmer und Küche, 2 Stockwerke). Lucia wurde praktisch verkauft, in ihrem wohlverstandenen Interesse, aber durchaus gegen ihr Gefühl. Das war das zweite Thema ihres ständigen Lamentierens.
Ihr Leben stand – nach ihren Worten – unter dem Verhängnis des ›doppelt oder gar nicht‹. Ich hatte beispielsweise wochenlang dafür agitiert, daß sie zum Friseur gehe, um sie überhaupt zum Ausgehen zu motivieren. Schließlich hatte ich jemanden aufgetrieben, der ihr die Haare schneiden wollte. Gerade zum ausgemachten Zeitpunkt war sie zum Friseur gegangen. Monatelang hatte sie das Grab ihrer Eltern nicht besucht, als sie schließlich Blumen kaufte und auf den Friedhof ging, waren schon frische Blumen auf dem Grab. Dem Gesetz des ›doppelt oder gar nicht‹ unterstand – nach ihren Worten – auch ihre Beziehung zu den Männern. Vergangenheit und Gegenwart verband Lucia derart im Medium der Klage. Sie machte die Arbeit in der via del Cerreto oft unerträglich; während alle anderen Mitbewohner im Grunde leicht zu ›behandeln‹ waren. Aber sie produzierten weniger Probleme, weil sie in den langen Jahren des Irrenhauses gelernt hatten, kein Problem zu sein. Es ist also eine Ehrenrettung des Lamento der Lucia fällig.
Lucia beteiligte sich an der gemeinsamen Hausarbeit kaum oder nur indirekt, indem sie neue Aufgaben schuf. Wenn saubergemacht wurde, fand sie regelmäßig ihre Sachen nicht mehr. Es fehlten die Strümpfe, das Geld, die Dose mit dem Katzenfutter und immer wieder die Brillen. Es gab derer vier. Das war eine ihrer Methoden, den Anspruch als Besitzerin aufrecht zu erhalten. Was für die anderen getan wurde, war ihr zuviel, d. h., es wurde zuviel gekocht, zuviel Kaffee getrunken, zuviel renoviert, zuviel Strom verbraucht etc. Was sie mit diesen Beschwerden beanspruchte, lag auf der

Hand: die besondere Zuwendung. Und das Ärgerliche war, daß dieser Anspruch nur zu gerechtfertigt war. Denn aus welch anderem Grund sollte sie ihr Haus vier Langzeitpatienten öffnen, wenn nicht aus diesem. Die Miete hatte sie bei ihrer Lebensweise tatsächlich nicht nötig.

Zudem: die Vorteile durch vermehrte menschliche Beziehungen – in ihren Augen fragwürdige, ja diskriminierende Beziehungen – wurden schließlich durch den einen schweren Nachteil beherrscht: den Verlust an Privateigentum. Die Haustür ihres Hauses war nicht mehr die Tür, die sie hinter sich zumachen konnte.

Andere hatten auch Schlüssel, und die Pfleger konnten zu jeder Tageszeit erscheinen. Ihr Lamento darüber, daß man sie nicht mehr als Herrin des Hauses behandle, konnte nicht einfach als kleinbürgerliches Ressentiment verstanden werden. Auch wenn sie auf die Nerven ging, ging sie an einem vollständig richtigen Punkt auf die Nerven. Sie wehrte sich dagegen, daß die Wohnung unversehens zu einem Teil der öffentlichen Institution wird; mit anderen Worten, daß es den Charakter eines kleinen Irrenhauses annimmt. Das war aber immer eine durchaus reale Gefahr. Die anderen Bewohner hätten kaum einen artikulierten Widerstand gegen das Abgleiten in pflegerische Routine entfaltet.

Wir alle hatten ein schlechtes Gewissen gegenüber Lucia. Die Entstehungsgeschichte der via del Cerreto fand keiner schön und allen war es klar, daß Lucia ziemlich viel für die Lösung eines allgemeineren Problems bezahlen mußte. Aber dennoch galt diese Wohngemeinschaft als ein wichtiges und verteidigenswertes Beispiel, denn in Triest leben überproportional viel alleinstehende alte Frauen, denen die Familie weggestorben ist, in großen Wohnungen. Ihre Einsamkeit rückt sie der Psychiatrie näher. Es war zumindest eine unserer Hoffnungen, derart die Einsamkeit aufbrechen zu können und das Wohnungsproblem psychiatrischer Patienten zu lösen. Das darf durchaus nicht als eine praktische Lösung im Sinne von Zwei-Fliegen-mit-einer-Klappe-Schlagen verstanden werden. Vielmehr hätte die Mischung zweier unterschiedlicher Formen von Not in größerem Maßstab durchaus einen kulturellen Schritt voran bedeutet.

Wer kam in dieses Haus? Antonio S., 73 J., einer von den vielen abgeschobenen Alten. Er hatte zwei verheiratete Töchter und einen Sohn. Diesen habe ich in der ganzen Zeit nur zweimal zu Gesicht bekommen. Er beschränkte sich darauf, seinem Vater aufmunternd auf den Rücken zu klopfen, zum Wohlverhalten zu ermahnen, versprach noch schnell Zigaretten zu kaufen und verschwand. Antonio hatte ein Air von Seriosität, ein überaus gewinnendes Lächeln. Er setzte ständig zu einem Gesprächsbeitrag an, um dann zu resignieren und in einem ›Ma, no‹ oder ›Ma, si‹ stecken zu bleiben. Die verschiedene Intonation dieser beiden Worte war sein Beitrag

zur Kommunikation, d. h. er verstand wirklich, damit zu kommunizieren, wenn er auch sichtlich unter seinen Sprachschwierigkeiten litt. Manchmal trat das Wunder ein, daß er einen ganzen Satz zusammenbrachte. Er wurde immer ein bißchen vernachlässigt, weil er eher zurückhaltend war, tat allerdings im Hause nichts, was Lucia sehr genau notierte. Unruhig wurde er, wenn seine Pension abgeholt werden sollte. Das Zentrum hatte die Regelung getroffen, daß die Pensionen der Alten in einen Topf gehen sollten, wobei diese allerdings soviel Geld in der Hand haben sollten, wie sie tatsächlich ausgeben wollten (je nach der Höhe der Pension). Antonio wollte das ganze Geld in der Tasche fühlen und war von dieser eher kollektiven Lösung überfordert, obwohl es ihm immer wieder mit aller Geduld erklärt wurde. Wenn die Pension fällig wurde, begann seine Unruhe. Er wurde aggressiv und verschwand manchmal. Es kam vor, daß er nach drei Tagen, einmal mit Verletzungen, von der Polizei wieder aufgefunden und in das makabre Lager der Geriatrie von Triest eingeliefert wurde. Was in diesen Tagen passierte, ließ sich nie klären.

Rudy H., 75 J., war ein Ex-Seemann. Eine zeitlang, unter Mussolini, war er wohl auch Polizeiagent gewesen. Mit den Namen der Häfen aller Welt tauchte er immer wieder in der Gegenwart auf, da konnte er erzählen. Seine Erzählungen brachen ziemlich genau mit dem Tag ab, an dem seine Arbeitskraft nicht mehr verwertbar war. Von seinem arbeitsreichen Leben blieb als buchstäblich einziger Besitz: ein kaputter Körper. Er war wie Antonio mehrfach in der Psychiatrie. Man hatte ihn im Winter halberfroren in einer Hütte im Karst entdeckt. Er litt unter den Spätfolgen des Alkoholismus, hatte schwere Kreislaufstörungen und wenn es ihm schlecht ging, hatte er einen schweren Tremor. Er war dann nicht zu bewegen, aus dem Bett aufzustehen, bewegte sich nur langsam, schleppte ein Bein nach, und die Tränen rannen über sein Gesicht. In der ersten Zeit in der via del Ceretto mußte er wie ein Baby behandelt werden, da

er den Stuhl nicht mehr kontrollieren konnte. Diese körperliche Misere war aber wie weggeblasen, sobald ein Lebensanreiz vor ihm auftauchte, sei es ein kleines Kind, sei es ein Besuch, das Fernsehen, die Vorbereitung eines Ausflugs, ein Fest oder das Meer. Aus seinem quasi moribunden Zustand riß er sich dann abrupt hoch, entwickelte eine kräftezehrende Virilität, die alle rührte. Er demonstrierte seine Muskeln, bemühte sich um jede Arbeit. Er war der Spielkamerad meiner kleinen Tochter, die ich eine zeitlang mit zur Arbeit nahm. Er tanzte mit ihr, fiel hin und war blitzschnell aufgestanden. Als wir mit den Alten in den Dolomiten waren, lief Rudy unermüdlich bergauf, wie ein chinesischer Automat. Wenn es ihm gut ging, machte er Hausarbeit, brachte den Müll weg, besorgte Holz, kurz: versuchte den Mann im Hause zu spielen. Er war so etwas wie ein kleiner Star im Zentrum. An seinem Fall zeigte sich exemplarisch die Mißachtung des Lebensrechtes der Alten. Als das Zentrum im Frühherbst in seiner Zone ein Stadtteilfest organisierte, um die Probleme einer veränderten Psychiatrie unter die Leute zu bringen, stellten wir auch Rudy vor. Seine selbsterzählte Geschichte wurde, auf ein Segel geschrieben, bei Umzügen mitgeführt und das von ihm gedichtete Lied (»Rudy, ti ricordi . . .«) vorgesungen.
Ich will diese selbsterzählte Geschichte hier zitieren, wiewohl der Reiz des Triestiner Dialektes durch die Übersetzung verlorengeht: »Ich war Seemann zuerst bei Lloyd, dann bei Libera Triestina und bei Consulich zuletzt. Ich fuhr mit Passagierschiffen und Handelsschiffen. Das Haus von Lloyd steht immer noch auf dem großen Platz. Der Herr von Lloyd hat viele Millionen und er ist mächtig. Mit dem Dampfer besuchte ich viele Häfen, Waren lud ich aus, einen Hafen nach dem anderen, viele Häfen waren es. Ich fuhr von Triest los, ging nach Venedig, dann nach Brindisi und danach durch den Kanal von Suez, der damals offen war. Nach dem Kanal von Suez ging ich in den Orient, wo das Meer bösartig war. Shanghai machte

mir Angst. Dann gab es noch den Hafen Hongkong. Das Schwarze Meer, das ist ein bösartiges Meer. Die Meerenge der Dardanellen ist schrecklich eng. 14 Jahre fuhr ich zur See, seit '23, bin Jahrgang 1905, und '23 war ich 18 Jahre alt und war schon auf See. '43 bin ich nach Deutschland gebracht worden, ging zum Straßenbau und Brückenbau. Nach dem Krieg in Afrika in Massaua als Hafenarbeiter. Ich kehrte zurück in die via Schiardi, wurde Hilfsarbeiter und Bauer, und dann wird die Geschichte schlimm und läßt sich nicht mehr erzählen.«

Wir hatten auf dem erwähnten Stadtteilfest diese Geschichte geradezu propagiert. Rudy war dabei und hielt sich gerührt im Hintergrund, wenn sein Schicksal vorgestellt wurde, half aber voller Freude beim Auf- und Abbau des Theaterkarrens.

Alle Bewohner der via del Ceretto hatten, wenn man so will, einen harten Kern psychiatrischer Symptome. Jedoch bin ich nie dazu gekommen, mich bei langen analytischen Deutungen aufzuhalten. Ich kam gar nicht zur Anschauung ihrer Symptome, weil ich die Symptome als Waffen im alltäglichen Kleinkrieg erlebte. Rudy's Essensverweigerung und Verschwörungstheorien, Lucias zeitweise Sehschwäche zeigten eine lange Geschichte an und waren doch zugleich aktuelle Lebensäußerungen, Erpressungsversuche im täglichen Kampf um Vorteile. Sich mit dem Egoismus der Symptome auseinandersetzen zu müssen, war bei dieser Art von Arbeit unvermeidlich, und mir scheint, daß dieser Auseinandersetzung eher die Anerkennung der Persönlichkeit des anderen entspringt als dem verstehenden Wandeln auf den Wegen der Symptombildung. Im Grenzfall mußte ich trotz allen Verständnisses durchsetzen, daß nicht einer auf Kosten der anderen verrückt spielt.

Ich finde diese Einstellung richtig, weil durch sie meine Überlegenheit, die mir durch meine institutionelle Stellung zunächst zukam, schrittweise zerbrach. Ich verlor die Geduld, das Grundelement des therapeutischen Berufscharakters, drohte, die Sachen hinzuschmeißen und wartete trotzig darauf, daß ich wieder versöhnt werde.

Bei Rudy's morgendlichen Regressionen oder Lebensverweigerungen rutschte ich in infantile Gegenerpressungen, drohte ihm in vollem Ernste, daß ich ihm nie wieder Zigaretten kaufen würde, wenn er nicht usw. Aber gerade in dieser Situation fühlte ich mich viel eher in der Lage, auf seine Bedürfnisse einzugehen.

Am Morgen wachte er immer in der psychiatrischen Klinik auf, er schrie: »Ich will den Oberarzt, Sie sind nicht der Oberarzt . . .« Er bedurfte eines morgendlichen Sonderservice: Kaffee ans Bett, Zigarette, eine Kreislaufspritze. Dann entschloß er sich, noch einen Tag weiterzuleben. Insbesondere die Spritze überzeugte ihn, sie war für ihn der Ausdruck eines offiziellen Interesses an seiner Existenz. Für Lucia hatte sie eine ähnliche Bedeutung: sie war eifersüchtig darauf, die Spritze war für sie das Symbol seiner Bevorzugung. Wenn Rudy's Lebensgeister erwachten und er zu meinem Glück zu fluchen begann, wurde Lucia wild. Sie sah sich im Irrenhaus, und außerdem war sie religiös. Ich mußte am Morgen immer gleichzeitig Rudy zum Leben antreiben und Lucia dämpfen. Das spielte sich zwischen zwei Stockwerken ab.

Lucias Wut über Rudy's Sonderbehandlung und seine Irrenhauslautstärke beantwortete er mit seinem kauzigen Chauvinismus, so daß sich für einige Zeit zwei Paare bildeten: Lucia und Antonio und Rudy und ›Carletta‹. Carla K., 76 J., war 1939 ins Irrenhaus gekommen und hat es erst 1975 wieder verlassen. Eingeliefert wegen einer allgemeinen depressiven Symptomatik. Zwischen den Zeilen liest man eine Verurteilung ihrer ›auffälligen‹ sexuellen Freizügigkeit heraus. Die einschlägigen Symptome hat sie mit ihrer Einlieferung produziert. Am Anfang liest man in ihrer Akte noch etwas über sie selbst, ihre bewegende Klage über ihr unglückliches Leben wird notiert: »Scheint depressiv, weint. – Ist sauber, Gewicht 51,8 kg. – Temp. 36,1 – Am ersten Tag wollte sie nicht essen, hält sich abseits und redet mit sich selbst: ›Das ist die Karte für die Sterbekasse, für meine Sterbekasse, laßt mich sterben. – Ich sehe alle, aber in meinen Gedanken sehe ich niemand mehr.‹« Es stellt sich heraus, daß auch ihr Vater mehrfach in San Giovanni eingeliefert worden war, wegen Alkoholismus. In der kurzen Exploration oder sogenannten Anamnese stellt sich ohne Mühe das Bild der normalen Glücklosigkeit oder der glücklosen Normalität heraus und es bedarf durchaus keiner gewaltsamen Interpretation, vielmehr genügt schon die Aufreihung in richtiger Reihenfolge, um daraus eine Symptomatik zu formen, aus der sich folgerichtig das Urteil der Hospitalisierung ergeben muß. Sie hat kaum die Schule besucht, »weil ich nicht normal war«. »Warum?« »Der Kopf, ich hatte immer Schmerzen.« »Sie hat als Hausmädchen gearbeitet und ging auch in Kneipen.« »Verheiratet?« »Nie, ich hatte nie Glück.« »Freunde?« »Oh, Madame, viele.« In der Erneuerung ihrer Zwangseinweisung 1939 wird aus dieser naiven Aussage ›häufig wechselnder Geschlechtsverkehr‹. 1926 hatte sie ein Kind, das nach 5 Monaten starb. »Die

ersten Beziehungen?« »Tja, meine Liebe, bis 25 war ich Jungfrau, hatte mit den Männern wenig zu tun.« – »Weiß nicht warum sie hier eingeliefert ist . . .« Im Krankenblatt folgt darauf unmittelbar: »3 x 5 = 8; von 100 Lire werden 26 ausgegeben? = 89.« – Ihre Schwester erzählt dann noch, daß sie immer anstellig gewesen sei, nur würde sie eben trinken und dann würde sie ›fröhlich‹. In den letzten Wochen hätten sich die Halluzinationen gehäuft, sie würde behaupten, daß alle schlecht über sie sprechen, hätte versucht, sich aus dem Fenster zu stürzen usw.
In den folgenden Jahren notiert das Krankenblatt regelmäßig, daß sie halluziniere. Ihr Leben im Jahre 1940: »Arbeitet in der Küche – seltene Tage schlechter Stimmung – wiederholt unablässig, daß sie nach Hause will (auch das ein Symptom!) – ist hilfsbereit in der Abteilung – trägt alles mit sich, weil sie behauptet, es würde ihr geraubt.« Auch das gilt als Anzeichen für Verfolgungswahn, wiewohl jeder weiß, daß Diebstahl in einer geschlossenen Abteilung nicht selten ist. Dann folgen die Kriegsjahre 1941-44. Der Niederschlag ihres Lebens in diesen Jahren: siebzehn zum Teil unleserliche Worte. Entziffern konnte ich ›halluziniert‹ und zwei Medikamente. 1945 wird sie wieder ein klein wenig interessant: »Halluziniert. Die Schwestern bedrohen sie, quälen sie mit Nadeln und Kämmen. Sie machen es ›ganz langsam, in aller Ruhe, damit sie nicht nach draußen kommt, weil da ihre Liebhaber sind . . . Über den Zeitlauf desorientiert, glaubt, es wäre noch das Jahr 1941. Glaubt nicht, daß es einen Krieg gegeben habe. ›Was für einen Krieg denn! Sie werfen Bomben, damit alle diese Mädchen hier nicht abhauen . . . Jeder in Triest hat seine Strafe.‹« Es ist klar: ihr einziges Problem ist, endlich herauszukommen, Liebhaber zu finden. Insofern hat es für sie den Krieg tatsächlich nicht gegeben.
In der Nachkriegspsychiatrie steht pro Jahr nur noch eine Phrase: z. B. »psychosomatischer Zustand unverändert.« 1965 wird sie von einer Pflegerin gestellt, als sie heimlich Essen auf die Toilette bringen will. In der Akte steht: »Sie versteckt Essen für unbekannte Personen, deren Stimmen sie angeblich hört.« Carla springt wütend zurück und erleidet einen Oberschenkelhalsbruch. Das war das einzige *Ereignis* in 45 Jahren Klinikleben. Die Ernährung der ›unbekannten Personen‹ wird uns noch beschäftigen.
Carletta war die einzige, die ausdrücklich betonte, daß es ihr in dem Häuschen gut gehe. Es war tatsächlich ihr Zuhause. In der Klinik habe sie nur geweint und sie habe auch nicht essen können. Sie war immer die erste, die uns am Morgen begrüßte: »Wo warst Du denn?« Sie konnte sich zwar nur mühselig bewegen, hatte aber eine große Arbeitsfreude. Ihre selbstgewählten Pflichten verteidigte sie verbissen. Sie machte die Betten der Männer, schnitt das Gemüse und machte den Abwasch. Das letztere war der Konfliktpunkt mit Lucia, die den hohen Wasserverbrauch rügte, sodaß jedes Essen mit

dem Gezänk zwischen Lucia und Carletta abgeschlossen wurde. – Meistens erwähnte sie noch am Morgen, mit dem Akzent auf Leistung, daß sie nachts drei oder mehr Männer geschafft habe. Das Maximum war zwanzig. – Empörung auf seiten von Lucia.
Waren es bei Rudy die Anlässe, Männlichkeit zu demonstrieren, bei Antonio der Pensionstag, die ihnen Lebenssinn und -kraft zurückbrachten, so war es bei Carletta der Wein: »Komm, gib mir noch ein Glas, heute ist unser Fest. Die Mamma wirds bezahlen.« Sie hatte immer ein Glas in der Rocktasche, das mit einem bedingten Reflex erschien, sobald eine Weinflasche sichtbar wurde. Der Wein machte sie wach gegenüber ihrer sozialen Umgebung: sie analysierte ihre Mitmenschen ständig, ob sie Weingeber waren oder nicht. Als wir vierzehn Tage in den Bergen waren, sind wir mit den Alten vormittags und nachmittags in die Bar gegangen. Es stellte sich heraus, wie süchtig sie nach sozialem Leben waren. Carletta vor allem schloß sofort Bekanntschaft mit allen Anwesenden. Die Hoffnung auf Wein! – Sie beherrschte noch das ganze Alphabet weiblicher Verführung und war sie etwas angetrunken, ging sie auch zu den letzten Buchstaben über: Sie rieb sich an mir und faßte mich zwischen die Beine.
Freitag war für sie und uns alle ein kritischer Tag: der Freitagsbesuch ihrer Schwester mit Gemahl, an den sie seit 45 Jahren gewöhnt war. Sie kam *nach* dem Essen mit einer warmgehaltenen Mahlzeit und frischer Unterwäsche und lotste Carletta aus der Küche. Je mehr sich Carletta bei uns wohlfühlte, desto widerborstiger wurde sie gegenüber der Schwester. So konnte es passieren, daß sie vor Wut auf den Boden pißte, während ihre Schwester sie mit ihrer Mahlzeit traktierte, der Mann wutentbrannt nach unten stürzte und schrie: »Ist das die Therapie von Basaglia, eine arme Alte betrunken zu machen. Meine Frau weint!«
Besonders gegenüber Carletta zeigte sich der Neid von Lucia auf die Alten, die so schamlos sie selbst waren, und es geschah mitunter, daß sie an der Lebenslust der Alten aufzublühen begann. Dann wurde sie schön. In den Bergen lebten wir alle in einem Raum der Villa Fulcis, die von der Triestiner Psychiatrie angemietet worden war. In der gemischten und freiheitlichen Situation begann auch die Sexualität der Alten zu blühen, und wir erlebten eine Lucia ohne Prüderie und Schielen nach der Nachbarschaft.
Was ich in der via del Cerreto zu tun hatte, war so selbstverständlich wie etwas: die Aufrechterhaltung des Tageslaufes. Ich möchte dabei durchaus den Akzent auf die Abfolge der Zeit legen, d. h. es war wichtig, daß das kleine Tagesprogramm einigermaßen geruhsam ablief.
Schon die Verzögerung um eine halbe Stunde bewirkte Hast, Unaufmerksamkeit und Gezänk. Ich kam gegen 8.30 mit Pfannkuchen. Carletta saß zu dem Zeitpunkt am Tisch und las ihren Katalog

für Damenwäsche. Lucia berichtete über die abendlichen Unverschämtheiten von Rudy, über unhöfliches Auftreten der Pfleger und klagte, daß alles schlechter würde, währenddessen verteilte ich den Kaffee und begann das Weckprogramm für Rudy. Dann mußte das Zimmer der Männer durchforscht werden, ob nicht Antonio wieder in eine der Ecken gepißt hatte. – Dann folgte die Rasur, bei der Rudy ›harten Zugriff‹ verlangte. Danach gab es einen kurzen Moment Frieden, den ich dazu benutzte, aus den Zeitungen die neuesten Skandale mitzuteilen. Anschließend ging ich ins Zentrum, um die Nahrungsmittel abzuholen: für mich eine seelische Erholung, weil es dabei immer zum Streit mit der Köchin kam, um Suppengrün, bessere Fleischsorten und Parmesankäse.
Das Kochen in der via del Cerreto war sehr befriedigend – alle machten etwas und zumeist hatte ich auch aus dem Zentrum Besucher mitgebracht, die sich ›bei uns‹ immer wohlfühlten. Das Essen selbst war dann meine pädagogische Stunde: ich drang auf gute Eßmanieren. Hier war es mir möglich, deutlich zu machen, daß die Zeiten des Irrenhauses vorbei sind und daß man folglich mit Gabel und Messer essen muß. Nach dem Essen kam der große Moment von Carletta, die Entfaltung ihrer Verführungskünste um den Rest Wein in der Flasche. Anschließend folgte der schon erwähnte Streit um den Wasserverbrauch beim Abwaschen. Es wurde noch Kaffee getrunken und das Haus gesäubert. Zwischen 14 und 15 Uhr zog ich mit Antonio und Rudy ins Zentrum. Ich ging dann zur täglichen Vollversammlung des Zentrums. Die Pfleger vom Dienst brachten am Abend Antonio und Rudy in die via del Cerreto zurück.
Doch wenden wir uns den Krisen zu. Eine entsprang einer gewissen Manie von Carletta: Wenn sie wütend war, sprach sie zur Wand, zu einem gewissen Luciano. Dem brachte sie auch Essen aufs Klo, das sie mit einer blitzschnellen Handbewegung in der Tasche verschwinden ließ. Es begann dann die Sickergrube überzulaufen, weil der Abfluß verstopft war. Durch das Haus zogen Feuchtigkeit und Gestank. Als schließlich das Geld da war, die Grube leeren zu lassen, war die Situation im Haus schon lange unerträglich gewesen. Die Arbeiter entdeckten dann die Brötchen, Hähnchen und Fischstücke im Abfluß. Die Empörung von Lucia war groß. Für sie wurden die Alten nunmehr zu kostspieligen Produzenten von Scheiße. Die technisch gebotene Lösung, die Erneuerung der veralteten und falsch konstruierten Abflußanlage, war nicht zu bezahlen.
Als nächstes begann in dem Zimmer der Männer der Fußboden einzubrechen. Das Holz war unter dem neuen Plastikbelag verfault. Lucia wurde danach ständig an die ungewollte Renovierung und mithin an den Verrat ihrer Cousine erinnert. Geld für eine vollständige Erneuerung des Fußbodens fehlte, so daß Wochen mit Improvisationen vergingen, um den Preis, daß der Raum kaum noch

bewohnbar war. Mit dem brüchigen Fußboden zog das Gefühl der Brüchigkeit der Verhältnisse in das Haus ein.
Dann kam der Winter; mit der Feuchtigkeit verband sich nun die Kälte. Wir hatten zwar elektrische Heizöfen gekauft, doch Lucia schaltete sie regelmäßig aus, um die Stromkosten zu sparen, wiewohl diese aus dem Fond bezahlt wurden. Die Aufweckfrist von Rudy verlängerte sich und begann, den Tageslauf der Wohngemeinschaft zu ruinieren. Weihnachten fuhr ich für vier Tage weg. Die Pfleger des Zentrums, die ohnehin wenig Interesse an den Wohnungen hatten und die Arbeit dort ablehnten, beschränkten sich darauf, das Essen zu bringen. Als ich wiederkam, traf ich eine katastrophale Situation an: Lucia, die Zuwendung so bitter nötig hatte, die sie sich durch absurde Eifersüchteleien erkämpfte, war richtiggehend zusammengebrochen. Der Fußboden und ihre Kleider waren voll Kot, und sie hatte eine schwere Sehstörung. Jetzt mußte alle Kraft darauf verwendet werden, Lucia wieder ›hoch zu bekommen‹, dadurch verschärfte sich Rudys Tremor und mithin seine Weigerung aufzustehen. Überhaupt spitzte sich die Symptomatik aller Bewohner zu. Wiewohl ich es wußte, hat es mich doch immer wieder verblüfft, in welcher direkten Beziehung psychische und somatische Reaktionen zu den Interessenkämpfen stehen. Ich habe kein Symptom erlebt, das nicht auch eine erpresserische Funktion hatte. Lucias Krise schloß sich eine Geschichte an, die zunächst harmlos schien: Rudy wurde wieder zum Bettnässer. Der Aufstehkampf wurde bitterer, denn die Wäsche mußte gewechselt und Rudy selbst gebadet werden – im kalten Zimmer. Bald häuften sich die Säcke mit schmutziger Wäsche, da wiederum nicht immer Geld für die Wäscherei da war. Ich holte die Bettwäsche aus dem Zentrum. Dort mangelte sie aber auch, zudem war es illegal, da die Wohngemeinschaften offiziell als private Einrichtungen galten. Zudem lief gerade eine staatsanwaltliche Untersuchung über tausend verschwundene Laken. An dieser Problematik zerbrach der Alltag. Es entstand ein Überlebenskampf, der keinen Raum mehr ließ für das, was den Eigensinn und die Verrücktheit der Alten anziehend machte: die Zuwendung. Rudy kam schließlich in die Klinik, da sich sein Rücken vom langen Liegen im Urin entzündet hatte.
Am Ende des Frühlings 1978 entspannte sich die Situation, das Haus wurde gastlicher. Da erlitt Lucia in der via del Ceretto einen Gehirnschlag und verstarb am nächsten Tage. Die Erben nahmen das Haus in Besitz. Rudy kam zu seiner Schwester, Antonio in die Geriatrie und Carletta in eine andere, viel größere Wohngemeinschaft. Besucht man sie, fragt sie, wann es denn endlich soweit sei, daß sie wieder in die via del Ceretto könne, bittet um ein Glas Wein. »Die Mamma wirds bezahlen.«

(8) Über den Gebrauch von Psychopharmaka

Vorbemerkung

Wie hältst du es mit den Psychopharmaka? Das ist ohne Zweifel die neue Gretchenfrage an die Psychiatrie, eine Frage, die durchaus in der ehrenwerten Tradition der Psychiatriekritik steht. An den spezifischen Behandlungsmethoden hat sich ja immer der allgemeine Skandal der Psychiatrie kristallisiert. Erst indem die Schocktherapie zum Skandal wurde, erst indem die Frage möglich wurde, in wessen Namen eine staatliche Institution das Mandat ausübt, Menschen zu quälen, konnte der Skandal der Psychiatrie selbst: die ›Behandlung‹ durch Mauern, Säle, Anstaltsordnungen, Essensplätze, kurz die organisierte Vernichtung von Lebenszeit, zum Thema einer öffentlichen Auseinandersetzung werden. Aber schon das historische Beispiel der Schocktherapie lehrt, daß die moralische Argumentation gegenüber der Psychiatrie einen kurzen Atem hat. So unzweifelhaft der Elektroschock Tortur und Körperverletzung ist, so unzweifelhaft hat er das historische Verdienst, den Pessimismus der Verwahrpsychiatrien, die Lagerphilosophie, gebrochen zu haben und den Insassen als tendenziell entlassungsfähiges soziales Wesen zu definieren. Daß die Gewalttätigkeit der sozialen Ausschließungsprozesse noch übertroffen werden konnte von der Gewalttätigkeit der ›Wiedereingliederungs‹therapien, ist ein anderes Thema. Schließlich sind die Schocktherapien Produkte des europäischen Faschismus.
Nachdem die Psychopharmaka die Schocktherapien abgelöst haben, sind sie zur neuen Schlüsselfrage geworden. Hier sind aber die Verhältnisse nicht mehr so klar wie bei der Schocktherapie. Man kann mit einem gewissen Recht vom Mißbrauch der Psychopharmaka in der täglichen Praxis sprechen – wohingegen die Anwendung des Elektroschock überhaupt schon ein Mißbrauch war. Auf der anderen Seite ist natürlich der Begriff Mißbrauch fragwürdig, weil er die Idee eines korrekten Gebrauchs von Psychopharmaka beinhaltet.
Wer die Ärzte von Triest nach dem Gebrauch von Psychopharmaka fragt, erhält zunächst einmal zur Antwort: »Ich habe keine Probleme, Psychopharmaka anzuwenden.« Schon mit der Frage gerät man leicht zur Figur des Naiven. Und wer die Formel ›Freiheit heilt‹ allzu wörtlich genommen hat und Freiheit als Mittel der Wahl

auffaßt, erfährt schnell eine spöttische Aufklärung über den Ort, an dem er sich befindet. Dann kommen die typischen Beispiele: was denn zu tun sei, wenn X durchdreht, wo denn die fünf Pfleger hergenommen werden sollen, die ihn die ganze Nacht festhalten.

Auf die Frage, ob es ihrer Meinung nach einen Mißbrauch von Psychopharmaka gebe, haben zumindest die Pfleger des Zentrums, wo ich längere Zeit gearbeitet habe, ohne Zögern mit ›Ja‹ geantwortet. Die Fälle allerdings, die sie zur Illustration anführten, betrafen durchweg Personen, bei denen sie sich engagiert hatten, deren Rebellion gegen eine psychiatrische Intervention sie teilten. Gerade in Situationen, in denen sich ein Pfleger mit der Krise eines Patienten identifizierte, gerade wenn er die Vorstellung einer Lösung hatte, wurde die Anwendung der Psychopharmaka als Mißbrauch erfahren – und widerum auch nicht. Denn gerade auch der Idee einer Perspektive, der Identifikation mit dem Patienten konnte der Entschluß und die Rechtfertigung entspringen, Psychopharmaka anzuwenden. »Ich brauche Serenase (Haliperidol), um mit einem Patienten in Beziehung treten zu können.« In diesem Punkt galten vielen Pflegern moralisierende Einwände als Zeichen von Desinteresse, als Opportunismus, als Experimentieren auf Kosten der Person. Ich will diese Haltung hier nicht zur Debatte stellen, sondern nur darauf aufmerksam machen, daß die Frage nach dem Gebrauch der Psychopharmaka nicht mit wenigen Sätzen zu beantworten ist. Die Frage führt vielmehr zum Gesamtproblem einer psychiatrischen Intervention. Sie gilt es zu analysieren, und dazu gehören sowohl die Subjektivität des Pflegers als auch die Subjektivität des Patienten.

Hier soll durchaus nicht bestritten werden, daß die Psychopharmaka nicht nur im Grenzfall Gewaltcharakter haben. Dennoch: wer sie unter dem ausschließlichen Hinweis auf Nebenwirkungen kurzerhand exorzieren will, verharmlost in der Verteufelung der Psychopharmaka die Gewalttätigkeit der psychiatrischen Intervention selbst. Das Psychopharmakon ist *ein* Moment eines politischen Vorgangs, in dem eine Person in der Krise in den Machtbereich einer staatlichen Institution gerät, in dem also die Rechte des Individuums zur Debatte stehen.

In Triest herrscht folgende Grundeinstellung vor: »Das Psychopharmakon ist *ein* Instrument, das wir anwenden müssen, weil wir unter Bedingungen arbeiten, wo die notwendigen Instrumente, Mittel und Möglichkeiten fehlen.« Mit anderen Worten: das Psychopharmakon stellt nicht selbst eine psychiatrische Intervention dar, sondern seine Anwendung hat einen allgemeinen, politischen Charakter, weil sie den Mangel der eigentlich gebotenen Hilfsmöglichkeiten für eine Person ausdrückt. Ganz unmittelbar drückt es den Mangel an Personal aus. Fehlt es an Personal, um einen Patienten in der Krise ausreichend zu betreuen, ist die Abwägung der

Gewaltmittel unvermeidlich – eine Abwägung, die im Grenzfall zur Entscheidung zwischen Polizei und Serenase führt. Darüber hinaus drückt die Anwendung von Psychopharmaka aus, daß es sich um eine Psychiatrie der Armut für Arme handelt.
Eine Beschränkung auf die bloße Ausgabe von Psychopharmaka muß grundsätzlich vermieden werden.
Wer Psychopharmaka anwendet, muß bereit sein zu experimentieren und zu improvisieren. Letztlich kann nur der Patient etwas über die Wirkung von Psychopharmaka sagen. Wenn er meint, sie müßten abgesetzt werden, ist es sinnvoll, seinem Wunsch zu folgen. Auch die Weigerung eines Patienten, Psychopharmaka zu nehmen, wird im Normalfall akzeptiert, da sie zunächst einmal eine bestimmte Haltung des Patienten zu seiner Krise ausdrückt, über deren Richtigkeit die Zeit entscheidet. Ich habe oft Hausbesuche mitgemacht, bei denen eine kleine Equipe von Pflegern, in wechselnder Zusammensetzung und mit wechselnden Argumenten, einen Patienten überzeugen sollte, daß es ihm schlecht gehe und daß er seine Krise kontrollieren müsse. In diesen Auseinandersetzungen erhellte sich die Situation des Betroffenen nicht zuletzt deswegen, weil sich an ihnen die verschiedensten Familienangehörigen beteiligten.

Der jugendliche Psychotiker und der Genosse

Eines Abends wurde Walther ins Zentrum gebracht: ein Jugendlicher, der in der Wohngemeinschaft von Largo Panfili wohnte, aber dennoch in einer kaum durchbrechbaren symbiotischen Beziehung zu seiner Mutter lebte. Walthers Problem ist sein Körper, ein undurchschaubares Wesen, dessen Vorgängen, Reaktionen, Schmerzen er den größten Teil seiner Aufmerksamkeit widmete. Er hatte an dem Abend seine periodische Krise, wand sich auf dem Boden; ein Arzt, zwei Pfleger und vier Freiwillige redeten auf ihn ein, daß er keine Angst vor der Spritze haben dürfte. Er hatte nicht so sehr Angst vor dem Psychopharmakon als vor der Spritze selber, vor der Verletzung seiner Haut. Ein Genosse aus Mailand, zwei Tage zuvor in Triest angekommen, protestierte gegen das entwürdigende Verfahren. Also wurde ihm Walther übergeben. Er verbrachte die Nacht mit ihm und noch den Vormittag, dann gab er auf. Er erfuhr tausendmal das angstvolle Näherrücken von Walther und seine gehetzten Fragen, was wohl der Schmerz im Arm bedeute. Er hatte ihn beruhigt und geantwortet und in seinen Antworten weiterzukommen versucht. Er fand sich immer an der selben Stelle wieder, er kreiste mit seinen Initiativen in der Symptomatik von Walther.
Ich weiß nicht, ob diese kleine Szene Beispielcharakter hat. Ganz deutlich war sicherlich die gereizte Pädagogik, mit der einem New-

comer die ›Realität‹ beigebracht wird. Den anderen Freiwilligen wurde hinterher der Vorwurf gemacht, daß sie ihm die Arbeitsweise des Zentrums nicht erklärt hätten. Ich würde auch sagen, daß hinter der Bereitschaft, auf Wunsch des Genossen auf Psychopharmaka zu verzichten, die Abwehr stand, sich mit Psychopharmaka allgemein auseinanderzusetzen.
Ich bin überzeugt, daß sich die Krise von Walther hätte abbiegen lassen, wenn in der Wohnung ständig jemand gewesen wäre, der sich unter Umständen ausschließlich um Walther gekümmert hätte, und das vor allem abends und nachts. Auch das Engagement des Mailänder Genossen war ja nicht nur ein Fehlschlag, er kam lediglich an seine physischen Grenzen. Unter diesem Gesichtspunkt könnte man sagen, daß die Anwendung von Psychopharmaka lediglich den Personalmangel ausgleicht. Aber wiederum: was wäre das für eine Psychiatrie, die ausreichend Personal hat, was ist das Kriterium für ausreichendes Personal? Wenn in der Wohnung ständig ein Betreuer für Walther anwesend gewesen wäre, hätte man das mühsam erkämpfte Stück normalen Lebens, das normale Wohnen, preisgegeben. Mit der Freiheit erhält die Person auch die eigenen Krisen zurück.
Dieses Experiment hat nach ein paar Tagen noch eine kleine Debatte mit sich gebracht. Ein Teil der Mitarbeiter war empört über diese Art des Experimentierens, wo nichts anderes herauskommen könne als was man längst schon weiß. Insbesondere wurde die Zerstörung der individuellen Initiative angegriffen, indem man jemand eine Arbeit machen lasse, in der er keinen Erfolg haben könne. In der Tat liegt hier der rationale Kern der Weigerung, den Gebrauch von Psychopharmaka ständig zur Diskussion zu stellen. Wer bei einem bestimmten Fall die Anwendung von Psychopharmaka ablehnt (das wurde immer akzeptiert) und sich mithin engagiert, tritt aus dem normalen Arbeitszusammenhang heraus. Hier setzt die Sorge der anderen ein, daß er ›sich verbrennen‹ könne, daß er sich kaputtmachen und die Kraft zur Initiative verlieren könne.

Der junge Arzt und die Fliegen

Die jungen Ärzte, die im Frühjahr 1979 nach Triest kamen, standen den Psychopharmaka durchweg ablehnend gegenüber. Sie sahen sich unvermittelt in die alltägliche Hetze der Zentrumsarbeit gestellt und schnell wurde ihnen klar gemacht, daß sie die alltägliche Arbeit nicht problematisieren können, ohne sie zu kennen. Dennoch hatten sie sofort als Ärzte zu funktionieren, also etwa über Anwendung von Psychopharmaka zu entscheiden. Verständlich, daß einige sehr rigid die Arztrolle annahmen und vor allem bei der Medikation zu vermeiden versuchten, ihre Unsicherheit und ihr

Nicht-Wissen zu zeigen. Der junge Arzt, um den es sich hier handelt, wohnte zu der Zeit im Pavillon ›F‹, einem Gebäude, in dem ehemals die ›ruhige‹ Männerabteilung war. Nunmehr wohnten im ›F‹ Freiwillige, Fixer, arbeitslose Jugendliche und eben auch die neueingestellten Ärzte.
Ein Patient, Gino Spraiz, Alkoholiker, ehemaliger Pfleger, war diesem Arzt die ganze Nacht auf den Nerv gegangen. Am nächsten Morgen trafen sie sich im Zentrum wieder. Die Nacht über war der eine ein Mensch gewesen, der schlafen wollte, der andere einer, der nicht schlafen konnte, der jemanden für seine Ängste brauchte, nicht allein trinken wollte usw. Am Morgen war der eine dann ein Arzt, der andere ein Patient. Der Arzt machte einen Tropf fertig, der Patient versuchte herauszukriegen, was wohl in dem Tropf drin war. Dazu muß man wissen, daß sich Gino Spraiz üblicherweise den Tropf selber machte, als Pfleger wußte er Bescheid. Gino wurde nach und nach wütend, weil er den Verdacht hatte, daß der Arzt ihm ein Antipsychotikum gegeben hatte. Im Rapport fand er dann den Beweis: »Gino Spraiz, erregt, Schlaflosigkeit, Halluzinationen – sah Fliegen. 1 Amp. Serenase, 1 Amp. Vatran.«
Über die ›Fliegen‹ wurde noch lange gelacht. Der Arzt hatte sich blamiert, indem er seiner Rolle gerecht wurde. Aber die Blamage hielt man nicht für einer Kritik wert, weil sich die Auseinandersetzung schon verschoben hatte: Gino trommelte in seiner Wut alle Jugendlichen des Zentrums zusammen. Sie begannen sich zum ersten Mal ohne die Mitarbeiter des Zentrums zu treffen und die Situation zu analysieren. Das erste Ergebnis war ein kurzes Papier zur Anwendung der Psychopharmaka, in dem vor allem Information über Wirkung und Nebenwirkung von Psychopharmaka gefordert wurde. Die Mitarbeiter begrüßten diese Entwicklung durchaus, denn es gibt nicht einfach die gute oder böse Behandlung, sondern das Kriterium ist, inwieweit sie organisierende Kraft hat. So war man dann auch ein bißchen stolz auf die fortgeschrittenen Patienten des Zentrums. Die Jugendlichen selbst aber haben die Sache nicht weiter verfolgt. Sie begriffen, daß sie andere Probleme haben, als sich mit der Arbeitsweise des Zentrums auseinanderzusetzen.

Viele gute Vorschläge für Frau Jurincic

Nur ein geringer Prozentsatz der Benutzer des Zentrums weigerte sich, Psychopharmaka zu nehmen. Für die meisten Mitarbeiter lag das Problem nicht so sehr darin, daß man den Widerstand einer Person brechen mußte. In einem solchen Falle hatte man meistens gute Gründe oder zumindest ein klar definiertes Ziel vor Augen. Bedrückend fand man vielmehr die Bereitschaft der überwiegenden Mehrheit der Patienten, dieses Zeug auch zu schlucken. Diese Anpassung erweckte den Verdacht, daß sie überhaupt die Arbeitsweise des Zentrums schlucken würden, daß sich mithin schleichend eine Langzeitbenutzerschaft, analog zur Figur des Langzeitpatienten, entwickeln würde.

Eine der wenigen, die dezidiert gegen Psychopharmaka Stellung bezog, war Frau Jurinic. Sie stammte aus Istrien, aus der Bauernkultur. Ihr Mann hatte sie in jungen Jahren nach Triest gebracht. Sie hatte dann eine zeitlang als Blumenbinderin gearbeitet. Es war ihr aber offensichtlich nie gelungen, in der Kultur von Triest Fuß zu fassen. Sie hatte keine Bekannten, keine Freundinnen. Sie lebte vollkommen isoliert in einer konventionellen Wohnung. Ihr Mann arbeitete als Pfleger, war magenkrank und sprach ständig davon, daß er eigentlich in die Klinik müsse, aber ihr die beiden Kinder nicht anvertrauen könne. Er übte mächtigen Druck auf das Zentrum aus, erklärte die Situation für unerträglich und sprach davon, daß er sich demnächst an geeignete Stellen wenden würde, wenn nicht bald etwas geschähe. Er wollte offensichtlich, daß seine Frau wieder in die Psychiatrie eingeliefert wird.

Die Frau wiederum warf ihrem Mann vor, daß er sich mit anderen Frauen herumtreibe, ihrem Sohn, daß er nur herumflippe und sich nicht die Mühe mache, eine Lehrstelle zu suchen. An diesem Punkte waren alle Argumente über die Schwierigkeit, in Triest eine Lehrstelle zu finden, wirkungslos. Ihre Tochter klagte sie an, daß sie auf dem besten Wege sei, eine Prostituierte zu werden.

Als ich sie besuchte, hatte sie sich fest in ihrer Verweigerung verschanzt. Sie hatte das Wohnzimmer besetzt, kaufte nicht mehr ein, kochte nicht mehr, machte sich nicht mehr zurecht. Einerseits sah man, daß ihr jeder Handgriff Mühe bereitete, als ob sie sich für jede Bewegung besonders entscheiden müßte. Es brach einem das Herz, wie sie sich mit zusammengebissenen Zähnen an einen Blumenkohl ranmachte. Auf der anderen Seite, war es offensichtlich, daß die Nichtausübung ihrer Hausfrauenrolle die einzige Rolle war, die ihr noch zur Verfügung stand. Trotz ihrer Verwahrlosung hatte sie noch eine durchaus machtvolle Ausstrahlung, ihr müder Körper verriet immer noch Stärke.

Die Familie hatte sich zu einer Produktionsstätte von gegenseitiger Schuld entwickelt. Die Kinder müssen etwas zu essen haben. – Sie taugen nichts, also brauche ich auch nicht zu kochen. Wir haben im Dorf von einem Stückchen Brot gelebt. – Wie soll ich mit so einer Frau leben, das ist ja keine Ehefrau mehr. – Warum hast du mich aus dem Dorf weggeholt. (Sie hatte übrigens einige Jahre zuvor versucht, nach Istrien zurückzukehren, was vom Zentrum energisch unterstützt worden war. Man weiß nicht genau, was passiert ist, aber offenbar hat sie in ihrer Heimat keinen Platz mehr für sich gesehen.)

1975 hatte sie eine zeitlang als Köchin in Largo Panfili gearbeitet,

sie hatte sich aber dann mit einem Mitarbeiter überworfen. Danach mußte sie sich einer Schilddrüsenoperation unterziehen. Die Tatsache, daß sie von diesem Zeitpunkt regelmäßig Medizin zur Aufrechterhaltung des Hormonspiegels zu sich nehmen mußte, machte eine ständige Kontrolle durch das Zentrum erforderlich.
Die Debatte um diesen Fall wurde von Dimitri, einem Pfleger, eröffnet. Er erklärte, er könne nicht hingehen und Serenase spritzen, wenn die Frau Jurincic erkläre, daß die Leute vom Zentrum nichts von ihrem Leben begreifen würden, nur die Spritze zur Hand hätten, die ihr im übrigen nur Schaden bringen würde. Ihre Situation hätte mit medizinischen Problemen nichts zu tun. Diesen Argumenten hätte er nichts entgegenzusetzen. Mery, eine Pflegerin, entgegnete, man müsse sie nur richtig zu nehmen wissen. Die Auseinandersetzung verschärfte sich: Dimitri sagte, es gäbe offensichtlich hier zwei verschiedene Methoden zu arbeiten, und für ihn sei das eine Entscheidungssituation. Er jedenfalls könne nicht jemanden ›richtig nehmen‹ und wolle es auch nicht.
Also ging man am nächsten Tag zu mehreren hin, zusammen mit der Ärztin des Zentrums. Es wurde von allen Seiten auf sie eingeredet, auf Slowenisch und Italienisch, ihr wurde erklärt, wie notwendig es sei, sich mal einen Moment frei zu machen von der Familie. Frau Jurincic murmelte darauf nur, das sei schließlich ihre Privatangelegenheit, sie akzeptiere es nicht, wenn laufend Leute in ihr Haus kämen. Außerdem schädige sie die Medizin, sie würde davon nur aufgedunsen. Die Ärztin, die anstehenden Termine im Kopf, wollte kurzen Prozeß machen. Da ging Frau Jurincic zum Angriff über, den schweren Holzschuh in der Hand. Nachdem wir vorher geredet hatten, brachten wir es nicht fertig, mit Gewalt vorzugehen. Ich machte dann den Vorschlag, auf den Machtkampf um Psychopharmaka zu verzichten und sie stattdessen praktisch zu unterstützen, ihr z. B. mittags das fertig gekochte Essen aus dem Zentrum zu bringen, mit dem Hintergedanken, wenigstens das schulderzeugende Problem des Essenkochens zu tilgen. Wir hofften, sie dadurch ein wenig verpflichten zu können, sodaß sie eine Einladung, in der Stadt herumzufahren, auch akzeptieren würde. Kurz: die Idee war, sie dazu zu bewegen, die düstere Kampfstätte der Familie zu verlassen.
Die Ärztin war einverstanden. So kamen denn Dimitri und ich am nächsten Tag mit dem warmen Essen an. Wir mußten dabei durch den Spott des Zentrums hindurch; man schlug uns vor, demnächst den Kaffee per Hausbesuch zu servieren. Als das warme Essen auf dem Tisch stand und die Kinder der Frau Jurincic essen wollten, blickte die Mutter haßerfüllt auf ihre Kinder und keines wagte zu essen. Wir hatten etwas ziemlich Schlimmes gemacht; wir hatten ihr ein Machtmittel aus der Hand zu schlagen versucht, hatten sie für unnütz erklärt.

In den nächsten Tagen drangen wir regelmäßig in die Wohnung ein und versuchten sie zu überzeugen, wenigstens regelmäßig das Hormonpräparat zu nehmen und – bitteschön – jeden zweiten Tag zehn Tropfen Serenase. Es begann ein schäbiger Kuhhandel um die Anzahl der Tropfen. Die Mitarbeiter erprobten abwechselnd ihren Charme. Frau Jurincic wurde vollgestopft mit Analysen ihres Schicksals, mit Lebensweisheiten über die Situation der Jugendlichen in der gegenwärtigen Gesellschaft usw. Dennoch gelang es der Frau, wenn auch mühsam, die Linie der Verweigerung aufrechtzuerhalten. Mir kam nach einer Weile dieses Totreden, dieser entwürdigende Handel um die Anzahl der Tropfen und vor allem die ständige Verletzung der Privatsphäre (und mehr besaß die Frau Jurincic ja nicht) ungleich viel gewalttätiger und verhängnisvoller vor als ein erzwungener Einsatz von Psychopharmaka.
Dann kam Mariuccia aus dem Urlaub zurück, eine Pflegerin, die sich die längste Zeit um Frau Jurincic gekümmert hatte. Sie war empört über dieses Experimentieren auf Kosten der Patienten. Später schrieb sie voller Vorwurf in den Rapport, daß die Situation dieser Frau ›tragisch‹ sei. Nach einer Stunde Kampf war es ihr gelungen, Serenase zu geben und sie ins Zentrum zu bringen. Vom Zentrum wollte zwar Frau Jurincic immer wieder zurück, sich um ihre Familie kümmern. Dann begann man mit ihr über ein altes Projekt zu reden, eine Arbeitsstelle als Blumenbinderin. Das erste Angebot wurde zurückgezogen, weil der Ladenbesitzer entdeckte, daß er es mit einer Ex-Patientin zu tun hat. Dann ergab sich das Problem einer Annonce in der Zeitung. Die Telefonnummer des Zentrums durfte nicht angegeben werden und bei ihrer Telefonnummer hätte man nie in Erfahrung gebracht, ob sie auch tatsächlich ernsthaft verhandelt hätte.
Sie kehrte nach ein paar Tagen in die Familie zurück, ohne daß sich irgendetwas praktisch geändert hätte. Im letzten Jahr war sie noch dreimal im Zentrum, mehr oder weniger aufgrund derselben Problematik.
Zwei Bemerkungen sind dieser Geschichte hinzuzufügen: das Engagement von Mariuccia hat seinen Hintergrund. Sie identifizierte sich als Frau, erlebte an Frau J. das Schicksal einer alternden Frau in der Familie. Mariuccia selbst hat, ihren eigenen Worten zufolge, ihre Familie durch ihr praktisches Engagement in der Triestiner Psychiatrie zerstört und war schon zu der Zeit sehr unsicher, ob das gegenwärtige Leben wirklich ihre Vorstellungen befriedigte. In das Leben der Ehefrau wollte sie selbstverständlich nicht zurück. Jedoch ist es leicht vorstellbar, daß für sie wichtig war, auch anderen ein wenig den Spielraum zu öffnen, den sie sich selbst eröffnet hatte.
Nachzutragen ist auch noch die Debatte, die aus dem Fall Jurincic entsprang. Wenn man bei einem Fall alles versucht hat und dennoch wiederholen sich die Krisen, entwickelt sich leicht eine resignative

Selbsteinschätzung der eigenen Möglichkeiten, obwohl man sich natürlich immer wieder sagt, daß die Möglichkeiten objektiv begrenzt sind. Mit der Resignation ist die Gefahr der Routine gegeben. Der Verlust der Initiative drückt sich in der unmerklichen, schrittweisen Verkürzung der Zeit aus, die man einer Person widmet, um wieder bei Serenase zu landen. Diese Tendenz haben wir geradezu in Zeitraffergeschwindigkeit im Fall der Frau Jurincic erlebt. Unsere Wortkunststücke brachen abrupt ab und wir verabschiedeten uns etwas hastig, sobald sie sich hatte breitschlagen lassen, doch ihre zehn Tropfen Serenase zu trinken.
Das Problem ist, daß mit dem Verkürzen der Zeit, mit der Routine auch die kritische Aufmersamkeit abgestumpft wird. Mit dem schrittweisen Verlust der Initiative entwickelt sich paradoxerweise die Ideologie des Schon-alles-versucht-Habens, mithin produziert die Routine eine pessimistische Prognose über die Person selber. Interessanterweise *kann* nun (wohlgemerkt: muß nicht) die Anwendung von Psychopharmaka diesen Prozeß des routinehaften Handelns wieder kritisch machen, indem man entdeckt, daß man als einziges Instrument einer Intervention eben nur noch Serenase in der Hand hat. Die Debatte darüber war aber immer belastet und gereizt. Auch hier standen sich zwei Positionen kommunikationslos gegenüber, die des Alles-schon-getan-Habens und die des Mehrtun-Müssens. Sie stehen sich kommunikationslos gegenüber, weil beide Positionen im Grunde Ausdruck des latenten Schuldgefühls gegenüber den Patienten sind. Und dies entspringt aus dem Widerspruch, gegenüber dem Patienten von Staats wegen mit so großer Machtfülle auftreten zu können, und gleichzeitig zu wenig Macht zu haben, um die Realität für ihn auch nur ein wenig verändern zu können. Dieser Tatsache entspringt letztlich, so glaube ich, auch die Gereiztheit bei einer abstrakten Diskussion über Psychopharmaka.

Aus einem Interview mit Carla

Was weißt du eigentlich über die Wirkungsweise der Psychopharmaka?
Es ist nicht so, daß ich viel darüber weiß. Ich glaube z. B., daß beim Gebrauch von Antipsychotika die Spannungen etwas gelöst werden, das ist natürlich aber ein sehr subjektiver Begriff. Dann glaube ich, daß sie auf die Symptome einwirken, im Sinne von Beruhigung, Dämpfung, so daß es leichter ist, zu einer Person Beziehungen aufzunehmen. Aber das ist alles ziemlich mysteriös. Es gibt Leute, die nach zwei Tagen im Zentrum völlig verändert sind, es gibt aber auch Leute wie Paulo Paulin, der seit zwei Monaten Antipsychotika in massiven Dosen bekommt. Grundsätzlich kannst du jedenfalls nicht die Wirkung der Psychopharmaka von dem trennen, was du mit den Leuten anfängst. Immerhin würde ich sagen, daß das Zeug den psychischen Druck ein wenig erleichtert, so daß dann im Kopf auch Platz ist für etwas anderes. Aber das ist alles ziemlich empirisch, entspringt eben aus dem, wie ich die Arbeit erlebe.

Fühlst du dich in der Lage, über die Anwendung von Psychopharmaka auch zu entscheiden. Ich meine ohne Arzt?
Du meinst eine Therapie vom Typ Serenase? Ja, ich glaube ja, ich habe es jedenfalls oft genug gemacht.
Aufgrund welcher Symptome denn?
Na, wenn z. B. die Person halluziniert, einen Schirm statt eines Bootes sieht, oder was weiß ich. Also wenn sie Sachen sieht, die nicht existieren, die jedoch bewirken, daß es einer Person schlecht geht, also wenn es diesen Realitätsverlust gibt, eine nicht mehr logische Beziehung zur Realität – logisch natürlich im Sinne des common sense, d. h. im Sinne dessen, was mir logisch erscheint – dann bedeutet das Geben von Psychopharmaka, daß ich für die Person die Verantwortung übernehme, daß ich *meine* Einstellung, *meine* Sichtweise der Realität ins Spiel bringe. Ich versuche natürlich dabei, die Person nicht zu unterdrücken, nicht zu kastrieren, denn du hast ja die Macht in der Hand, also kannst du definieren, was die Realität ist, was die wahre Realität ist.
Fühlst du dich denn sicher bei der Frage der Dosierung?
Bei der Dosierung gehe ich im Grunde von der langjährigen Erfahrung aus. Natürlich gibt es da eine Reihe notwendiger Kontrollen. Man muß wissen, ob es sich um einen Diabetiker handelt etc. Aber das medizinische Wissen ist nicht so enorm, als daß man es nicht lernen könnte . . . Außerdem habe ich eine Reihe von Psychopharmaka an mir selbst ausprobiert, allerdings nicht Serenase. Also, auch in Fällen, wo Psychopharmaka mit Gewalt angewendet wurden, gab es die Erfahrung der Lösung, der Erleichterung. Ich habe da wenige Ausnahmen erlebt.
Gibt es denn deiner Meinung nach Fälle von Mißbrauch, oder sagen wir, von Perioden, wo Psychopharmaka unbedenklicher vergeben werden?
Natürlich. Während der Weihnachtszeit werden möglicherweise mehr Psychopharmaka benutzt, aber das weißt du ja selbst sehr gut, daß der Gebrauch von Psychopharmaka abhängt von der Organisation der Arbeit, von der Organisation, die du hast. In dem Moment, wo es an Organisation mangelt, sind auch die Instrumente mangelhaft. Ich würde aber sagen, daß solche Perioden nichts so sehr mit Mißbrauch von Psychopharmaka zu tun haben. Problematischer sehe ich schon die Geschichte mit den Langzeitpatienten oder denen, die regelmäßig zu Hause besucht werden. Da kann sich leicht eine Routine einschleichen. Bei den Akuten gibt es meiner Ansicht das Problem des Mißbrauchs viel weniger. Die Akuten fallen einem genug auf den Wecker, sie erzwingen deine Aufmerksamkeit. Aber ich würde im Grunde nicht sagen, daß Psychopharmaka verfehlte Mittel seien. Ich weiß nicht, du kannst mit einer Person reden und viel größeren Schaden anrichten als mit dem Psychopharmakon. (Frühjahr 1979)

Aus einem Interview mit Mariuccia

. . . Heute war ich allein, mußte eine Reihe von Behandlungen machen, Spritzen geben und konnte mich nicht einen einzigen Augenblick bei der Person aufhalten. Mir ging es dementsprechend schlecht. In dieser Art zu arbeiten gefällt mir überhaupt nicht. Ich bin natürlich nicht einverstanden mit den Psychopharmaka, mit dem ganzen Rest unserer Praxis bin ich

einverstanden, aber mit den Psychopharmaka nicht. Dennoch, du kannst nicht zu einer Person in Beziehung treten, du kannst nicht den Block lösen ohne Psychopharmaka . . .
Natürlich hängt der Gebrauch der Psychopharmaka von der Situation im Zentrum ab. Z. B. Paolo Orbani hat seine Krise überwunden ohne Psychopharmaka. Es ist das erste Mal. Paulo Orbani, der alle zehn Tage zwei Ampullen Moditen bekam, wenn er in Krise war, kam diesmal ohne Psychopharmaka aus. Nichts als die Arbeit und der Anreiz durch die Jugendlichen im Zentrum haben das bewirkt. Warum? Weil es die Realität der Jugendlichen im Zentrum, weil es diesmal die Beziehungen unter Jugendlichen gab. Durch uns Pfleger allein wäre das nie möglich gewesen. Denn die Beziehungen, die er zu uns hat, reichen nicht aus, denn sie sind *falsch,* sie bleiben immer *falsch,* die Beziehungen zwischen Pfleger und Patient. (Frühjahr 1979)

Arzt, Pfleger und Psychopharmakon

Bis hierher sollte deutlich geworden sein, daß die Rolle des Psychopharmakon überaus widersprüchlich ist, genauer: daß es auch Symptom bestehender Widersprüche ist. In der Verwendung von Psychopharmaka kristallisiert sich das institutionelle Schicksal einer Person. Aber da sich dieses Schicksal in einer Institution im Umbruch entfaltet, müssen die geschichtlichen Momente auch in der Anwendung eines scheinbar ahistorischen, scheinbar nur medizinisch indizierten psychiatrischen Instrumentes aufgespürt werden. Auf jeden Fall werden einfache Gleichungen wie ›je weniger Psychopharmaka desto weniger Psychiatrie‹ nichtssagend.
Es wurde gesagt, daß der Gebrauch der Psychopharmaka abhängt von der Organisation der Arbeit selbst. Nun ist diese Organisation eine alltägliche Kampfstätte, ein Feld von durchaus nicht dauerhaften Klassenkompromissen zwischen Ärzten und Pflegern, zwischen der Kultur der alternativen Psychiatrie und der Triestiner Volkskultur. Da die Wirkung der Psychopharmaka individuell verschieden ist und es im Grunde keine Indikation im medizinischen Sinne gibt, hängt die ›richtige‹ Dosierung von der Erfahrung mit einer Person ab. Unter diesen Gesichtspunkten gibt es keinen prinzipiellen Vorsprung des Arztes, d. h. Pfleger sind genau so gut in der Lage, über den Einsatz von Psychopharmaka zu entscheiden. Aber die Macht, die der Arzt damit abgibt, wenn er das akzeptiert, verliert er dennoch nicht. Nicht nur, weil der Arzt rechtlich für die Medikation verantwortlich ist und bereit sein muß, den selbständig arbeitenden Pfleger zu decken, zeigt sich in der Anwendung der Psychopharmaka trotz aller egalitären Handhabung das Machtgefälle zwischen Pfleger und Arzt. Vielmehr reproduziert die formale Prozedur der Medikation selbst die Ungleichheit. Ein Arzt kann ohne Bedenken und ohne weitere Rechtfertigungen die Medika-

tion eines Pflegers oder die eigene Verschreibung absetzen, während ein Pfleger schon eine Auseinandersetzung riskieren muß, deren Ausgang vom guten Willen des Arztes abhängt.
Man mag den formellen Gesichtspunkt der Medikation für unerheblich halten und in der Tat wird er in einigermaßen ruhigen Situationen und in einem einigermaßen freundschaftlichen Klima auch überspielt werden. Die Verhältnisse ändern sich aber unter der Hetze eines alltäglichen Vormittags, wenn die Räume voll sind mit Leuten, die wegen der Beihilfe gekommen sind, wenn die Alkoholiker zu versorgen sind, wenn die Jugendlichen nach einer schlaflosen Nacht herumhängen und Hausbesuche anstehen.
Nun ist es die Praxis z. B. in Barcola, daß eine Reihe der Pfleger über die Medikation selbst entscheiden. In den letzten beiden Jahren, im Zusammenhang mit dem Kampf der Pfleger um eine höhere Besoldungsklasse, wurde ihnen aber Klassenverrat vorgeworfen, weil sie Funktionen des Arztes übernahmen, ohne im mindesten ihre Berufsrolle zu ändern. Es gibt aber auch das ganz andere Verhalten von Pflegern, ›Langzeitpflegern‹ gewissermaßen, die ein überragendes Erfahrungswissen haben, aber dennoch stillschweigend die Medikation der Ärzte ausführen, auch wenn sie nicht einverstanden sind, und sich an diesem Punkt prinzipiell *nicht* auseinandersetzen. Es sind durchaus nicht die schlechteren Pfleger, und sie haben auch nicht weniger Interesse an den Patienten. Sie haben nur begriffen, daß in einer Institution alle Handlungen institutionell vermittelt sind und sie haben nicht die geringste Lust, Vorschuß für eine egalitäre Ideologie zu bezahlen.Die Ärzte versuchen, bei der Anwendung der Psychopharmaka möglichst jede medizinisch-wissenschaftliche Mystifikation zu vermeiden. Ärzte und Pfleger vertreten gemeinsam die Position: Wir müssen Psychopharmaka anwenden mangels besserer Instrumente. Allein die Unterschiede in der Arzt- und Pfleger-Rolle machen aus diesem Theorem noch nicht die gleiche Praxis. In der Zeit, in der ich im Zentrum von Barcola gearbeitet habe, gab es immer wieder Vorstöße der Pfleger, ein Seminar über Psychopharmaka einzurichten. Sie verlangten nach pharmakologisch fundiertem Wissen. Die Ärzte hingegen stellten dieses Wissen in Frage und sahen darin die Gefahr einer wertneutralen Wissenschaftsideologie. Sie nahmen diese Initiative nie auf. Nun kann man zwar sagen, daß der Gebrauch von Psychopharmaka niemals den Charakter einer wissenschaftlich korrekten Anwendung haben kann, da ihnen die spezifische Qualität eines Medikaments, nämlich die der speziellen Wirkung, fehlt. Man kann auch sagen, daß die Wissenschaft nicht viel zu sagen hat über die Wirkungsweise. Dennoch ist die Haltung der Ärzte an diesem Punkt falsch. Denn es handelt sich hier um die Frage, ob inhaltlich gleiches Wissen auch gleiche Entscheidungskraft hat.
Dieser latente Konflikt schwelte dahin, bis im Oktober der Pflege-

kurs begann, und Righetti, ein Psychiater aus Portogruaro, eine Einführung in die Pharmakotherapie hielt. Er vermittelte nicht mehr als den gegenwärtigen Forschunggstand und erzeugte einen Aufruhr. Denn folgende wesentliche Punkte widersprachen der Praxis in Triest:

- Aufgrund des Forschungsstandes müssen Depotpräparate abgelehnt werden. Seit etwa einem Jahr fuhren Pfleger regelmäßig ins nahegelegene Jugoslawien, um Moditen zu beschaffen, da es nicht mehr eingeführt wurde.
- Betont wurde die Notwendigkeit individueller Dosierung, rigoros abgelehnt die kombinierte Anwendung von Psychopharmaka (sog. Cocktails). Righetti wies nach, daß mit den Cocktails die verschiedenen Wirkungen sich gegenseitig aufheben, während die Nebenwirkungen bleiben. Cocktails waren aber in Triest außerordentlich üblich.
- Zum ersten Mal wurde ein zureichender Überblick über die Nebenwirkungen gegeben.
- Es wurde auf den Unsinn der vielen Sorten, etwa der Diazepine, hingewiesen. (Auch eine Quelle der Mystifikation ärztlicher Entscheidungen.)
- Anhand von Wirkungskurven wurde gezeigt, wie unsinnig Serenase am Vormittag ist. Das klassische Bild, daß den Tag über vornehmlich jugendliche Patienten apathisch im Zentrum herumschwanken, um dann nachts munter zu werden und Ärger zu machen, erklärte sich überraschend banal aus der Wirkungskurve. (Man hätte aber schon vorher darauf kommen können.)
- Schließlich wurde von Righetti die Notwendigkeit begründet, die individuelle Halbwertzeit zu bestimmen.

Bei Halbwertzeit von 20-24 Stunden für Valium ist eine tägliche Dosis eine gute Voraussetzung, um den Valiumspiegel kontinuierlich zu erhöhen. Die individuelle Halbwertzeit wurde nach meiner Erfahrung im Zentrum nie bestimmt.

Ein großer Teil der Pfleger war jedenfalls empört, u. a. die Pfleger von den Außenzentren. Sie fühlten sich schuldig, über Jahre hin falsch und gesundheitsschädlich gearbeitet zu haben. Es gab einen spontanen Marsch ›in die Direktion‹, zu einer der wöchentlichen Versammlungen. Die Ärzte wurden auf dem falschen Fuß erwischt. Es gab eine wilde Auseinandersetzung voller Schuldvorwürfe.

In der nächsten Woche wurde dann Righetti selbst eingeladen: er solle doch, da es in der Klinik erhebliche Unruhe gegeben habe, seine Kritik an der Triestiner Praxis formulieren. Ihm wurde der Vorwurf gemacht, er würde bei den Pflegern die Fiktion einer ›korrekten‹ Anwendung von Psychopharmaka und mithin die Ideologie der psychiatrischen Therapie aufbauen. Einige Ärzte verstiegen sich zu der Behauptung, wer sich den Kopf über diese Frage zerbreche, wolle nur zurück in die traditionelle Psychiaterrolle.

Andere Ärzte waren ziemlich verwirrt und versuchten den Widerspruch zwischen dem, was sie nunmehr gehört hatten, und ihrer bisherigen Praxis zu diskutieren. Rotelli erklärte, er halte an der Utopie fest, einmal ohne Psychopharmaka auszukommen und sehe in einer scheinbar wissenschaftlich fundierten Anwendung von Psychopharmaka kein Annähern, sondern ein Sich-Entfernen von dieser Utopie. Mit der Kritik von Righetti würde nur der Gebrauch von Psychopharmaka verewigt. Er fragte dann Righetti, ob man nicht die Ausgaben für Psychopharmaka sofort um die Hälfte senken solle. Righetti wehrte sich gegen ein solch quantitatives Vorgehen. Man könne zwar so verfahren, aber nach kurzer Zeit würde sich die alte Praxis wieder einschleichen. Seiner Meinung nach *müsse* man sich auf wenige Psychopharmaka beschränken und ihre Anwendung streng definieren. Das sei ein viel elastischeres Prinzip und würde sich daher im Alltag viel eher bewähren.
War die Stimmung bis zu diesem Zeitpunkt äußerst gereizt gewesen, so schlug sie jetzt um. Rotelli nahm sich die Liste von ca. 30 verwendeten Psychopharmaka, und unter allgemeiner Fröhlichkeit wurde die Liste in einer Viertelstunde auf sieben Positionen zusammengestrichen.
Diese Fröhlichkeit war mir unangenehm und ich sprach Rotelli auf diese falsche Leichtigkeit an. Was er dazu erklärte, war ungefähr dies: daß nach dem Gesetz 180, die Gefahr einer Re-Spezialisierung, einer Erneuerung der therapeutischen Berufung nicht von der Hand zu weisen sei. Righetti hätte ja schließlich den Vorschlag gemacht, die Anwendung von Psychopharmaka wissenschaftlich zu überprüfen. Sicher sei die Bestimmung der Halbwertzeit notwendig, aber ob ich mir denn vorstellen könne, wie das mit dem vorhandenen Personal zu machen sei. Außerdem käme ihm eine solche Problematisierung wie ein Luxus vor angesichts des Elends, in dem die Leute leben. Wenn er Halbwertzeit höre, müsse er daran denken, daß im Triestiner Kinderkrankenhaus immer noch 40 psychotische Kinder an die Betten gefesselt seien.
Anfang 1980 wurde jedenfalls ein Regelwerk über Psychopharmaka ausgearbeitet: zehn Psychopharmaka werden angewandt, die wichtigsten Nebenwirkungen und die Halbwertzeit ist angegeben. Dieses Regelwerk ist so einfach abgefaßt, daß es in Schautafeln in den Ambulatorien der Zentren aufgehängt werden soll, so daß die Patienten mitkriegen können, was ihnen gegeben wird und auf welche Wirkungen sie sich unter Umständen einstellen müssen.
Die Auseinandersetzung um die Psychopharmaka entflammte nicht zufällig in der politischen Periode, in der die Logik der Programmation vorherrschte und die Logik der politischen Aktion zurücktrat. Es war die Zeit nach der Verabschiedung des Psychiatriegesetzes, das bei vielen politisch engagierten Mitarbeitern die Vorstellung erweckt hatte, daß nunmehr der Kampf gegen das

Irrenhaus beendet sei. Die Klage über den Mangel an weiterführenden politischen Perspektiven hörte man allenthalben, die persönlichen Krisen häuften sich. Das Jahr 1979 verging im Kleinkrieg mit der Provinzial- und Regionalregierung um die Besetzung von 40 vakanten Pflegerstellen, um die Anhebung der Pflegerstellen, um die Angleichung des Höchstsatzes der Beihilfen an die Rente, um die Einstellung neuer Ärzte usw. Ich würde keinesfalls sagen, daß sich die Arbeit der Triestiner Equipe entpolitisiert hätte, aber es fehlte die große mobilisierende politische Linie. Der Kampf zersplitterte sich in einen zähen Stellungskampf um materielle Vorteile. Diese Situation mag vielen als politische Stagnation vorgekommen sein. Die Mißstimmung, Unzufriedenheit und auch Resignation vieler Mitarbeiter war jedenfalls offensichtlich. Ich glaube, daß nicht zufällig zu diesem Zeitpunkt das Problem der Psychopharmaka aufbrach. Vor diesem Hintergrund muß die Diskussion um den Einsatz von Psychopharmaka sehr genau und sehr ehrlich geführt werden. Sonst droht sie zur Einbruchstelle einer rationalisierenden Praxis zu werden und damit den bisher in Triest durchgehaltenen Widerspruch ›um die Ecke zu bringen‹.

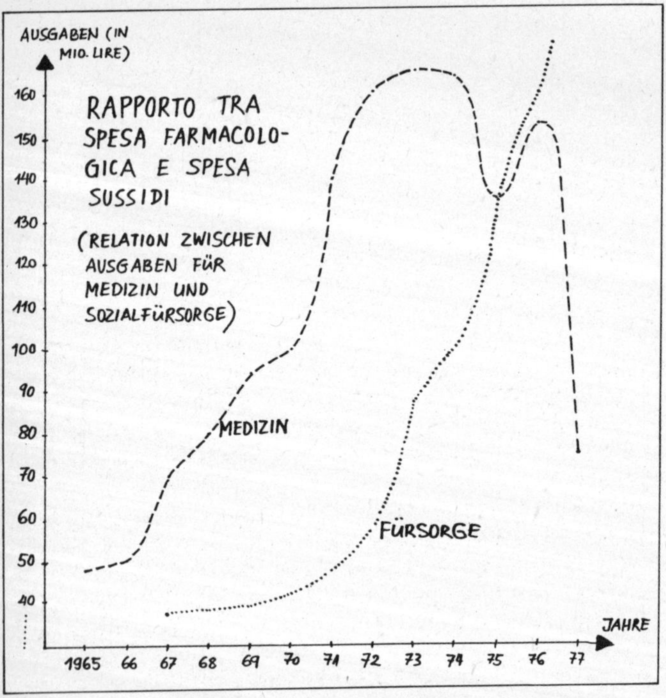

(9) Therapie findet nicht statt Wiederkehr der ›therapeutischen Berufung‹

Zerstörung der ›therapeutischen Ideologie‹

Walther V. gehört zum festen Personal der Wohngemeinschaft in Largo Panfili. Sein Charakteristikum ist, daß er keine Besserung zeigt und ansonsten den Alltag mitmacht – bis zur nächsten Krise. Die Symbiose zu seiner Mutter, von der er offenbar nie hat seinen Körper trennen können (abgesehen von gelegentlichen Schlägereien zwischen beiden), dauert fort. Ein *operatore,* der lange in Largo Panfili gearbeitet hatte, brachte das Problem ›Walter‹ auf die Tagesordnung und meinte, daß man angesichts der Mißerfolge und seiner partikularen Bindung an die Mutter es doch vielleicht mit Therapie versuchen solle. Die Antwort der Ärztin von Barcola war aggressiv und bestimmt: Es sei eine regressive Logik, mit der Definition der besonderen Fälle anzufangen. »Das einzige Instrument, was wir haben, ist Das-bei-den-Leuten-Bleiben.« Auch hier wieder, wenn man so will, eine banale, vielleicht auch banalisierende Antwort. Dennoch ist diese Antwort nicht banal, denn es kostet ungleich mehr Mühe, jenes Bei-den-Leuten Bleiben zu organisieren, als Therapiestunden einzurichten.
Die Kritik an der Therapie ist eines der Prinzipien des antiinstitutionellen Kampfes in Italien gewesen, der sich nicht zuletzt gegen den »Mythos der Behandlung« (Basaglia) der Psychiatrie richtete, also gegen das falsche Bewußtsein, die Psychiatrie könne eine Misere lösen, die ihren Entstehungsgrund in der Gesellschaft hat. Aber natürlich entsprang der Affekt gegen die Therapie auch aus der Geschichte der Triestiner Praxis selbst. Am Beginn fand man in San Giovanni ein Lager vor, dessen Insassen in extremster Verelendung lebten. Sie besaßen kein Eigentum, die Renten waren ihnen von staatswegen geraubt. Das Recht auf Beziehung zum anderen Geschlecht war verfallen, die Türen geschlossen. Wer hier therapeutische Vorstellungen entwickelt hätte, wäre nichts als zynisch gewesen. Was es an Therapie gab (z. B. Ergotherapie), funktionierte als eine zusätzliche Methode der Ausbeutung. Die notwendigen Schritte entsprangen der nackten Situation: die bürgerliche Person mit ihren Rechten und materiellen Ansprüchen galt es zu rekonstruieren; die Bedürfnisse mußten in den Anpassungssymptomen ans Lagerleben entziffert werden; man mußte die Personen ›rehistorisieren‹, d. h. ihre Lebensgeschichte aufspüren, die ihnen

manchmal bis hin zu den Personendaten entwendet worden war. Der Mitarbeiter in der Psychiatrie mußte, wenn man schon in Berufsrollen denken will, vieles sein: Detektiv, der sich auf die Spur einer in der Abteilung verstummten Person macht; Antwalt, der die Vormundschaft aufhebt und die Rentenansprüche klärt; Sozialarbeiter, Unterhalter, Kuppler, Komplize und meinetwegen auch Reiseleiter – nur Therapeut konnte er nicht sein. Ein Zitat von Franco Rotelli drückt die Haltung in dieser Periode aus:

»Wir lehnen die Psychotherapie ab, weil sie die Verweigerung des Rechtes sanktioniert, daß ein jeder über seine Beziehungen selbst entscheiden können muß; wir lehnen die Gruppentherapie ab, weil sie die Verweigerung des Rechtes sanktioniert, sich aufgrund seines eigenen Interesses zu organisieren; wir lehnen die Arbeitstherapie ab, weil sie die Verweigerung des Rechtes sanktioniert, für seine Arbeit tariflich entlohnt zu werden; wir lehnen die Spieltherapie ab, weil sie die Verweigerung des Rechtes sanktioniert, Feste zu feiern, wann und wie man will.«

In dieser Anfangsperiode bis zur Eröffnung der Zentren 1975 gab es für die therapeutische Idee ohnehin keinen Spielraum. Es ging ja darum, schrittweise die sozialen Widersprüche, die eine Gesellschaft mit der Existenz eines Irrenhauses einfriert, wieder zu eröffnen. Die Zerstörung des Irrenhauses war auf Zeitgewinn und Beschleunigung angewiesen, bei keinem Erfolg durfte stehengeblieben werden. Aus *Marco Cavallo* wurde keine Animation entwickelt, aus der Öffnung der Abteilungen keine ›therapeutischen Gemeinschaften‹; aus den künstlerischen Aktivitäten keine Spieltherapie. So fehlte stets die beruhigte Umwelt und die festen Beziehungen zu Personen, in denen sich allererst ein therapeutischer Prozeß entfalten könnte.

Anders steht es dann schon mit der Diskussion über die Arbeit der Zentren. Insofern sie ›draußen‹ in der Gemeinde Fuß fassen müssen, sind sie auf konstante Beziehungen angewiesen. Für die ehemaligen Langzeitpatienten sind sie bis zu einem gewissen Grade nunmehr eine Daueradresse. Über Hausbesuche werden langfristige Beziehungen zu den Familien aufgebaut und auch gewünscht. Aus diesem veränderten Rhythmus der Arbeit und auch wohl aus der Tatsache, daß ein Zentrum gerade Kontinuität garantieren soll, entspringt erneut die Frage nach der Therapie.

In der Tat hat es etwa in Barcola Auseinandersetzungen über therapieähnliche Arbeitsweisen gegeben. Als 1977 ein neuer Arzt ins Zentrum kam, entwickelte sich zwischen ihm und den Patienten so eine Art Zweierbeziehung. Das führte dazu, daß die Patienten am Morgen Schlange standen, um mit ihm zu reden, also zu einer Art Sprechstunde. Er wurde daraufhin scharf angegriffen, damit würden privilegierte Beziehungen innerhalb des Zentrums aufgebaut. Die Patienten müßten aber gerade lernen, die unterschiedlichen Möglichkeiten der Institution zu nutzen, die auch in der Verschiedenartigkeit der Mitarbeiter liege.

Wer in einem solchen Zentrum gearbeitet hat, dem erscheint die

Ablehnung von Therapie evident. Zunächst einmal: wer sollte sie machen, angesichts des täglichen Arbeitsanfalls? Weiterhin: jede Therapie setzt voraus, daß sie eben zu einer bestimmten Uhrzeit und mit einer bestimmten Anzahl von Patienten stattzufinden hat. Da ein derart obligatorischer Rahmen nicht existiert, kann kein Patient dazu verpflichtet werden. Eine Therapiestunde wäre einmal hoffnungslos überfüllt, dann wieder gähnend leer. Im übrigen erzählen zwar die Patienten nach meiner Erfahrung von ihren Symptomen, ihren Halluzinationen und Wahnsystemen, aber dies eher in Form einer Mitteilung. Sie erwarten nicht, daß ihnen dieser Teil ihrer Persönlichkeit enteignet wird, sondern daß ihnen geholfen wird, mit den anliegenden praktischen Problemen fertig zu werden. Und die werden zumeist klar genug formuliert und beanspruchen die vorhandenen Arbeitskräfte eines Zentrums in ausreichendem Maße: die Suche nach einem Arbeitsplatz, Verhandlungen mit der Firmenleitung, wenn es Fehlzeiten gibt, die Renovierung einer Wohnung und immer wieder Geld.

Die Hauptgefahr der therapeutischen Ideologie sehen die Triestiner in einem neuen Spezialistentum. Der Fehlschluß liegt ja nahe, sich mit der Auflösung des Irrenhauses um neue Berufsinhalte innerhalb der ›neuen Psychiatrie‹ zu kümmern. Wer in dieser Weise nach der Therapie schielt, vergißt die politische Zweideutigkeit der Arbeit innerhalb der Psychiatrie. Als Angestellter einer staatlichen Institution mit einem Mandat umfassendster Art – sich nämlich um die seelische Krise einer Person zu kümmern – hat man die Verfügungsgewalt über Menschen, Macht und Geld.

Und die Essenz der kritischen Tätigkeit liegt genau darin, dieses Gewaltschema aufzulösen, ohne sich dem Widerspruch entwinden zu können: auf der einen Seite die Verfügungsgewalt über Menschen aufzuheben, damit diese sich autonom das holen, was sie brauchen; auf der anderen Seite nicht in falscher Radikalität die institutionelle Macht und den Zugang zu öffentlichen Geldern aus der Hand geben. Es ist klar, daß es bei diesem Widerspruch nur tägliche Kompromisse und keine grundsätzliche Lösung geben kann.

Wer dennoch über die Ablehnung der Therapie verwundert ist, sollte die übliche Bedeutung von Therapie einmal nüchtern analysieren. Ich lasse dabei einen großen Teil der gegenwärtig blühenden Therapiekultur weg, soweit es sich um freiwillige, privat entlohnte Therapien handelt. Diese wären in Begriffen des Marktes und der Kulturgeschichte abzuhandeln, insofern Angebot und Nachfrage von Therapien inzwischen zum festen Teil kultureller Ausdrucksformen geworden sind. Hier herrscht auch immer noch ein Vertragszustand zwischen Therapeuten und Betroffenen, das letztere einseitig aufkündigen können. Hier geht es um die Therapien staatlicher Institutionen, die demzufolge obligatorischen Charakter haben. Ich möchte meine Kritik in vier Punkte zusammenfassen:

- Eine therapeutische Beziehung unter obligatorischen Bedingungen verschleiert, daß das therapeutische Interesse provoziert und wachgehalten wird durch ein informelles Angebot von Privilegien – indem z. B. der Patient in der Institution mehr Spielraum erhält, oder weniger angreifbar ist usw. Nach meiner Erfahrung bemüht sich jeder Therapeut um solche Privilegien für seine Patienten nicht nur, um einen ›Therapieerfolg‹ (was auch immer das sein mag) abzusichern, sondern auch, um seine persönliche Macht innerhalb der Institution auszubauen. Dagegen ist nichts zu sagen, außer daß diese Privilegien prinzipiell nicht einklagbar sind, also Abhängigkeit reproduzieren. Im übrigen besteht der Therapieerfolg darin, daß der Patient es lernt, mit der Sprache des Therapeuten umzugehen. Aber auch leidende Menschen können Therapieerfolge simulieren.
- Findet innerhalb einer staatlichen Institution Therapie statt, polarisiert sich das Arbeitsverhältnis, was zu einer grundsätzlichen Zweideutigkeit aller institutionellen Vorgänge führt. Das Personal zerfällt in diejenigen, die den Alltag der Institution aufrechterhalten müssen – mithin die Patienten kontrollieren – und diejenigen, die sich gerade um den unkontrollierten Ausdruck der psychischen Störungen bemühen – die Therapeuten. Die Zeche bezahlt der Patient. Er muß die Zweideutigkeit des Systems täglich verarbeiten.
- Durch die Therapie werden die Zwänge innerhalb einer psychiatrischen Klinik nicht abgebaut sondern verschärft. Abgesehen davon, daß das ›Therapieangebot‹ strukturell nie ausreicht (die Basis für Selektion und also für das Privilegien*system)* gibt es in den deutschen Kliniken eine neue Kategorie der Ausgrenzung innerhalb der Institution: die ›Therapieresistenz‹. Mit anderen Worten: der Patient hat sich darum zu kümmern, daß er therapierbar erscheint, sonst wird seine Prognose automatisch negativ.
- Der letzte Punkt ist mir der wichtigste: Meiner Meinung nach ist die Therapie innerhalb eines obligatorischen Zusammenhangs die verständnisvollste, vielleicht auch die sensibelste Form der Verletzung der Menschenwürde. In der therapeutischen Situation wird der Sozialcharakter der Gefühle aufgebrochen, also das, was die Distanz der Menschen untereinander sichert: aus Wut wird Aggression, aus Liebe positive Übertragung, aus Abwehr negative Übertragung, aus dem Nicht-reden-Können Verdrängung, aus Nicht-Mitmachen Hemmung, aus dem Wunsch nach Alleinsein Kontaktschwäche usw. Mag das alles auch richtig sein und erfolgreich. Und selbst, wenn es die Patienten wünschen: es darf nicht die Aufgabe des Staates sein, eine solche Entgrenzung in das Arsenal seiner Maßnahmen einzureihen. Im

übrigen weiß der Therapeut als staatlicher Angestellter über einen Patienten immer zuviel – als sein Freund aber immer zuwenig.

Was tritt an die Stelle der Therapie?

Was an die Stelle von Therapie tritt, läßt sich natürlich für Triest nur aus der Analyse der gesamten Praxis beantworten. Eine Antwort versucht dieses Buch. Dennoch lassen sich Momente in der Auseinandersetzung zwischen Mitarbeitern und Benutzern herausarbeiten, in denen sich Probleme niederschlagen, für die anderswo die therapeutische Antwort bereitgestellt wird. Ich werde mich hier mit drei formelhaften Prinzipien der Praxis beschäftigen.

– *affettività* (schwer übersetzbar: *Affektivität* zielt im deutschen Sprachgebrauch ein bißchen auf ›affektives Klima‹, und *Gefühl* ist in unserer Sprache immer vom Denken getrennt): Daß die Beziehungen zwischen Benutzern und Mitarbeitern von der *affettività* bestimmt sein sollen, will im Grunde nur sagen, daß diese Beziehungen nicht professionalisiert werden dürfen, daß ich, wenn ich mit einem Benutzer etwas unternehme, auch wirklich wollen muß. Anders herum: daß es auch richtig ist, Abwehr, Desinteresse zu zeigen. Der Patient darf nicht wie ein rohes Ei behandelt werden. Er ist ein Mensch mit gleichen Rechten, also hat er auch ein Anrecht, daß ihm gezeigt wird, woran er ist. Ich will das nicht weiter ausmalen, sonst könnte das als neuer Knigge gegenüber Patienten mißverstanden werden. Es handelt sich auch nicht um das Prinzip der guten oder schlechten Laune, sondern um ein im Kern analytisches Prinzip, nach dem ermittelt werden soll, warum Beziehungen stecken bleiben.

– *socializzazione della sofferenza* (Sozialisierung des Leidens): Zunächst wird damit die Einsicht formuliert, daß nicht die seelische Krise als solche ein psychiatrisches Prinzip ist, sondern ihre soziale Isolation. Insbesondere in Barcola hat man versucht, unter dieser Maxime zu arbeiten, zumal dort unter den neuen Patienten die Figur der ›depressiven Frau‹ zunahm. Dies geschah, indem Gruppen gebildet wurden, aus denen die Idee der Handarbeitsboutique entstand, einer Kooperative, die allerdings nicht gerade glückhaft gearbeitet hat. Zum andern – und das ist weitaus wichtiger – indem man das Patientenschicksal in dem Sinne zu wenden versuchte, daß die Patientin zur Protagomistin wurde; der Versuch also, das versteckte Elend durch das offene Elend zu provozieren. So sind zu den Stadtteilfesten in Roiano und Gretta im September 1977 Lieder vorgetragen worden, in denen das Schicksal der Frau von fünfzig Jahren und insbesondere das Schicksal von Maria Staritz vorgetragen wurden. Maria war eine ›Nervensäge‹. Sie kam aus Istrien, mit allen Hoffnungen, und fand sich im Subproletariat wieder. Periodisch trank sie und war dann kaum zu bändigen. Sie wurde oft gehaßt, die Achtung aber verlor man vor ihr nie, denn jeder verstand ihre Geschichte.

– *potere contrattuale* (Verhandlungsfähigkeit, öffentliche Macht): Das hauptsächliche Leiden ist das Leiden an der Machtlosigkeit. Man weiß es ja, die Paranoia der Mächtigen war Feldzeichen ihrer Herrschaft, nur die Ohnmächtigen blieben geisteskrank. Wenn es in Triest für die psychiatrische Intervention ein Kriterium gibt, dann dieses: inwieweit die öffentliche Position des Patienten dadurch gestärkt wird. Im Kapitel über die Sozialfürsorge werde ich darüber mehr sagen.

Ex-Langzeitpatienten in der Wohngemeinschaft ville Miramare; Zwangsräumung 1979

(10) Casa di marinaio

Zum Verhältnis von antiinstitutionellem Kampf und politischer Praxis

Das Bewußtsein der Grenzen

Zur Einweihung eines Irrenhauses gibts immer eine Feier; die Öffnung des Irrenhauses war auch noch ein Fest; aber die Schließung von San Giovanni, immerhin eine Welturaufführung? Nun, das internationale Treffen vom September 1977 ist sicherlich auch mit dem Nebensinn organisiert worden, die Resultate der Weltöffentlichkeit vorzuführen. Auf den Straßen im Gelände zeichnete man Richtungspfeile zu den geleerten Abteilungen auf; die Materialien aus der Aktion Marco Cavallo wurden noch einmal vorgestellt; die ›Zeugnisse‹ (*testimoni)* von Ugo Guarini, Alpträume aus dem alten Klinikmobiliar geschaffen, erschienen wieder. Aus dem ganzen Durcheinander von Zeltlager, rauchenden Bratrosten, Musikgruppen, Zeitungsständen, Diskussionsrunden und im Gewittersturm zusammenbrechendem Versammlungszelt erhob sich die verwischte Idee eines Festes. Der bunte Troß der Antipsychiatrie war erschienen und traf sich mit dem internationalen Jet-set der selbstlosen Institutionsbekämpfer. Die Autonomia suchte nach einem Sprachrohr, um das sich die verschiedensten Arbeitsgruppen rissen, und die Langzeitpatienten, die *ospiti,* sahen eine Chance zu Kaffeeeinladungen und kleinen Geldgaben, und ihre Hoffnung wuchs, auch eine Frau zu finden. Es gab aber niemanden, der hätte feiern können oder wollen.

Genossen der Autonomia, die mit ihren Forderungen und Parolen die Eröffnungsinszenierung gesprengt hatten, trafen zwar auf einen handgreiflichen Gegner, aber nicht mehr auf eine politische Position. Einige von ihnen schrieben später: Einige dreißig Genossen erlaubten sich, die Kathedrale der internationalen ›neuen Psychiatrie‹ zu entweihen und die Reliquien der am weitesten fortgeschrittenen Reform im – wie es in diesen Tagen genannt wurde – ›freiesten Land der Welt‹ zu schänden, nämlich Basaglia und die Psychiatrische Klinik von Triest.« Aber dieses Selbstlob geht etwas fehl; sie verursachten zwar Empörung und Wut, aber die Kunst der Triestiner, solche Widersprüche zu handhaben, bewährte sich noch einmal und offenbahrte damit ihre Zweideutigkeit. Die Sprengung einer Veranstaltung, die abschließende Schlägerei zwischen Basaglianern und Genossen der Automia gehörten geradezu zu einer Psychiatrie, die sich ›in das Zentrum der Widersprüche stellen‹ will (Basaglia).

Dennoch hat das Auftreten der Autonomia, ja ihre bloße Anwesen-

Triestiner Wohnsituationen

heit als politische Gruppe, die Grenzen, die Schwäche, die Ratlosigkeit in der Triestiner Praxis offengelegt. Seit dem Kampf um Sozialbeihilfe und um die Kooperative ist vom Patienten als Arbeiter gesprochen worden, von seinem Recht auf Arbeit, seinem Anspruch auf Wohnung, auf ein geregeltes Einkommen. Die Genossen der Autonomia sprachen von denselben Problemen, und die Entdeckung, daß man mit denselben sozialen Problemen konfrontiert ist, entwertete auf einmal den Triumph über die Zerstörung des Irrenhauses. Mochte noch im Rekurs auf die Stunde Null, die Verwandlung des Geisteskranken in einen Arbeiter als politischer Erfolg erscheinen (der es auch war), so war dieser Arbeiter doch entweder arbeitslos oder ohne Wohnung. Die Schließung von San Giovanni war in der Tat ein glanzloses Ereignis, denn schon in den Jahren vorher war aus dem institutionellen Hort der Geisteskrankheit die deprimierende Realität des Gettos mit nicht mehr verwertbaren Arbeitskräften entstanden. Die 260 *ospiti,* alte Männer, alte Frauen, sie waren nicht mehr arme Irre, sondern arme Bürger.
Aus dem Mißlingen der internationalen Feier einer fortschrittlichen Psychiatrie entsprang der Kampf um Wohnungen und schließlich die Besetzung der Casa di marinaio.
1977 hatte sich die Politik, Patienten durch Wohngemeinschaften wiedereinzugliedern, praktisch als gescheitert erwiesen. Der Wohnungsmarkt hatte sich ohnehin verschärft, da das neue Mieter-

Triestiner Wohnsituationen

schutzgesetz vor den Türen stand, und die größeren Spekulanten ließen in den Stadtteilen, wo noch größerer Wohnraum zur Verfügung stand, z. B. in der Cittavecchia, die Häuser lieber verfallen, um später einmal *palazzi* hochziehen zu können. Abgesehen von dem spekulativ verwerteten Hausbesitz der großen Versicherungsgesellschaften, Handelsfirmen, Banken befand sich der Wohnraum in der Hand kleiner Privatleute, die sich um die Vermietungen durchaus persönlich kümmerten und auf gutbürgerliche Nachbarschaft achteten. Unter diesen Hausbesitzern hatte es sich im Laufe eines Jahres schnell herumgesprochen, daß Psychiater von San Giovanni Wohnungen mieten, um dann Verrückte hineinzusetzen. Seitdem war der Markt praktisch geschlossen. Während des Kongresses hatte das Zentrum von Barcola diesen Sachverhalt in einem umjubelten Puppenspiel auf der Straße vorgeführt. Der Erfolg war gleich Null. Im Gegenteil: schon lief eine Räumungsklage bei einer Wohnung, in der hauptsächlich Langzeitpatienten lebten. Sie war dann erst 1978 erfolgreich, als Klagegrund wurde anerkannt, der Mietvertrag sei unter falschen Voraussetzungen geschlossen worden, weil die Mietpartei vorgespiegelt habe, sie wolle den Wohnraum selbst nutzen. Ein Urteil also, das alle Wohngemeinschaften in Frage stellte.

Triestiner Wohnsituationen; diese Frau wohnt schon seit 10 Jahren so; der nächste Wasseranschluß ist 1 km entfernt.

Zugleich weigerte sich die Behörde des sozialen Wohnungsbaus, die in der Klinik verbliebenen 260 *ospiti* in ihre Anwärterlisten aufzunehmen.
Aber die Politik der Normalisierung durch das Wohnen in normaler Umgebung war nicht nur in einem platten Sinne steckengeblieben, sie war vielmehr gescheitert, und eine grundsätzliche Überprüfung der bisherigen Praxis erwies sich als notwendig. Warum? Man hatte nie vorgehabt, den Wiedereingliederungsprozeß als Anpassung zu praktizieren. Man sah in den Patientenwohngemeinschaften durchaus das Element der Provokation, die politische Chance. Die Equipe hoffte, durch möglichst viele Wohngemeinschaften die gutbürgerliche Triestiner Kultur provozieren zu können. Insbesondere sollte sich das Beispiel von Wohngemeinschaften mit Langzeitpatienten für die erbarmungslose Einsamkeit der vielen Alten in Triest – als sichtbare Alternative eines der häufigsten Anfangsglie-

der der Psychiatrisierungskette – entwickeln. Am Widerstand der Hausbesitzer zerbrach dieses Konzept.
Mit diesem Scheitern zeichnete sich auch eine Wende in der bisherigen politischen Argumentation ab. Die Praxis der Entinstitutionalisierung hatte bislang mit der Dialektik von therapeutischen Forderungen und sozialen Ansprüchen gearbeitet. Die materiellen Interessen und Rechte der Patienten wurden herausgearbeitet und in ein therapeutisches Argument umgesetzt, mit dem dann die Öffentlichkeit und die Provinzialregierung erpreßt werden konnten – um damit wiederum auf erweiterter Stufenleiter die therapeutische Ideologie zu entmystifizieren.
Mit den Wohnungsproblemen wurde die Grenze sichtbar. Das Spiel mit der Ambivalenz der therapeutischen Mystifikation hatte sich politisch erschöpft: die Mechanismen des Wohnungsmarktes zeigten sich völlig unsensibel für die Erpressungsmanöver einer fortgeschrittenen Psychiatrie.
Mit dieser Erfahrung begann sich die politische Sichtweise zu verändern. Es war zwar von Anfang an nicht von den seelischen Störungen, sondern von den Bedürfnissen der Patienten die Rede. Aber die Definition der Bedürfnisse der Insassen bezog sich immer auf die Etappen der Zerstörungsprozesse des Irrenhauses, als die ›Rehistorisierung des Patienten‹, die Anerkennung als Arbeitskraft, die Auflösung der Hospitalisierungskette zur Debatte standen. Das Bedürfnis nach einer Wohnung ließ sich zwar noch zwingend aus der Situation der *ospiti* begründen, indem sie aber auf dem Markt erschienen, wurden sie aus zu normalisierende Expatienten schlicht zu unerwünschten Mietern, zu Mitgliedern des Subproletariats. So schien es nur folgerichtig zu sein, den sozialen Kampf im Gewand therapeutischer Erpressung aufzugeben und sich auf die klassischen Kampfformen gegen die Misere zu besinnen.
Hier muß noch ein Postscriptum angeführt werden: Es lohnt sich, den Begriff ›Bedürfnis der Patienten‹ genauer zu analysieren. Wie kommt eine psychiatrische Equipe dazu, Bedürfnisse von Patienten zu definieren? Es genügt, ein wenig in der Klinik gelebt oder in den Zentren gearbeitet zu haben, um zu wissen, daß die Bedürfnisse der Patienten die ganze Welt menschlicher Wünsche repräsentieren, vom In-Ruhe-gelassen-Werden bis zum Anspruch nach Glück, reiner Liebe und ›luxe, calme et volupté‹ (Baudelaire). Die andere Frage ist allerdings, wie Bedürfnisse definiert werden. Die Equipe hat sich nie sonderlich bemüht, die ›Bedürfnisse der Patienten‹, mit denen sie arbeitete, in therapeutischen Situationen oder – sagen wir – durch intensive Gespräche zu entdecken. Sie hatte nie Angst, den Patienten zu manipulieren, denn nichts anderes heißt es ja, wenn man seine Bedürfnisse definiert. Dies aber aus der Einsicht heraus, daß die Abhängigkeit des Patienten gegeben ist, und daß er folglich interpretierbar bleibt, also bis zu einem gewissen Grade wider-

standslos ist. Aus dieser Abhängigkeit kann sich der Psychiater nicht davonschleichen, indem er den Patienten wie ein rohes Ei behandelt, dessen innere Stimme zu erlauschen und seine Ausdrucksweise zu entziffern versucht. Erkennt man ihn als gleichberechtigten Menschen an, muß man voraussetzen, daß er versucht – in welchen scheinbar pathologischen Formen auch immer – seine Bedürfnisse zu verwirklichen; und daß unabhängig davon die Tatsache der Abhängigkeit bestehen bleibt, jener Manipulationszusammenhang, aus dem heraus die Bedürfnisse eben *für* die Patienten definiert werden. Das Kriterium kann dabei nicht das Wohl- oder Schlechtergehen des Patienten sein, sondern allein die allgemeine politische Verantwortlichkeit.
Um das Bild ein wenig zu überzeichnen: den Patienten wurde eines Tages klargemacht, daß nunmehr der Kampf um ›ihr Bedürfnis nach einer Wohnung‹ begonnen habe, ungeachtet der Tatsache, ob sie von sich initiativ geworden sind oder nicht.

Kampagne und Besetzung

Die Problematik dieser Aktion offenbarte sich sofort bei Frage des Gebäudes. Die zunächst ins Auge gefaßten Komplexe, das *Hôtel de la ville* und ein *palazzo* an der Piazza Unità, beide seit langer Zeit leerstehend, aber mit funktionierender Heizung, erwiesen sich als zu groß. Man befürchtete, damit ein künftiges Irrenhaus zu besetzen. Realistischerweise wurde gesehen, daß auch eine erfolgreiche Besetzung nicht die psychiatrische Arbeit überflüssig machen würde; im Gegenteil: das politische Engagement würde die Equipe auch als psychiatrische Spezialisten engagieren, da bei einer politischen Aktion dieser Art ein viel höherer Normalitätsdruck vorauszusehen war. (Zumal das Argument, die Equipe manipuliere und politisiere die von ihr abhängigen Kranken für ihre Zwecke, in Triest durchaus blühte.)
Nach sechswöchiger Suche fand man die *Casa di marinaio,* ein leerstehendes Seemannsheim, dessen Instandhaltung von der Seeleutegewerkschaft bezahlt wurde. Es unterstand einer sogenannten *ente inutile,* einer 1976 für unnütz erklärten Behörde, die noch drei weitere Seemannsheime betrieb und ihren Verwaltungssitz natürlich in Rom hatte. In diesem Haus wohnte allein der Direktor dieser Behörde.

Zur Institution der *ente inutile* sind ein paar klärende Worte nötig. Wenn in Italien ein soziales Problem auftaucht (und das kann auf die merkwürdigste Weise auftauchen, z. B., daß die Kusine 3. Grades eines Parteifreundes, der zufälligerweise auch Geldgeber ist, Spastikerin zu sein scheint, und man sich also des Problems der Spastiker annehmen muß), ist der natürlichste Weg der, eine *ente nationale* zu gründen, eine Nationalbehörde also, die zwar aus dem Haushalt finanziert wird, aber in ihren Projektierungen unabhängig ist. Diese Behörde gründet zunächst einmal einen Hauptsitz in Rom, mit Konferenzräumen, Sekretärinnen, Dolmetschern, Autopark. Das Direktorium dieser

Behörde ist so etwas wie eine Zusatzpension oder Altenteil für abgehalfterte Politiker. Von diesem Hauptsitz aus wird dann überlegt, was in den Regionen zu machen sei. Diese Nationalbehörden gehören zum sogenannten *sottogoverno,* zu jenem Dickicht politischer Beziehungen und Geschäftemacherei, das einen großen Teil des Staatshaushaltes aufsaugt und alle Reformgesetzgebung im sozialen Bereich praktisch boykottiert. Die Blinden-, Kriegsbeschädigten-, Waisen-, Arbeitsinvaliden-, Verrückten-, Altenindustrie ist ein äußerst profitables System, das sich unter dem Faschismus entwickelte und eine seiner Hauptstützen war, wie es jetzt als eine Hauptstütze (und Geldquelle) für die Christdemokraten fungiert. Es gibt über 60 000 dieser National-, Regional- und Provinzialbehörden, die praktisch das ganze Feld der sozialen Wohlfahrt beherrschen.
Jedes Reformprogramm einer Regierung sieht als unverzichtbare Voraussetzung die Auflösung eines Teils dieser Behörden vor, die offensichtlich überflüssig sind. Mit dem Gesetz 382 von 1976 ist eine Liste von 62 ›unnützen Behörden‹ verabschiedet worden, darunter Behörden wie: ›Nationalbehörde der italienischen Mode‹, ›Behörde zum Schutz der Moral Jugendlicher‹, ›Nationalbehörde zur Förderung des Kolonialwohnungsbaus‹, ›Nationalbehörde zur Unterstützung von Kriegsblinden aus dem 1. Weltkrieg‹, ›Kasse für die Hilfe und Unterstützung von Verbrechensopfern‹ usw. Die Unnützerklärung bedeutet aber noch lange nicht die Auflösung. Erstens gibt es da eine gesetzliche Frist, innerhalb derer die Behörde wieder nützlich werden kann, und zweitens hängen an diesen Behörden Arbeitskräfte, Wähler, der ganze Clientilismus. (vgl. V. Emilians, Torino 1977)

Eine dieser *enti inutili* war also die *Casa di marinaio,* ein zweistöckiges Gebäude mit etwa 15 Zimmern und einem großen Untergeschoß, das gut für die Bedürfnisse des Stadtteils als Jugendtreffpunkt oder Kindergarten zu nutzen war. Das Gebäude steht in der Altstadt, ist aber am Hang gelegen, in einer durchaus noblen Wohngegend.
Parallel dazu wurde eine Kampagne zur Wohnsituation in Triest organisiert. Die Zentren begannen die Wohnsituation der *utenti* systematisch zu erfassen. Es wurden Photogruppen gebildet, die die Verwahrlosung der Häuser, Obdachlosenquartiere, Baracken, jahrzehntealte Notunterkünfte dokumentierten. Die Mitarbeiter der Zentren nutzen jede Gelegenheit, um die Wohnungsfrage in die Debatte zu bringen. Auf den wichtigsten Plätzen der Viertel wurden Fotoausstellungen aufgebaut. Die Frucht dieser Arbeit waren zunächst Zeitungsartikel. IL MERIDIANO DI TRIESTE beschreibt z. B. den Zustand eines Hauses im Zentrum der Stadt:
»Eines der Häuser, bei denen die Realität die Vorstellungskraft übersteigt . . . Es gibt keine Heizungsmöglichkeit: die Mittel, die die Bewohner benutzen, um sich dennoch zu wärmen, sind rundum bedenklich – ungesicherte und defekte Propangasöfen oder das offene Küchenfeuer (um die Hände etwas anzuwärmen), immer mit der Gefahr eines Brandes oder einer Explosion verbunden. Die Zimmer, wiewohl äußerst winzig, sind vollgestopft mit Betten, Kücheneinrichtungen, Kredenzen usw. Unter diesen Bedingungen leben in Triest, im Jahre 1978, zwölf Familien . . . Es handelt sich mehr oder weniger um Rentner, die angeblich provisorisch hier untergebracht, zum Teil seit mehr als 30 Jahren, immer in Erwartung einer Wohnungszuteilung.
›Für uns Alte hat das keine Bedeutung mehr, wir sind es nun gewöhnt, ohne Geld zu leben, aber die Jungen geben so nicht auf und werden gewalttätig.‹ ›Wir haben auch unsere Würde, wir wollen keine Almosen empfangen, wollen nicht Pflegefälle sein!‹ – Das sind die Meinungen, Stimmungen, Haltungen, die wir unter den *utenti* des Zentrums sammeln konnten. Sie wollen eine Wohnung, darauf glauben sie ein Recht zu haben, dafür wollen sie auch die Miete bezahlen, die ihren Verhältnissen entspricht.«

Artikel dieser Art gab es mehrere. Nach einem Monat konnte jeder in der Stadt wissen, daß es in Triest 4600 leerstehende Wohnungen gab, daß die Altstadt dem Verfall durch Spekulation preisgegeben ist, daß Tausende in Baracken leben, und daß es immer noch 260 ›Patienten‹ gibt, die unter der Krankheit der Wohnungslosigkeit leiden.

Auf die Frage, wieso sich ausgerechnet die Zentren in der Wohnungsfrage engagieren, antwortete *Mario Reali,* verantwortlicher Arzt der 4. Zone:

»Wir gehen von den praktischen Erfahrungen, von der Realität aus, daß eben der größere Teil der sog. Geisteskranken aus den Armenvierteln kommt; es gibt so eine Art Verteilungsschema der Emargination, jenes leisen Massakers, das sich vollzieht durch ungeheizte Räume, durch provisorische Wohnungen innerhalb eines großen Raumes, durch das Verdrängen alter Häuser durch neue, durch den Verfall der Häuser, durch den drohenden unaufhörlichen Lärm der Kräne. Das Niederreißen der alten Häuser, das Dröhnen der Preßlufthämmer bringen die Leute dazu, sich und ihren Lebensraum zu verteidigen, sich in der Wohnung zu verbarrikadieren, nicht mehr aus dem Haus zu gehen. Sie fühlen sich in der Tat weggeschoben. Das nimmt dann die Form von totalen Vertrauenskrisen, von Depressionen an, die oft mit Selbstmordversuchen enden.

Die Wohnung ist nur in zweiter Linie ein physisches Bedürfnis, sie ist ein Symbol der eigenen Welt, wo man aufatmen kann, ißt, schläft, sich anfaßt, sich selbst wiederfindet im Spiegel ihrer Wände. Also ist das Fehlen der Wohnung nicht allein das Fehlen der vier Wände; es bedeutet, daß man leichter kaputtgemacht, an den Rand gedrückt, weggeschoben werden kann; es bedeutet, mit seinem Körper alles aushalten zu müssen, alle Bedrohungen der Identität zu erfahren, nicht gewollte Promiskuität, die Stimmen der anderen, die durch die Pappwände dringen, dulden zu müssen. In diesen Tatsachen entstehen die Angst vor den anderen, die Verfolgungsängste. Es handelt sich um ein leises, programmiertes Massaker gegen Leute, die sich nicht verteidigen können.« (zit. n. IL MERIDIANO DI TRIESTE 28. 11. 1978)

Die Kampagne ist mit solchen Äußerungen schon über die Anklage eines sozialen Zustandes hinausgegangen. In allen Formulierungen der Kampagne wird die anstehende Aktion durchaus angedeutet. In einer Vollversammlung der *utenti* des Zentrums von Barcola (mit etwa 100 Teilnehmern) zeigte sich sehr deutlich jene etwas komische Gebrochenheit, mit der sich die flammende Empörung in Andeutungen verliert. Die Versammlung war wunderschön, die Patienten hatten ihre besten Kleider angezogen; auf ihre Wohnungsmisere angesprochen traten sie schnell aus der Klage heraus, um virtuos, mit der ganzen Gestik und rhetorischen Technik des italienischen Volksredners zu Aktionen aufzufordern. Eine Frau begann damit, daß man an den Präsidenten der Provinzregierung, der ja doch immer ihr Fürsprecher gewesen sei, einen Brief, besser eine Petition, besser einen Forderungskatalog schicken solle. Da aber (die Bürokratie!) das womöglich nicht ankomme, bringe man die Forderungen besser zu ihm nach Hause. In welchem Haus wohne er eigentlich, sicher in einer Villa mit Panorama, wie es denn wäre, wenn man sich in sein Haus setzen und ihn zwingen würde, mal in Wohnungen wie den ihrigen zu wohnen. – Die Equipe folgte diesen Diskussionen, die unverzüglich auf Masseninitiativen hinausliefen, mit anfeuernder Zustimmung.

An dieser Stelle sollte man zunächst die politische Vorbereitung der Hausbesetzung darstellen. Zunächst einmal war eines deutlich: die Diskussionen in den Vierteln, unter den Patienten und Betroffenen, die aus echter Empörung in Aktionsvorschläge umschlugen, legitimierten doch nur die schon geplante Aktion. Die Vorbereitung der Besetzung selber blieb nicht nur aus Gründen der Geheimhaltung aus der Diskussion. Vielmehr lag eine politische Trennung vor, aber man kann diesen Tatbestand nicht als Verhältnis von Avantgarde und Massen interpretieren. Das manipulative Element in dieser Kampagne ist nicht zu übersehen: manipulativ ist es schon, die Wohnungsnot zum akuten Bedürfnis zu erklären, manipulativ ist es auch, eine Aktion *für* eine soziale Minderheit vorzubereiten. Das entwertet aber in meinen Augen die Hausbesetzung durchaus nicht. Meiner Meinung nach drückt das manipulative Element einen gegebenen Widerspruch aus: daß die Bewegungsformen der Masseninitiative sich von denen des antiinstitutionellen Kampfes unterscheiden. Die Hausbesetzung folgte noch ganz der Logik, mit der die Zerstörung der Klinik vorangetrieben wurde: die therapeutische Argumentation bis zum äußersten auszunützen, um den Kampf um die materiellen Interessen der Patienten voranzutreiben, zugleich aber die Ergebnisse gegenüber dem Staat abzusichern. Auch waren die Patienten nicht diejenigen, die von sich aus die sozialen Garantien und den Schutz, den ihnen die psychiatrische Equipe garantierte, preisgeben würden, um sich spontan zu organisieren. Angesichts der Psychiatrie und der allgemeinen Not waren sie gleich, Patienten, Benutzer, ›Gäste‹, aber untereinander verstanden sie sich durchaus nicht als ihresgleichen. Die ›depressive Frau‹ aus Barcola sah sich überhaupt nicht in demselben Topf mit dem Alkoholiker aus San Giacomo, auch wenn sie das gleiche Wohnungsproblem hatten. Der Equipe blieb also ohnehin nur die Möglichkeit, in der Logik des antiinstitutionellen Kampfes fortzufahren, also von der Tatsache auszugehen, daß 260 ehemalige Langzeitpatienten noch in der Klinik sind.
Auch die Argumentation der Kampagne war in sich widersprüchlich. Einerseits wurden die sozialen Hinter- oder Vordergründe offengelegt. Der Alkoholiker, der in einem feuchten Loch vegitiert, wird zum Wohnungslosen, der sich einzureihen hat in den allgemeinen politischen Kampf gegen die Wohnungsnot und die alltägliche Misere. In dieser Argumentation ging es darum, die besondere Problematik der Klinikinsassen aufgehen zu lassen in dem allgemeinen politischen Kampf. Andererseits gab es in Triest durchaus keine Massenbewegung gegen den Skandal der Spekulation, gegen die Wohnungsnot. In diesem Sinne war der Patient aufgrund seiner besonders verschärften persönlichen Lage so etwas wie eine Avantgarde. Die Vorbereitung der Hausbesetzung *für* Patienten war selbst schon Teil eines allgemeinen politischen Kampfes, den es in

Triest zu beginnen galt.
Es ist keine Frage, daß sich diese widersprüchlichen Argumentationsstränge in der Vorbereitungskampagne gut vertrugen. Sie drücken aber eine unterschiedliche Reife der politischen Lage und eine unterschiedliche Kräftekonstellation aus. Im Moment der Aktion war es dann schon entscheidend, ob die Besetzer sich als Interessenvertreter einer alternativen Psychiatrie verstehen wollten, die – um ihren Zielen treu zu bleiben – die ihr gesetzten Grenzen und gesetzlichen Einschränkungen durchbricht; oder ob sie als eine politische Gruppe agieren soll, die als Avantgarde das Elend der Triestiner Massen in Bewegung bringen will.
Am 23. Februar wurde das Haus besetzt. Man klingelte, der Direktor öffnete. Die spontane Reaktion: jetzt könne man ja vielleicht die Heizung in Ordnung bringen. In der Tat wurde die Heizung von einem der *ospiti* von San Giovanni, Ex-Partisanenführer und Ex-Automechaniker, in Ordnung gebracht. Ein erster Rundgang zeigte die Verwahrlosung der Zimmer. Die in den Jahren erprobte Organisationskapazität der Equipe bewährte sich auch hier: das Haus wurde innerhalb kürzester Zeit zu einem funktionierenden politischen Zentrum umgestülpt. Die oberen Zimmer begann man auszumisten. Zwei ehemalige Patienten, Ljubo und Patrizia, richteten sich ihre Wohnung ein. Ljubo begann für die Besetzer zu kochen, organisierte eine Art kleiner Mensa. Vor dem Haus wurde die Fotoausstellung über die Wohnsituation Triests aufgebaut, man hängte Transparente auf (eines mit dem Motto: ›Marco Cavallo in der *Casa di marinaio* angekommen‹).
Die Gruppe der Besetzer bestand im wesentlichen aus dem größten Teil der Ärzte und aus der sog. Pflegeravantgarde, den Pflegern also, die auch die ersten ›draußen‹ gewesen waren. Hinzu kamen die ›Freiwilligen‹, Studenten, Ausländer, die in der Psychiatrie arbeiteten. Etwa 20 Patienten waren ständig anwesend. Der Provinzregierung wurde zu verstehen gegeben, daß die Aufrechterhaltung der psychiatrischen Dienste gewährleistet sei und daß die Tätigkeit im besetzten Haus nicht in die Arbeitszeit falle.

Das Echo auf die Besetzung – die Spaltung der Equipe

Die Besetzung fand sofort ein landesweites Echo. LA REPUBLICA, LOTTA CONTINUA, IL MANIFESTO und auch CORRIERE DELLA SERA berichteten kontinuierlich und detailliert und veröffentlichten die Erklärungen der Besetzer. Das Schicksal der Besetzung entschied sich auf nationaler Ebene, zumindest wurde es durch die politische Kräftekonstellation im Land selber beeinflußt. Doch dazu später. Zunächst erschien die Erklärung der Besetzer in den überregionalen Zeitungen:

». . . Warum haben wir *Patienten* die Besetzung gemacht?
Diese Entscheidung ist uns als einzige Möglichkeit geblieben, um die Öffentlichkeit auf die Situation von 200 Personen aufmerksam zu machen, die immer noch gezwungen sind, sich in San Giovanni aufzuhalten, nur weil sie keine Wohnungen finden; auch um die Öffentlichkeit auf uns aufmerksam zu machen, die wir als Ex-Insassen aus Wohnungen ausgewiesen werden . . .
Warum haben wir *Angestellten* die Besetzung gemacht?
Diese Entscheidung erscheint uns als die logische Konsequenz einer Praxis, die sich seit sieben Jahren abmüht, das Irrenhaus zu zerstören. Wir haben immer die realen Bedürfnisse der Person in den Mittelpunkt unserer Arbeit gestellt. Angesichts dieser Bedürfnisse erscheinen uns die individuellen Anstrengungen immer unzureichender und verfehlter – Beispiel Psychopharmaka, Beispiel Sozialbeihilfe. Sie lassen die grundsätzlichen Probleme ungelöst und berühren nicht die Trägheit der öffentlichen Instanzen, die sich dieser Probleme annehmen müßten . . . Wir wollen die Logik der Fürsorge ersetzen durch den Kampf um das Recht auf andere Lebensbedingungen . . . .«

Zugleich wurde in einem offenen Brief an alle Parteien, an die Gewerkschaften, an den Stadtteil usw. dieser Forderungskatalog formuliert:

». . . die Besetzung hat folgende Ziele:
– Aufbau eines *Centro di salute mentale* mit allen notwendigen Einrichtungen für die I. Zone, der bislang eine so notwendige Einrichtung vollständig fehlt. Seit zwei Jahren gingen die Verhandlungen um die Nutzung genau dieses Gebäudes, ohne daß sich bisher ein Erfolg abzeichnete.
– Wohnung für einige Patienten, die noch in der Klinik wohnen, nur weil es ihnen nicht gelungen ist, anderswo eine Wohnung zu finden;
– Aufforderung, die Untätigkeit der allzu vielen öffentlichen Behörden hinsichtlich des wohlbekannten Problems der *ospiti* von San Giovanni zu beenden, die außerhalb des Irrenhauses wohnen können und müssen?
– Eröffnung einer allgemeinen politischen Diskussion über das Wohnungsproblem der Randgruppen und Armen in Triest. Wir fordern in diesem Zusammenhang die politischen Kräfte, die Gewerkschaften und die Bevölkerung auf, diese Initiative zu unterstützen – ohne diese Unterstützung bleibt unsere Aktion symbolisch, lediglich steril . . .«

Die allseitige Unterstützung blieb nicht aus. Zuerst meldete sich die Seeleutegewerkschaft. Mündlich gab sie zu verstehen, daß man rundheraus damit einverstanden sei, daß jemand mit diesem Haus endlich etwas anfange. In der Presseerklärung vom 25. Februar unterstrich sie das Recht der Seeleute, eine Einrichtung benutzen zu können, für die sie Beiträge leisten, und klagte die Trägheit der zuständigen öffentlichen Behörde an, die das Gebäude habe verfallen lassen.
Am Schluß heißt es, die Gewerkschaft trete dafür ein, daß in kürzester Zeit für die dringendsten Bedürfnisse der Gemeinde ausreichende und angemessene Einrichtungen geschaffen werden. Damit stellte sie sich auch hinter die Ziele der psychiatrischen Equipe. Und obwohl sie der Methode des Kampfes nicht zustimmen konnte, äußerte sie Verständnis für die Besetzung, weil sie die ›Schwere der Situation‹ unterstrichen habe.
Die Frage der Kampfmethoden blieb also für den Moment unentschieden; die Gewerkschaften schienen zunächst bereit zu sein, sie auszuklammern. So wies das Sekretariat der Arbeitskammer der

CGIL in ihrer Presseerklärung ausschließlich darauf hin, daß die Stunde gekommen sei, sich mit den sozialen Einrichtungen zu beschäftigen und drängte auf Verhandlungen zwischen der Provinzregierung und der Behörde, die die *casa di marinaio* verwaltete (erst in einer späteren Presseerklärung wurde von ›umstrittenen‹ Kampfformen gesprochen). Die Fabrikräte der größten Industrien im Raum Triest hingegen solidarisierten sich ohne Einschränkung mit den Besetzern; sie forderten energische Schritte bezüglich der 4600 leerstehenden Wohnungen und verlangten, daß die Wohnungsfrage der 200 *ospiti* in San Giovanni vordringlich behandelt werden solle. Und auch die SUNIA, die vom PCI beeinflußte Mieterorganisation, solidarisierte sich und stellte die Kapazitäten ihrer Organisation für die Agitation zur Verfügung. Mit der Hausbesetzung und der Agitation zur Wohnungsfrage ist die ursprünglich institutionelle Figur des ›Gastes‹ also eindeutig zum Vertreter einer sozialen Randgruppe geworden. Auch San Giovanni verwandelte sich aus einer Klinik in ein soziales Ghetto.
Obwohl die Besetzer mit einer breiten und spontanen Solidarität rechnen konnten, blieb der politische Spielraum äußerst schmal. Die Provinzregierung (PCI und PSI) hatte zunächst einmal eine schwankende Haltung eingenommen. Diese Tatsache wurde sofort auch in den überregionalen Zeitungen diskutiert, denn damit stand unmittelbar die Generallinie des PCI zur Debatte. Da die Besetzung nicht nur illegal war, sondern auch im Namen der reformatorischen Praxis einer staatlichen Institution von Beamten durchgeführt wurde, stellte sie auf jeden Fall ein fait accompli von nationaler Tragweite dar. Die Frage war also, ob der PCI, die Partei der Gesetzlichkeit und des Rechtsstaates, eine illegale Handlung legitimieren würde. Der politische Spielraum wurde in diesen Tagen von dem Versuch der Gewerkschaften bestimmt, zwischen der *ente inutile,* die die Casa di marinaio verwaltete, und der Provinzregierung Verhandlungen herbeizuführen. Am zweiten Tag nach der Besetzung erschien der Direktor der Organisation aus Rom und erklärte, daß er Projekte habe, die aber durch die Unnützerklärung blockiert seien. Im übrigen lehnte er jede Verhandlung ab. Jetzt war er zur Schlüsselfigur geworden und hatte durch seine Arroganz das weitere Schicksal der Besetzung entschieden.
Nunmehr setzten die Gegenreaktionen ein. Die lokalen Zeitungen änderten die Tonart. IL PICCOLO veröffentlichte Leserbriefe, die den ganzen Kranz reaktionärer Argumentation vorführten:

»Sicher wird die Indifferenz angesichts solcher Vorgänge entmutigend wirken: tatsächlich wiederholen sich die ›Besetzungen‹ und werden quasi akzeptiert . . . Im Inneren hatte ich die Gelegenheit festzustellen, daß die Besetzer keinerlei Restaurierungsarbeiten in Gang gesetzt haben, vielmehr das Gebäude durch Akte des Vandalismus und durch die allgemeine Unordnung herunterkommen lassen: Rauch, Feuer, Gestank, Dreck, Leute, die kommen und gehen, Geschrei, Kinder, Jugendliche . . .«

Solche Leserstimmen signalisierten nicht nur die verschärfte Frontstellung der lokalen Presse, sie gehörten zum Bild einer sich blitzschnell entwickelnden Polarisierung. Als gravierendstes Ereignis erwies sich dann bald die Spaltung zwischen Basaglia und dem Rest der Equipe. Basaglia lehnte die Besetzung entschieden ab und war bereit, um seine Demission zu bitten. In seiner ersten Erklärung trennte er zwischen Spezialisten und Politikern. Er sei zwar mit der Besetzung als einer allgemeinen politischen Kampfform einverstanden, sie könne aber nicht zur Methode der Auseinandersetzung innerhalb der Institution, zum Moment des antiinstitutionellen Kampfes werden. Er wies allerdings darauf hin, daß die psychiatrischen Dienste weiterlaufen würden, daß die Besetzung also keine dienstliche Handlung sei. Diese immer deutlicher werdende Spaltung entfesselte eine Polemik auf nationaler Ebene. Auch Basaglias Stellungnahmen verschärften sich: er sprach von ›politischem Abenteuertum‹, vom ›Ritt auf dem Tiger‹, von der ›Flucht nach vorn‹.
In LA REPUBBLICA vom 26. 2. formulierte er seine Bedenken:

»Wir treiben eine für unser Land einzigartige Erfahrung und Praxis voran und wir müssen uns auf dem Kampffeld der Institutionen bewegen, möglicherweise in einem überaus langen Marsch. Wir können das nicht kompromittieren, indem wir Methoden wie Besetzungen übernehmen, bei denen man nicht weiß, wohin sie führen und wie sie vom Rest der Gesellschaft interpretiert werden. Darüberhinaus ist die Wohnungsnot nicht allein das Problem des *utente:* man muß dieses Thema in einen größeren Zusammenhang stellen.«

Mit dem letzten Satz hatte er die deutliche politische Schwäche der Besetzung berührt. In der Tat gab es um die Wohnungsnot in Triest praktisch keine Auseinandersetzung, so daß die Besetzung zunächst einmal keinerlei taktisch/strategischen Stellenwert innerhalb der Misere hatte – außer der vagen Idee, sie könnte ein zündender Funke sein. Nicht so sehr Basaglias Erklärungen wie seine direkten politischen Handlungen aber verschlossen den Besetzern den Verhandlungsweg und trieben sie politisch in die Defensive. Er war nämlich derjenige, der an den Sitzungen der Regierung teilnahm und damit fiel diese für die Besetzer als Gesprächspartner aus. Die Equipe reagierte in drei verschiedenen Richtungen. Zunächst versuchte man in den öffentlichen Erklärungen den Dissens mit Basaglia zu entdramatisieren und zugleich in verhüllter Form die Auseinandersetzung mit ihm weiterzuführen. Im MERIDIANO DI TRIESTE erklärte *Rotelli,* der spätere Nachfolger von Basaglia:

»Nein, uns hat es nicht überrascht, daß sich Basaglia von unserer Aktion abgesetzt hat ... Basaglia hat unterstrichen, daß es sich bei unserer Aktion um eine politische Geste handele, von der er meint, daß sie ihren Wert haben könne, eine Geste, die wir nicht so sehr als Spezialisten, eher als Individuen gemacht hätten. Dem stimmen wir zu. Wenn wir besetzt haben, und es als Mitarbeiter gemacht haben, dann nur auf der Basis von Beziehungen, die wir zwischen uns und den Patienten entwickeln wollen. Beziehungen, wonach wir Verbündete des Patienten in seinen Problemen – und nicht seine Kontrolleure – sein wollen.«

Rotelli versuchte also die Spaltung zu einem Interpretationsstreit über die ›richtige Triestiner Praxis‹ zu verkleinern. Viel schärfer zielt der Schluß eines Briefes an die politischen Instanzen auf Basaglia:

»Wer auch immer uns des ›Abenteuertums‹ anklagt, scheint in diesem Augenblick das hohe Niveau der Widersprüche nicht wahrgenommen zu haben, durch die heutzutage die allgemeine Realität bestimmt wird. Er erklärt die Auseinandersetzung mit denen für beendet, die sich trotz dieser Widersprüche bemühen, Lösungen zu finden.
Zum Schluß wollen wir eine Formulierung aus dem Leitartikel des CORRIERE DELLA SERA von heute, dem 26. Februar, aufgreifen: ›Der Lehrer heutzutage hat Angst, will aufgeben, will die Schule schließen, aber was glaubt er denn schließen zu können? Man schließt nicht ein Land, man schließt nicht ganze Generationen, man schließt nicht eine Gesellschaft.‹
Möge es nicht ›wie auf den mittelalterlichen Narrenfesten‹ geschehen, ›in denen der Herr sich sonstwo amüsiert, während diejenigen, die zusammen kämpfen müßten, sich gegenseitig die Köpfe einschlagen‹«

Zum zweiten bemühte man sich zu diesem Zeitpunkt um eine offene und klare Antwort seitens der Provinzregierung. Es wurde betont, daß die Ernsthaftigkeit der Ziele bei der Besetzung nie zur Debatte standen, und daß es möglich sein müsse, unabhängig von der Bewertung der Methode über die anstehenden Probleme zu verhandeln. Es bestand die geringe Hoffnung, daß man sich, indem man die Regierung und die Parteien unverzüglich zu einer politischen Stellungnahme provozierte, noch einen Spielraum verschaffen könne, der auf die Dauer bei der gegebenen politischen Konstellation nicht mehr denkbar war. Das folgende Kommuniqué der Regierung schlug dann einen überaus harten Ton an und ließ keine Zweifel mehr offen: Die Besetzung wurde verurteilt, denn »diese Art von Aktion, diese Kampfmethoden können, wenn auch ungewollt, Elemente provozieren, die die öffentliche Ordnung stören. Sie können darüberhinaus Zündfunke sein für das Abgleiten in gegenseitige Provokationen und außerdem das Ansehen der öffentlichen psychiatrischen Dienste kompromittieren.« Damit war der Weg zu Verhandlungen endgültig versperrt.
Der dritte Ansatz, der vielleicht politisch wichtigste, sicher aber aufschlußreichste, betraf die Nutzung des Gebäudes selber: Es sollte als Jugendtreffpunkt für das Stadtviertel verfügbar sein. In der *casa di marinaio* wurde ein Kinderfest organisiert (mit Malwettbewerben, Puppentheater etc.) und für eine offene Vollversammlung agitiert. Derlei Initiativen waren dringend nötig. Zwar fehlten auf der einen Seite in diesem Viertel soziale Einrichtungen, doch sahen die Bewohner, durchweg gutsituierte Familien, in einem besetzten Haus keineswegs eine Bereicherung.
Die Vollversammlung am 28. 2. war überfüllt. Sie begann mit Protesten und den Solidaritätserklärungen der Mieterorganisation, der Fabrikräte, der Stadtteilräte. Im Lauf des Abends schälte sich dann doch eine realistische Bestandsaufnahme der Situation heraus: Man erkannte, daß die breite Unterstützung nicht garantiere, daß man das Haus halten könne. Folglich müsse die Besetzung eine

Wendung erfahren, nunmehr müsse die praktische Verwendung des Hauses im Vordergrund stehen. So wurde vorgeschlagen, die Gruppe, die am konsequentesten hinter der Besetzung stand, also das Zentrum via Gambini, solle hier ein neues Außenzentrum für das Viertel organisieren. Ein anderer Vorschlag war, die Mitarbeiter der Psychiatrie sollten die Besetzung zu dem Zeitpunkt aufgeben, da die Patienten sicher darin wohnen, und sich dann darauf beschränken, die *Casa di marinaio* politisch zu unterstützen, durch Propaganda aller Art und durch kulturelle Initiativen im Viertel.
In dieser Phase deutete sich erneut der Widerspruch an. Zwischen *tecnico* (Spezialist) und *politico,* der schon durch die Intervention Basaglias thematisiert wurde, allerdings ausschließlich auf die Frage der Kampfformen bezogen. Aber dieser Widerspruch öffnete sich jetzt auch innerhalb der Gruppe der Besetzer. Die Besetzung war organisiert worden von Mitarbeitern der Psychiatrie und Patienten, im Namen der wohlverstandenen Interessen der Patienten und im Namen einer fortgeschrittenen Praxis gegen die Institution Irrenhaus. Die Patienten, um deren Interessen es ging, waren keineswegs Subjekt dieser Aktion. Die Besetzung war *für* sie organisiert worden, von Mitarbeitern, die selbst Wohnungen hatten. Die Gruppe der Besetzer waren einerseits politisierte Angestellte des Staates, die sich die Interessen der von ihnen Abhängigen zu eigen gemacht hatten – und andererseits eine politische Gruppe, in der egalitäre Beziehungen und politische Gleichberechtigung herrschen sollte. Jedenfalls erhöhte sich in dieser Phase der Besetzung der Druck auf die Patienten beträchtlich. Man brachte sie aus ihren bisherigen Unterkünften in die *casa di marinaio* und machte ihnen klar, daß sie sich mit ihrem künftigen Wohnraum zu identifizieren hätten. Es begann also etwas, was es in der bisherigen Praxis nicht gegeben hatte: die Politisierung der Patienten.
Der Widerspruch war der, daß man in dem Maße, in dem man von den Patienten eine politische Identifikation erwartete, die institutionelle Abhängigkeit in das Feld der sozialen Kämpfe exportierte. Dabei ging es nicht so sehr darum, ob die Patienten dieser Aktion zustimmten oder nicht. Wer von ihnen in der *casa di marinaio* anwesend war, identifizierte sich auch damit. Das Problem ist darin zu suchen, daß die Hausbesetzung der Kultur der Patienten, ihren möglichen politischen Bewegungs- und Äußerungsformen widersprach. Ihre Schläue des Überlebens, ihre Tricks, die sie befähigten, als ›Parasiten des Staates‹ nicht unter die Räder zu kommen, fanden hier keinen Spielraum. Zudem gab es für sie keinen Platz in dem taktisch ambivalenten Spiel zwischen *tecnico* und *politico.* Ich hätte mir bösere, provozierendere Aktionen denken können, bei denen die Leute der Ansteckungsgefahr von Schmutz und Elend ausgesetzt gewesen wären. So aber hatte man den Eindruck, daß die Patienten in ihrer Rolle als Wohnungssuchende und Besetzer sich

anständig zu benehmen hatten und sich vor allem keine Krise leisten durften (das wird hier nicht als Beobachtung zitiert, sondern es waren Assoziationen, wie sie der Situation entsprangen).
Prompt geriet dann auch die herausragende Figur der besetzenden Patienten in die Krise: Ljubo. Er war der erste, der sich sein Zimmer eingerichtet hatte; er kümmerte sich um die Mahlzeiten, versorgte die herumschwirrenden Kinder, kochte für sie und war gewissermaßen Hausmeister der *Casa di marinaio*. Einen Tag, bevor das Haus geräumt werden sollte, war er verschwunden. Was dann geschah, wird uns im nächsten Kapitel beschäftigen.
Am Vormittag des 3. März wurde immer deutlicher, daß die Räumung unmittelbar bevorstand. Diesbezügliche Informationen wiesen die Besetzer mit der Bemerkung von sich, man wolle doch einmal sehen, ob hier Ärzte mit Gewalt aus dem Haus geworfen würden. Als dann die Polizei kam, waren die Ärzte gerade beim Mittagessen. Die Räumung erfolgte in glimpflichen Formen, das Material konnte noch zusammengepackt werden. Die Personalien wurden notiert.
Alle Besetzer zogen sich in die Klinik zurück, wo sie die Drohung Basaglias erreichte, daß die Direktion geräumt werden würde, falls sich unbefugte Personen dort aufhalten würden. Die Diskussion der Räumung an diesem Abend war beherrscht von Niedergeschlagenheit. Die politischen Spielräume seien jetzt zu, man sei gezwungen, in die alten Berufsrollen zurückzukehren. In der Psychiatrie weiterzuarbeiten schien nur noch in zynischer oder resignativer Haltung möglich. Es handelte sich offenbar um mehr als um eine politische Niederlage; alle hatten das Gefühl, daß der antiinstitutionelle Kampf in Triest sein historisches Ende gefunden habe: das Spiel, durch eine zugespitzte und immer weiter voranschreitende Interpretation der psychiatrischen Aufgaben den Kampf gegen das Irrenhaus in einen Kampf gegen die Emarginisierung umzuwandeln, sei ausgespielt.
In der Tat schien die Stimmung nach der Besetzung auf diesen Tatbestand hinzudeuten. IL MERIDIANO DI TRIESTE, eine Wochenzeitung, die wie gezeigt, die Agitation gegen die Wohnungsnot zunächst unterstützt hatte, formulierte eine Woche später einen Leitartikel, der durch seine Plattheit und Rücksichtslosigkeit erschreckt, und von dem man annehmen kann, daß er vom regierenden PCI inspiriert worden ist:

»Die Ärzte und die Spezialisten haben die Aufgabe der Praxis, die Politiker die Pflicht, die Voraussetzungen zu planen, die Finanzierung zu sichern und die Instrumente zu entwickeln, um den Plan (der Abschaffung des Irrenhauses) Schritt für Schritt voranzubringen . . . Gemessen an dem, was geschehen ist, kann man sich nur beglückwünschen, daß sie (die Besetzer) begriffen haben, welcher Unterschied zwischen der Utopie und einer Realität besteht, die es Tag für Tag mühsam herzustellen gilt, und daß sie die Dimension einer neuen Gesellschaft, die sie zu errichten suchen, nicht durch ›Putsch‹ und Handstreich erreichen können . . .«

In der Tonart gemäßigter, in der Sache durchaus identisch lautete die Erklärung von Piero Panizon (PCI), dem Psychiatrieminister der Provinz. Er sagte, daß die realen Probleme über »symbolische Akte des Protestes« hinausgehen und daß für sie die politischen Kräfte und öffentlichen Behörden, die die Bürgerschaft repräsentieren, zuständig seien. Auch er benutzte die drohende Formel, daß die bisherigen Ergebnisse im Kampf um die Zerstörung des Irrenhauses in Gefahr geraten könnten.
Nun war es ja bislang die Stärke der Triestiner Praxis gewesen, die ›Planung der Voraussetzungen, die Sicherung der Finanzierung, die Entwicklung von Instrumenten‹ eben nicht den Politikern zu überlassen, sondern mit der Taktik des Zeitvorteils die Politiker in Zugzwang zu bringen. In dieser Haltung unterschied sich die Triestiner Psychiatrie von der Praxis in Arezzo, in Perugia und in der Emila, also traditionell vom PCI verwalteten Provinzen. Dort ist die Neuordnung der psychiatrischen Dienste den Politikern überlassen, so daß die Mitarbeiter durchaus mit einem viel weniger gebrochenen Begriff der psychiatrischen Intervention arbeiten und mithin auch therapeutische Ideen praktizieren. Die harte Grenzziehung zwischen politischer und psychiatrischer Verantwortlichkeit, die jetzt der PCI verkündete, entsprang allerdings nicht der Hausbesetzung allein. Schon vorher war eine Verengung des Spielraumes spürbar: die Finanzierung von Projekten wurde weniger großzügig gehandhabt; es liefen staatsanwaltliche Untersuchungen über den Verbleib von Bettüchern; in den Zentren wurden Telefonapparate mit Marken eingesetzt, kurz: der PCI praktizierte in Form eines bürokratischen Kleinkrieges die Politik des ›billigen Staates‹.
Vor diesem Hintergrund ist die von Basaglia provozierte Debatte über das Verhältnis von *tecnico* und *politico* zu interpretieren. Rotelli erklärte zwar:

»Mit der Besetzung will man – neben anderen Dingen – erneut die Debatte über die ›Rolle‹ des *tecnico* auf die Tagesordnung setzen. Wenn das (was während der Besetzung geschehen ist) unser Engagement bis an den extremen Punkt einer politischen Praxis führt, so bedeutet das nicht, daß wir eine politische Gruppe bilden, die irgendwie irgendeiner politischen Partei zugehört.«

Aber diese Begriffsklärung, auch wenn sie der Wahrheit entspricht, verdeckt doch mehr den Streitpunkt, als ihn zu erhellen. Ich glaube nicht, daß es Basaglia darum ging, die politischen Grenzen des Spezialisten und mithin die politischen Grenzen des antiinstitutionellen Kampfes sakrosankt zu machen. Dem Streit lag vielmehr eine unterschiedliche Einschätzung der Kräfteverhältnisse und des politischen Vorgehens zugrunde. Basaglia zufolge entspringt die politische Macht aus dem Widerspruch zwischen dem psychiatrischen Spezialisten und der Allgemeinheit der Probleme, mit denen er konfrontiert wird. Um diesen Widerspruch fruchtbar zu machen, müsse man sich streng an seine Spezialistenrolle halten. In dem

Moment, wo das Feld des antiinstitutionellen Kampfes verlassen wird und die psychiatrischen Mitarbeiter nur noch unter Maximen des allgemeinen politischen Kampfes operieren, werde aus einer psychiatrischen Equipe, die die Verantwortung für die Psychiatrie einer ganzen Provinz trägt – und damit Macht hat – eine politische Gruppe von 40 Leuten, die weitaus ohnmächtiger ist. Die Position der Besetzer unterschied sich von dieser Analyse nicht prinzipiell, wohl aber in der Einschätzung der geschichtlichen Entwicklung: demzufolge sei in den sieben Jahren antiinstitutionellen Kampfes diese Dialektik der Rolle des Spezialisten ausgeschöpft; die Spielräume hätten sich dramatisch verengt und mit der Frage der Wohnungen sei die bisherige Praxis an eine objektive Grenze gestoßen, die dazu zwinge, nach neuen Bündnispartnern zu suchen.
Es ist klar, daß dieser Streit das grundsätzliche Verhältnis von antiinstitutionellem und allgemeinem politischen Kampf berührt, ein Streit, der keineswegs durch die Besetzung oder Räumung der *Casa di marinaio* entschieden ist. In diesem Sinne wird es auch nicht möglich sein, die Aktion abschließend als richtig oder falsch zu beurteilen. Eines aber hat die Hausbesetzung gebracht: sie hat wie nirgendwo sonst in Italien die inneren Widersprüche des antiinstitutionellen Kampfes und die begrenzten Spielräume unter einer PCI-Verwaltung offengelegt.
Nach der Besetzung geriet die Equipe in eine langandauernde Krise. Die politische Einheit der Besetzer zerfiel blitzschnell in Berufsgruppen. Die Ärzte trafen sich nur noch unter sich, die Pfleger kehrten zu ihrer täglichen Arbeit zurück; die sog. progressiven Pfleger, die als erste die Arbeit in den Außenzentren aufgenommen hatten, resignierten. In den Arztdiskussionen war das vorherrschende Thema das der Rolle des psychiatrischen Spezialisten. Dem Rückfall in getrennte Berufsrollen entsprach die zunehmende persönliche Isolation; die psychischen Zusammenbrüche häuften sich und eine politische Bestandsaufnahme der *casa di marinaio* ist bis auf den heutigen Tag nicht erfolgt. Erwähnt werden muß, daß hier auch die allgemeinen politischen Vorgänge hineinspielen. Denn in diesem Zeitraum begann der politische Niedergang der Autonomia, unter deren emphatischen Vorzeichen die Besetzung nicht zuletzt gestanden hatte. Heutzutage denkt kaum noch jemand an Wohnungsbesetzungen, um den Kampf gegen die Wohnungsnot voranzutreiben. – Und nachzutragen ist auch noch die Geschichte von Ljubo.

(11) Ljubo N. – ein Fall

Ich lernte Ljubo in einer der warmen Sommernächte des ›F‹ kennen. Der Klinikpark war dunkel und still, abgesehen von dem Getier. Ljubo erschien mit Patricia. Er sagte, in der *casa domenicale* oben würde schon seit einer Woche eine Frau aus dem Fenster schreien, und wir sollten etwas unternehmen. Wir, die Freiwilligen, waren müde, wir hatten genug damit zu tun gehabt, um uns Anerkennung in den Zentren zu verschaffen. Außerdem: warum sollen *wir* denn was machen? Ljubo sagte, er könne nicht schlafen, und überhaupt; was das denn für eine Klinik sei, in der die Ärzte, die Pfleger verschwinden. Wir hielten ihm vor, daß er genauso gut eingreifen könne. Ljubo verstand das auf seine Weise. Es kamen ihm die Tränen und er sagte: »Alle sagen, es geht mir gut. Ich habe mein Essen, meine Wohnung, aber ich habe keine Arbeit, also geht es mir schlecht. Seit Jahren versuche ich mich in diese Gesellschaft hineinzukämpfen, ich schaffe es nicht. Ich bin wie ein Hund, ein Hund geht hierhin und dorthin, aber er bleibt immer ein Hund. Ich kann rausgehen, sonstwo hingehen, aber ich bin immer drinnen.«
Ich traf ihn dann öfter in Barcola, er war bei Hausbesuchen dabei und irgendwie kam es mir absurd vor, zu fragen, ob er ein Patient sei, und was seine ›Geschichte‹ sei. Wenn ich den ersten Eindruck seiner Person benennen sollte, dann müßte ich sagen: er sah ›ganz normal‹ aus. Und damit ist schon die erste Schwierigkeit dieser ›Fallgeschichte‹ gegeben. Seine ›Normalität‹ hervorzuheben, heißt ihn sprachlich ins Irrenhaus zu verweisen. Ich werde später über seine Krisen zu reden haben: auch hier wieder die automatische Stigmatisierung – ›normalerweise‹ wird die Krise aus dem normalen Leben gesehen, als Ausnahme; bei dem Psychiatrisierten wird das normale Leben aus der Krise gesehen, als Ausnahme.
Ljubo ist der geborene Entertainer, er hat die unnachahmliche Fähigkeit, Musik zu einem sozialen Instrument zu machen. Ohne daß er jemals es gelernt hätte, fantasiert er begeisternd auf dem Klavier. Aber wichtiger ist seine Fähigkeit, aus allem ein Musikinstrument zu machen; er ist ein Virtuose des Kammblasens. Ich habe Situationen erlebt, wo er eine Rockband mit ihrer ganzen elektronischen Maschinerie auf dem Kamm überspielte. Irgendwann im Sommer 1977 tauchten wir nach Muscheln und säuberten sie im Zentrum, Ljubo improvisierte auf dem Kamm, dann zogen wir uns

später am Abend in die Wohnung einer Ärztin zurück, um die Muscheln zu überbacken. Ljubo blieb zurück. Irgendwie habe ich da erst begriffen, daß er Patient war.
Ich will nicht seine Geschichte erzählen, dazu fühle ich mich nicht berechtigt. Ich will seine institutionelle Geschichte erzählen. Das ist ein öffentliches Thema. Der jetzige Direktor Rotelli hat ihn aus der Anstalt für Kriminelle in Castiglione mitgebracht. Er war auf Betreiben seines Stiefvaters dorthin geraten. Seine Geschwister leben in Jugoslawien und gehören dort allesamt zur herrschenden Schicht. Er als jüngster Sohn kam mit seiner Mutter nach Triest. Als er 19 Jahre alt war, verheiratete sich seine Mutter wieder, und sein Stiefvater versuchte bald, ihn loszuwerden. Die Mutter schwankte zwischen den Ansprüchen beider. Der Schwiegervater brachte es schließlich fertig, einen Konflikt so hochzuschaukeln, daß er in der Anstalt für Kriminelle landete.
Mit der Öffnung der Klinik wurde Ljubo zu einer emblematischen Figur. Schon bei den ersten Auszügen, dem Kastanienfest in San Giovanni, war er dabei. Mit dem Künstlerkollektiv Arcobaleno und dann mit der Aktion *Marco Cavallo* erlangte er eine gewisse Berühmtheit. Der Triestiner Maler Ugo Guarino organisierte im Juni 1973 eine Ausstellung von Bildern der Patienten, Ljubos Arbeiten fielen dabei so sehr auf, daß für ihn eine persönliche Ausstellung organisiert wurde.
Vielleicht lag es an diesen Erfolgen. Jedenfalls ist für Ljubo der einzige Ausweg aus dem ›drinnen‹ immer die Kunst gewesen. In seiner Wohnung in der *casa domenicale* hat er sich ein Atelier eingerichtet, das vollgestopft ist mit genialischen Gesten, mit Materialien zu Collagen und Happenings. Sein Atelier aber zeigt kaum Merkmale methodischer Arbeit. Sein Problem scheint mir zu sein, daß er als Künstler aus der Psychiatrie herauskommen will, statt in den Kunstmarkt hinein. Seine Ausdrucksfähigkeit hebt sich leuchtend ab vor dem düsteren Hintergrund seiner psychiatrisierten Existenz, bleibt aber insofern ihr zugehörig. Irgendwie ist er von seinen Künstlerfreunden nicht als gleichberechtigt behandelt worden, also nie als potentieller Konkurrent auf dem Markt anerkannt worden. Seine künstlerischen Fähigkeiten machten ihn zum Sonderfall in der Welt der Fälle.
Ljubo lebt mit Patricia zusammen. Wenn beide in der Öffentlichkeit erscheinen, flanieren sie entweder Arm in Arm, oder Patricia hält sich ein paar Schritte zurück. Geht Ljubo auf die Leute zu, wendet Patricia sich ab. Über Ljubo und Patricia wurde anläßlich der Ankündigung der Schließung der Klinik im Januar 1977 ein Fernsehfilm gedreht. In dem Buch des Arztes Guiseppe del'Acqua wird erneut die Ewigkeit dieses Paares beschworen. Ich will mich nicht über diese Beziehung selbst äußern, wohl aber über die Tatsache, daß diese Beziehung auch institutionell vermittelt ist. Patricia ar-

beitet in der Kooperative, macht Küchenarbeit in Barcola. In dieser Hinsicht verhält Ljubo sich zu ihr als ihr Emanzipator und Gewerkschaftsvertreter, versucht ihr klarzumachen, daß sie krankfeiern kann und selbst die Ferien regeln sollte. Während Patricia offensichtlich eher froh ist über den Arbeitsplatz und dessen Fragilität wohl spürt. Beide wohnten in einer kleinen Dreizimmerwohnung unter dem Dach der *casa domenicale.* Ljubo will eine Familie, will Kinder (sagte er jedenfalls). Folgerichtig versuchte er zu verhindern, daß die Mitarbeiter von Barcola zu Patricia kamen. Er verteidigte gewissermaßen seine Wohnung gegen die psychiatrische Intervention, und damit wohl noch mehr. Dann gab es die Geschichte der Abtreibung. Soviel ich weiß, hat sich Ljubo verbissen dagegen gewehrt und hinterher dem Zentrum mit einer Anzeige gedroht. Da ich die Mitarbeiter, die in dieser Situation beteiligt waren, lange kenne, glaube ich, daß sie nach gründlichen Überlegungen schon die vernünftigste Lösung gefunden haben. Aber was heißt das? Für Ljubo muß es jedenfalls die erneuerte Erfahrung totaler Ohnmacht gewesen sein.

Mit der Beziehung zu Patricia, mit seiner Rolle als zukünftiger Familienvater, geriet er ständig in Konflikt mit der Institution; als zukünftiger Künstler war er ihr Vorzeigepatient. Aber auch hier gab es Probleme, eine geradezu emblematische Mechanik der Krisen. Ljubo war immer bereit mitzumachen, bei allen Projekten war er die rechte Hand, der Organisator, der Stimmungsmacher. Aber kaum lief die Sache, ›ging er in Krise‹. Und dann war er kaum noch zu bremsen. Einmal mußte er mit dem Motorboot durch ganz Venedig gejagt werden. Immer endete er dann in der Aufnahme. Als im Sommer 1979 die Bar eingerichtet wurde und eine Reihe Theateraufführungen und Rockabende stattfanden, stellte er seine Bilder aus, sprach davon, daß er demnächst in einer Band mitmachen würde und war voller Hoffnung. Die Bar war zunächst ein Erfolg und Ljubo geriet in Krise. Warum? Ich glaube, daß er bei der Realisierung aller Projekte im Moment des Erfolgs die ungeheure Distanz zwischen ›draußen‹ und ›drinnen‹ erfuhr. Wenn eine Sache anfängt, gibt es ja so etwas wie eine egalitäre Situation, weil es auf die Fähigkeit eines jeden ankommt. Dann beginnt die Routine und mit ihr erscheinen die alten Gegensätze und Rollen: die Pfleger und Ärzte können sich zu Hause ausschlafen, da sind ihre Frauen und Kinder, und Ljubo ist wieder in der Klinik.

An diesem Punkt müssen wir wieder auf die *casa di marinaio* zurückkommen. Ljubo und Patricia waren gewissermaßen die erste Wahl, als man überlegte, wer in dem besetzten Haus wohnen sollte. Ljubo war wie immer von Anfang an dabei, richtete sich die Wohnung ein und begann für die Besetzer zu kochen. Er schuftete, und je mehr er schuftete, desto mehr praktische Aufgaben wurden an ihn delegiert. Es gab da utopische Szenen. Ljubo hatte für die

Kinder gekocht; sie saßen an einer langen Bank und aßen Spaghetti und Ljubo spielte für sie Gitarre. Die politischen Auseinandersetzungen allerdings liefen im anderen Raum ab. Am dritten Tag sagte Ljubo, daß er es nicht mehr schaffe, aber niemand hatte die Kraft, darauf einzugehen. Einen Tag vor der Räumung verschwand er, tauchte in dem weit entfernt gelegenen Zentrum auf dem Karst auf, entwendete dort das Auto der Provinz und produzierte eine Serie von Anzeigen. Morgens um 6 Uhr kam er in mein Zimmer im ›F‹, erklärte abgehetzt, jetzt würde alles gut, ein reicher Onkel hätte für ihn eine Wohnung gekauft, jetzt würde er endlich mit Patricia zusammenleben können. ›Er ging in Krise‹. Es kam die polizeiliche Räumung. Für die Triestiner Equipe brach eine Welt zusammen, man sah sich am Ende des Weges. Die Ärzte zogen sich zurück, allen ging es schlecht und Ljubo kam in Fahrt. Zunächst versuchte er es mit künstlerischen Aktionen, Happenings auf dem Klinikgelände, die er allerdings nachts um 1 Uhr vorzubereiten begann. Also fehlte das Publikum. Was dann folgte, schildert *Guiseppe del'Acqua* so:

Er durchläuft in rapider Abfolge der Gesten seine sieben Jahre in San Giovanni, die Geschichte seiner Befreiung. Nimmt mit Gewalt, ohne um Erlaubnis zu fragen, alles, was er braucht, raubt es den anderen Bewohnern der Wohnungen der *casa domenicale*. Er öffnet das Theater, bereitet eine Aufführung vor, eine symbolische, erschreckende Aufführung, die mit seinem Tod enden soll. Samstagabend kommt er in meine Wohnung, um mich zu besuchen, bittet mich, mit ihm zusammen die Feste, die Ausstellungen, die Aufführungen von einst wieder zu organisieren. In der Nacht vom Samstag auf Sonntag bricht er die Tür der Bar auf, macht volle Beleuchtung und stellt seine Bilder aus. Er öffnet alle Türen, die er geschlossen vorfindet. Er öffnet die Wäscherei, die Großküche. Läßt das Theater die ganze Nacht offen und illuminiert, um für mögliche Zuschauer vorbereitet zu sein. Am Morgen öffnet er das Schuhlager und stellt alle Schuhe zur Verfügung. Sonntagmittag geht er in die Kirche der psychiatrischen Klinik, bricht die Tür zum Glockenturm auf und läutet die Glocken.

In der Kirche traf er auf eine ältere Patientin und vergewaltigte sie. Die Patientin wandte sich an ihren Arzt, einen der reaktionären Psychiater aus der vor-basaglianischen Zeit. Der ließ sofort ein gynäkologisches Gutachten machen und damit war der Mechanismus der Strafverfolgung eingeleitet. Ljubo wurde unter Psychopharmaka gesetzt und ständig beobachtet. Nach zwei Wochen hatte er sich gefangen und trat in einem Kindertheater auf, wo er einen noch nie gesehenen zarten Charme entfaltete.

Auf die Vorladung hin erklärte er vor dem Richter: »Ich habe versucht, draußen zu leben, einen Raum draußen zu finden. Mit der Räumung der *casa di marinaio* habe ich begriffen, daß es für mich keinen Raum draußen gibt. Also bin ich in die Klinik zurückgekehrt, und habe mich des ›drinnen‹ bemächtigt. Habe mich zum Herren des ›drinnen‹ gemacht.« – Er wurde erneut vorgeladen. Unter Begleitung von zwei Ärzten ging er hin, wurde in einen anderen Raum komplimentiert und abtransportiert. Er verschwand im Irrenhaus für Kriminelle von Caserta, im Süden. Von dort sandte er später erschütternde Briefe, Briefe voller Sehnsucht nach Triest.

Erst nach einem halben Jahr gelingt es einem Arzt, ihn zu besuchen. Nach einem Jahr, im Frühjahr 1979, kehrt er schließlich zurück und richtet sich mit Patricia in der Wohngemeinschaft Largo Panfili ein.
Sein juristisches Schicksal ist voller barbarischer Ironie. Die drohende Anklage gegen Vergewaltigung, die zehn Jahre Irrengefängnis heißen kann, läßt sich durch einige Gutachten abwenden. Der Diebstahl des Autos (dazu Fahren ohne Führerschein) kommt vor einen anderen Richter, der sich auf ein traditionelles psychiatrisches Gutachten aus dem Jahre 1969 (!) stützt, wonach er sozial gefährlich sei (er war damals 20 Jahre alt). Im Mai 1979 sitzt er schon im Polizeiwagen zum Abtransport. In einem Sturmlauf durch die juristischen Instanzen kann man praktisch in letzter Minute seine Verschleppung verhindern.
Die Schlüsselfrage seines ›Falls‹ ist für mich, warum er nicht sofort nach der *casa di marinaio* unter Psychopharmaka gesetzt wurde. Meine Erklärung ist die: in dem besetzten Haus war er Genosse, allerdings zusammen mit Leuten, bei denen er wiederum Patient war. Nach der Räumung löste sich die Besetzergruppe auf, die Ärzte sahen sich auf die Psychiaterrolle zurückgedrängt und hatten Schwierigkeiten, diese Rolle ausgerechnet bei ihm, der noch vor zwei Tagen Genosse war, zu exekutieren. Allerdings – hätten sie sich ungebrochen als Genossen verstanden, wäre es möglich gewesen, in diesem Fall sofort mit Gewalt einzugreifen, also für ihn, den Genossen, Psychiater zu sein. Das momentane opportunistische Zögern bei der Gewaltanwendung hat eine Serie von Gewaltmechanismen befördert, die des Patienten und die des Staates.
Es war schwierig, seinen Fall politisch offensiv zu verteidigen, vor allem angesichts der verletzten Rechte der Frau. Schwieriger noch ist es, zu einer abschließenden Deutung seiner Geschichte zu gelangen – soweit so etwas überhaupt möglich oder sinnvoll ist. Man kann der Meinung sein, daß Ljubo immer manipuliert worden ist, und wird in seiner Geschichte dafür genug Beweise finden. Auf der anderen Seite: wenn er in der Equipe eine Lebenschance, einen Ausweg, eine Solidarität vorfand, die es sonst ›draußen‹ nicht gab, ist es dann verwunderlich, daß er auf sie Hoffnungen setzte und kann man der Equipe vorwerfen, daß sie diese Hoffnungen nicht erfüllen konnte? Es ist eine bittere Geschichte und es hat darin vielleicht vermeidbare Momente gegeben. Aber diese Geschichte hat auch eine Struktur, offenbart Widersprüche, die keine glatte Lösung offenbaren. Daß sich die Befreiten an die Befreier klammern, das ist das Leben; daß die Befreier auch ihr eigenes Leben führen müssen, sich von den Befreiten befreien und sie also enttäuschen, das ist auch das Leben. Möglich, daß der Mensch die Lösung der Probleme von Menschen ist – aber von Berufs wegen?

(12) Das Gesetz 180

»Bei uns in Rom sind die Verrückten wirklich verrückt. Wir wollen keine Experimente.«
Stellungnahme eines Psychiaters von S. Maria della Pietà, Rom, zur Ankündigung, daß Basaglia Koordinator der Psychiatrie von Lazio werden soll. LA REPUBBLICA, 23. Aug. 1979

Interpretation

Das Gesetz 180 wurde im Mai 1978 verabschiedet. Es bedarf wenig Phantasie, seine epochale Bedeutung zu erkennen, denn schließlich beendet es die 300jährige Geschichte der Anstaltspsychiatrie, die einst in den geräumten Leprosorien, den leeren Lagern der Aussätzigen, begonnen und ihre grausige Zuspitzung im deutschen Faschismus erreicht hat. Ich halte es für äußerst wichtig, insbesondere auf den politischen Inhalt dieses Gesetzes einzugehen, denn ich befürchte, daß man sich in Deutschland vorschnell auf die Problematik alternativer Einrichtungen, auf die Dienste in den Gemeinden (im *territorio,* wie man in Italien sagt), stürzen wird und damit auf rein beschreibender Ebene durchaus vergleichbare Probleme herausarbeiten kann. Aber seitdem das Gesetz in Kraft getreten ist, gibt es eine derart einfache Vergleichbarkeit zwischen der deutschen und der italienischen Praxis nicht mehr, unterwirft doch das Gesetz 180 alle psychiatrischen Einrichtungen einer politischen Bewertung. Nach diesem Gesetz ist der Mangel an Diensten in den Gemeinden nicht mehr nur ein Problem psychiatrischer Unterversorgung, sondern vor allem ein ungesetzlicher Zustand. Eine psychiatrische Universitätsklinik mag als therapeutische Gemeinschaft funktionieren, sie wird zur illegalen Einrichtung, wenn sie nicht den im Gesetz vorgeschriebenen vollen Zyklus von Prävention, Behandlung und Rehabilitation garantieren kann.
Das Gesetz 180 hat zwei Teile: die §§ 1 bis 5 behandeln die obligatorische Einweisung; in den folgenden §§ wird die Veränderung des psychiatrischen Systems selbst ausgeführt. Diese Reihenfolge ist nicht nebensächlich, vielmehr entspringen der Neudefinition der obligatorischen Einweisung die materiellen Bestimmungen und Zielsetzungen einer neuen Psychiatrie. Es handelt sich also nicht nur um die Einführung einer präziseren rechtlichen Kontrollierbarkeit der Zwangseinweisung allein, sondern darüber hinaus um die Veränderung der sozialen und politischen Stellung des psychiatrischen Patienten. Mithin wird durch diese Anordnung die Psychiatrie als *zusammenhängendes System einer staatlichen Politik* begriffen.

§ 1 formuliert im 1. Absatz, daß die psychiatrischen Einweisungen und Behandlungen grundsätzlich dem Prinzip der Freiwilligkeit unterliegen. Der 2. Absatz macht deutlich, daß die obligatorische Einweisung als Ausnahme zu betrachten ist. Dieser Absatz bestimmt, daß sie zu erfolgen habe »unter Achtung der Würde der Person, der bürgerlichen Rechte, der verfassungsmäßigen Garantien einschließlich der größtmöglichen Achtung der freien Arztwahl und der freien Wahl der Therapie«.

Die staatliche Gewalt wird nicht nur auf den Ausnahmefall begrenzt, sondern auf den Akt der Einweisung selbst. Der Patient darf mit der Einweisung nicht einer Folge von Maßnahmen unterworfen werden, vielmehr muß seine freie Willensäußerung berücksichtigt werden. Der 5. Absatz des § 1 bestimmt darüber hinaus, daß alle Behandlungen von »Initiativen begleitet sein müssen, die Zustimmung und Beteiligung desjenigen sicherstellen, der einer obligatorischen Einweisung unterworfen ist.« Der 4. Absatz betont dazu ausdrücklich, daß der Patient das »Recht hat, zu kommunizieren mit wem er auch immer eine Kommunikation für nützlich hält.«

Dabei dreht es sich nicht nur um die formelle Freiheit, nach Gutdünken mit jedermann reden zu können. Vielmehr wird anerkannt, daß ein Patient durchaus eigene therapeutische Vorstellungen hat. Dem Patienten wird also das Recht zugestanden, sowohl den behandelnden Arzt als auch die vorgeschlagene Behandlung abzulehnen.

Damit gehören nicht nur die Schockbehandlungen der Vergangenheit an; auch der ganze Komplex der Psychopharmaka gerät in das Feld der Auseinandersetzung.

Indem die Einwilligung des Patienten betont ist, wird prinzipiell die psychiatrische Behandlung als solche auch strafrechtlich überprüfbar. Und auch die Figur des Patienten ändert sich. Er ist nicht länger der Irre, in dessen wohlverstandenem Interesse der Staat einen bestimmten Heilsplan durchsetzen kann. Trotz obligatorischer Einweisung wird er als handelndes Subjekt mit allen bürgerlichen Rechten anerkannt. Damit bleibt kein Raum mehr für einen Begriff von Geisteskrankheit, der auf der Unverstehbarkeit des seelischen Leidens basiert. Mithin verliert die Psychiatrie ein für allemal jenes Lehen, in dem sie ihre unkontrollierte Macht entfalten konnte, insofern ihr Krankheitsbegriff immer die Entmächtigung des Subjektes voraussetzte und damit die Ohnmacht des Patienten gegenüber der Psychiatrie rechtfertigte.

Noch deutlicher wird diese Tendenz in der Regelung der Einweisung selbst. Nach § 1 muß ein begründeter Vorschlag des Arztes vorliegen, der dem Bürgermeister zur Überprüfung vorgelegt wird. Mit der Einführung des Bürgermeisters als gewähltem Vertreter der Bürgerschaft wird die rechtliche Verantwortung einer obligatorischen Einweisung auf die Bürgerschaft selbst ausgedehnt. In

diesem Passus erhellt, daß der Gesetzgeber die Einweisung nicht als eine medizinisch-psychiatrische Maßnahme ergreift, *sondern als einen politischen Akt gegenüber einem Mitbürger, der auch politisch verantwortet werden muß.*
48 Stunden vor der vom Bürgermeister genehmigten Einweisung muß der Vormundschaftsrichter benachrichtigt sein, der wiederum innerhalb von 48 Stunden die Einweisung durch eine begründete Verfügung anerkennt oder ablehnt. Bleibt diese Verfügung aus, ist der Bürgermeister verpflichtet, das Einweisungsverfahren einzustellen. Der Bürgermeister bleibt also Herr des Verfahrens, damit wird die juristische Verantwortung über die medizinische gestellt und die politische über die rechtliche: die Zwangseinweisung verliert ihre medizinische und damit unkontrollierbare Dimension.
Die obligatorische Einweisung verfällt automatisch nach 6 Tagen. Soll sie verlängert werden, wiederum nur für 6 Tage, muß die beschriebene Prozedur wiederholt werden. Man könnte hier zu bedenken geben, daß die Bürokratie einen kurzgeschlossenen Behördenweg entwickeln wird, um eine obligatorische Einweisung ›glatt über die Bühne‹ zu bringen. Aber ich glaube, es ist gerade der Witz dieser Bestimmung, den Behörden mehr Arbeit aufzubürden und mithin – im Sinne der List der Vernunft – die Trägheit der Apparate für den gesellschaftlichen Fortschritt nutzbar zu machen. Mit anderen Worten: der Wille des Gesetzgebers ist nicht, die Zwangseinweisung neu zu regeln, sondern sie drastisch zu erschweren und damit die Einweisungsrate dramatisch zu vermindern.
In diesem Sinne betont der letzte Absatz des § 3: fehlen die gesetzlichen Kommunikationen, so gilt das – wenn nicht schwerwiegendere Vergehen vorliegen – als strafwürdige Verletzung der Amtspflichten.
§ 4 bestimmt, daß sich jeder Bürger an den Bürgermeister wenden und den Widerruf einer obligatorischen Einweisung beantragen kann.
§ 5 führt aus, wie der Betroffene selbst und auch jeder andere Bürger die Verfügung zur obligatorischen Einweisung gerichtlich überprüfen kann. Ich will die einzelnen vorgesehenen Prozeduren überspringen und nur einen Punkt hervorheben: die Parteien können vor Gericht ohne Verteidiger erscheinen und brauchen für die amtlichen Schriftstücke keine Amtssteuer zu bezahlen. Dies ist für Italien eine äußerst ungewöhnliche Bestimmung, denn normalerweise muß für jede Form von Behördenverkehr eine Amtssteuer bezahlt werden. Diese Bestimmungen besagen zweierlei:

1. Das Gesetz erkennt explizit, daß es sich um die Wahrnehmung bürgerlicher Rechte der Armen, um eine staatliche Maßnahme im Rahmen der sozialen Misere handelt.
2. Indem jeder Bürger auf unbürokratische Weise in den Stand gesetzt wird, eine obligatorische Einweisung politisch und ge-

richtlich überprüfen zu lassen, wird diese als ein Eingreifen in einen sozialen Konflikt definiert. Zugespitzt: was ein Psychiater für richtig hält, hat nicht von vornherein mehr Gewicht als das, was Freunde, Verwandte, Mitbürger des Betroffenen und nicht zuletzt der Betroffene selbst für richtig halten.

Die Veränderung des Rechtsinstituts der Zwangseinweisung durch das Gesetz 180 berechtigt in einem präzisen Sinne von der ›kopernikanischen Wende‹ der Psychiatrie zu sprechen. Denn das Gesetz macht evident, daß es sich nicht um die Reform der psychiatrischen Versorgung handelt, sondern um die Neubestimmung staatlicher Gewalt gegenüber den Rechten des Individuums und damit um eine veränderte Politik gegenüber einer Randgruppe der Gesellschaft. Die Verrückten als soziale Minorität anzuerkennen und ihre Rechte neu zu definieren – darin liegt die zivilisatorische Errungenschaft dieses Gesetzes.

Das Gesetz sieht ausdrücklich vor, daß alle Behandlungen durch die lokalen Dienste erfolgen müssen, mithin bedeuten obligatorische Einweisungen automatisch stationäre Aufnahme. Da der Patient außerdem alle bürgerlichen Rechte im vollen Umfang behält und ihm ein freier Wille rechtlich unbeschnitten zuerkannt wird, *gehört damit die Vorstellung von der ›Gefährlichkeit‹ des Irren der Vergangenheit an.* Das Gesetz zerstört den über Jahrhunderte bewährten Konsens von Psychiatrie, staatlicher Gewalt und allgemeinem Vorurteil. Die Psychiatrie kann zwar noch Gewalt anwenden, aber sie ist nicht mehr in der Lage, diese Gewaltanwendung mit der unterstellten Gewalttätigkeit des Patienten zu rechtfertigen.

In den §§ 6, 7, 8 wird die Veränderung des psychiatrischen Systems selbst ausgeführt. So formuliert § 7:

»Es ist in jedem Fall verboten, neue psychiatrische Kliniken zu bauen, die gegenwärtig existierenden als psychiatrische Spezialabteilungen der Allgemeinkrankenhäuser zu nutzen und in den Allgemeinkrankenhäusern psychiatrische Spezialabteilungen einzurichten.«

In Deutschland wäre das der Ton eines antipsychiatrischen Pamphlets. Mit dieser Formulierung wird nichts anderes als das Ende der Anstaltspsychiatrie beschlossen – für Italien zumindest. § 6 bestimmt, daß die psychiatrische Versorgung prinzipiell durch die lokalen Dienste stattzufinden habe, wobei diese nur insofern konkretisiert werden, als sie den vollen Zyklus von Prävention, Therapie und Rehabilitation garantieren müssen. Die Allgemeinkrankenhäuser sind verpflichtet, Bettenplätze bereitzustellen, die die Anzahl von 15 nicht übersteigen dürfen. Diese Bettenplätze sollen nicht den Charakter von Spezialabteilungen haben, sie müssen vielmehr »funktional« und »organisch« mit den lokalen Diensten verbunden werden.

Auf diesen zweiten Teil des Gesetzes konzentriert sich vor allem die Kritik der italienischen Reformbewegung. Man hat sofort die

grundsätzliche Zweischneidigkeit dieser 15 Bettenplätze erkannt, die darin besteht, daß die Psychiatrie organisatorisch und inhaltlich wieder in den Bereich der Medizin zurückgebunden wird. In der Tat stellt dieser Punkt einen gewissen Rückschritt dar, mißt man ihn an fortgeschrittenen Zuständen wie in Triest, Arezzo oder Venedig.
Der weitaus schwerwiegendste Einwand gegen das Gesetz 180 zielt auf die Irrenhäuser für Gesetzesbrecher, bzw. darauf, daß sie im Gesetz überhaupt nicht erwähnt werden. Die Tatsache der Nicht-Erwähnung in einem Gesetz, das das Institut der Zwangseinweisung revidiert, bedeutet unter der Hand, daß sich der Staat diese Sonderform des Irrenhauses, eines der brutalsten Unterdrückungsinstrumente, ausdrücklich zur Verfügung hält. Die Verhältnisse in diesen Irrenhäusern werden von allen Informierten als weitaus schlimmer geschildert als jene in den Gefängnissen. Die Mindeststrafe auch für die geringsten Delikte ist zwei Jahre. Und in ganz Italien gibt es immerhin fünf dieser Einrichtungen mit insgesamt etwa 1500 Patienten.
Nach alldem ist wohl deutlich, daß dieses Gesetz nicht so sehr die spezielle Reform der Psychiatrie ausformuliert, sondern Anforderungen stellt. *Es ist nicht die Lösung, sondern die Eröffnung des Kampfes.*

Vorgeschichte des Gesetzes 180

Die Vorgeschichte hat zwei Elemente. Einmal jene antiinstitutionelle Praxis, die 1967 in der kleinen Provinzstadt Gorizia an der jugoslawischen Grenze von Basaglia und seiner Equipe begonnen wurde. Dort formierte sich die ›gruppo d'assalto‹, jene Angriffsformation, die seit 1969 den Kampf gegen die Psychiatrie in die psychiatrischen Institutionen ganz Italiens hineintrug. Denn – so die List der Vernunft – die antiinstitutionelle Bewegung entstand aus einer Niederlage. Basaglia mußte Gorizia verlassen, weil ein entlassener Patient in einer häuslichen Auseinandersetzung einen Polizisten erschossen hatte. Mit dieser Niederlage begann die Diaspora: die Praxis in Arezzo, Perugia, Parma, Ferrara und nicht zuletzt in Triest. Vor allem die Arbeit, die Basaglias Equipe seit 1972 in Triest geleistet hat, sollte für das spätere Gesetz 180 so bedeutsam werden, daß man heute auch von dem ›Triestiner Gesetz‹ spricht.
Das zweite Moment der Vorgeschichte betrifft die politische Umsetzung der antiinstitutionellen Praxis. Sicher – ohne den konkreten Beweis, daß man ein Irrenhaus auflösen kann, ohne Unheil zu beschwören, daß Verrückte auf der Straße sein können, ohne daß kleine Kinder in Gefahr geraten, daß jemand nach 30 Jahren Klinikaufenthalt nicht nur ein Recht auf Leben hat, sondern dieses Recht auch wahrnehmen will und kann, ohne dies alles wäre nichts

geschehen. Trotzdem führt keine Automatik von der ›richtigen‹ Praxis zum guten Gesetz, sondern es bedurfte von vornherein einer öffentlichen Politik. Die Reformbewegung hat es von Anfang an verstanden, die öffentliche Meinung miteinzubeziehen.

Ausgangspunkt war die rücksichtslose Denunziation der Verhältnisse. Zum Beispiel der öffentliche Nachweis, daß 70 % aller psychiatrischen Patienten Zwangspatienten waren, daß ganze Klinikbelegschaften wie KZ-Transporte verschoben wurden, von Sardinien in die Emilia, von Ligurien nach Kalabrien. Anfang 1973 wurde auf einem Kongreß eine Karte veröffentlicht, die zum ersten Mal überhaupt erfaßbar machte, was mit Patienten in Italien geschah.

Seitdem begannen die Vorbereitungsarbeiten für eine Gesetzesinitiative. Diese wurden im Jahre 1977 abrupt beschleunigt, als der *Partito Radicale* – eine Partei, die man am ehesten als Zusammenfassung von Bürgerinitiativen beschreiben könnte – einen Referendumsvorschlag zur Abschaffung von fünf Gesetzen vorlegte. Zu diesen Gesetzen gehörte – neben dem italienischen ›Antiterror-Gesetz‹ – auch das Gesetz über die Irrenhäuser von 1904.

Die politische Bedeutung dieses Vorschlags zur Volksbefragung lag nicht nur darin, daß sich breite Massen, ein Großteil der Jugend und der Linken an der Agitation für das Referendum beteiligten. Der Vorschlag war vor allem deshalb für die etablierten Parteien bedrohlich, weil er mit der Erfahrung des berühmten Scheidungsreferendums drei Jahre zuvor spielte. Dieses Referendum hatte einen politischen Erdrutsch bewirkt. Die Christdemokraten hatten zum ersten Mal eine entscheidende Volksabstimmung verloren und befanden sich zusammen mit der Kirche und den Faschisten in der Minderheit. Aber nicht nur das: auch das Parteiensystem wurde erschüttert, denn in Italien ist noch der Gegensatz zwischen politischem System und Gesellschaft virulent, und die Gesellschaft ist politisch fortgeschrittener als das politische System. Niemand wußte also, wie die Abstimmung tatsächlich ausgehen würde. Daher hatten die Parteien, voran die kommunistische Partei, die anerkennenswerte Geistesgegenwart, opportunistisch zu sein: man versuchte, dem Gesetz zuvorzukommen.

Unter dem Druck des drohenden Referendums und der Zeit stellte sich – etwas vereinfacht dargestellt – heraus, daß keine ernsthaften Vorschläge außer denen der linken Psychiatrie auf dem Tisch lagen. Mit anderen Worten: den Politikern blieb keine andere Wahl als die Flucht nach vorn, in den Fortschritt. Das Glück des Gesetzes war seine schnelle Geburt. Bis heute hat sich die Reaktion nicht richtig organisieren können, hat nichts zustandegebracht als das Lamento darüber, daß die Verhältnisse noch nicht so weit seien.

Es gab sehr bald die Gerüchte, daß die privaten Hospitäler sich überfüllen würden, daß die Pfleger in Rom doppelte Schichten

machen. Berühmt geworden ist die Geschichte, daß Patienten in akuter Erregung in die Intensivstation gelegt worden seien, so daß sich die Normalpatienten dort schließlich mit Flugblättern an die Öffentlichkeit wandten. Darüber hinaus sind die verschiedensten Taktiken der Obstruktion bis hin zur offenen Sabotage angewandt worden. In der Provinz Salerno hat man z. B. Langzeitpatienten kurzerhand in den Büros der Bürgermeister abgeliefert, hat sie ohne Vorbereitung in ihre Herkunftsorte gebracht mit dem Argument, dem Gesetz nach sei ja der Bürgermeister verantwortlich.
Trotz dieser Vorgänge muß man sagen, daß die Einführung des Gesetzes, gemessen an dem, was es verändert hat, überaus undramatisch verlaufen ist. Auf dem Kongreß von Arezzo wurden die Ergebnisse einer Untersuchung zum Stand der psychiatrischen Hilfe nach dem Inkrafttreten des Gesetzes vorgelegt. Die Zahlen bestätigen für den Zeitraum vom Mai 1978 bis zum Mai 1979 im großen und ganzen diesen Eindruck. Die Aufnahme in Privatkliniken ist um 3 % zurückgegangen, desgleichen die Aufnahme in Universitätskliniken. Es hat auch keine ›wilden Entlassungen‹ im größeren Maßstab gegeben, denn die Gesamtaufnahmen sind etwa auf demselben Stand geblieben, während sich die freiwilligen Aufnahmen um 27 % erhöht haben. Dramatisch ist jedoch der Rückgang der Zwangseinweisungen um 61 %, also um fast zwei Drittel. Diese Zahl unterstreicht, daß das Gesetz einen klaren Erfolg darstellt (vgl. R. Misiti, Arezzo 1979).
Das Gesetz hat den Schleier weggezogen und die Misere offenbart. Im Süden gibt es nach wie vor das Problem des unnützen Fressers, den die Familie loshaben will; nicht, weil sie inhuman ist, sondern weil sie überleben muß. Für den war bislang das Irrenhaus da. Wo soll der jetzt hin?

(13) Die Kultur der Einweisung II

Was ist eine akute Krise?

Die Akutheit symbolisiert den nicht weiter durchdringbaren Naturprozeß der psychischen Störung. Inzwischen ist zwar das ganze analytische Instrumentarium erarbeitet worden, angefangen von den sozigenetischen Erklärungsschemata bis hin zur vielberufenen double-bind-Familie. Vor der akuten Krise streckt die Wissenschaft jedoch die Waffen, da herrscht nach wie vor der psychotische Schub, für den nie geklärt worden ist, was da schiebt, und was geschoben wird.

»Was macht ihr denn bei einer akuten Situation«, das ist immer die erste Frage, wenn es zu Auseinandersetzungen zwischen der deutschen und der italienischen Psychiatrie kommt. Franco Rotelli antwortete einmal mit der Gegenfrage: »Was macht ihr, wenn ihr eine Frau trefft, oder einen Mann?« und er fügte hinzu: »Wer da über Techniken verfügt, wer schon vorher weiß, wie er reagieren wird – umso schlimmer.« Die Antwort will durchaus nicht mit einer Pointe dem Problem ausweichen. Sie zielt vielmehr auf die Mystifikation, wonach eine akute Krise sich mit speziellen Methoden beantworten lasse. Das würde heißen, daß diese Krise ihrem Wesen nach auf Mechanismen beruht. Man kann jedenfalls davon ausgehen, daß die akute Krise Teil der individuellen Geschichte ist, die sich in ihr niederschlägt.

Es gibt natürlich eine spezifische Problematik der akuten Krise und mit der hat sich die Triestiner Equipe besonders auseinandergesetzt. Die Akutheit ist kein innerpsychischer Zustand, sondern eine öffentliche Situation, in die das Individuum gerät. Akut wird eine Krise, wenn die Familie oder Nachbarschaft ihr Verständnis, ihr Engagement, ihre Solidarität aufgeben. Und auch dieser Vorgang steht in Relation zum Vorhandensein und der Mechanik staatlicher Institutionen und ihrem kulturellen Gewicht. Mit anderen Worten: die Akutheit wird von den psychiatrischen Institutionen selbst produziert, die sich wiederum dadurch legitimieren, daß sie mit ihren Notfalldiensten und Kriseninterventionen – immer unter Beteiligung der verschiedenen Sektionen des Staatsapparates – das Szenario psychotischer Exzesse und tobenden Wahnsinns entfalten. In solchen Situationen, in denen gutes Zureden und Gewalt, Verständnis und Routine, intime Fragen und banale Antworten kurzat-

mig aufeinanderfolgen, in denen sich Aufgeregtheit und Inkompetenz mit dem Desinteresse der ›alten Hasen‹ vermischen, erscheinen die nicht mehr kontrollierbaren (also zu kontrollierenden) psychischen Mechanismen in ihrer Reinheit; Geschichte der Person und soziale Umwelt, erst recht die soziale Umwelt des Notfalldienstes selbst geraten dabei völlig aus dem Blick.
Die ›akute Krise‹ ist gewissermaßen das Scharnier der psychiatrischen Kette. Es war von Anfang das Ziel der Triestiner Praxis, die Kette an dieser Stelle zu sprengen, den Mythos der Akutheit als institutionelle Legende zu entlarven und die eingefahrene Mechanik der staatlichen Antworten darauf schrittweise aufzulösen.
Seit der Aufteilung der Klinik in Zonen hat man mit dem Problem der Aufnahme experimentiert. Die einheitliche Aufnahmeabteilung wurde aufgelöst in die Zonen, was teilweise zur Folge hatte, daß die entstandenen therapeutischen Gemeinschaften in den Abteilungen zerbrachen. Mit dem Auszug der Zentren entstand auf dem Klinikgelände wieder eine gemeinsame Aufnahmeabteilung. Deren Arbeitsprinzip kann man am besten negativ formulieren: angesichts einer akuten Situation zu improvisieren und ansonsten keinerlei inhaltliche Interventionen zu versuchen. Stattdessen versucht man, den Eingelieferten soweit zu beruhigen, daß er alsbald in ›sein‹ Zentrum geschickt werden kann. Während in den Zentren ein emanzipatorischer Arbeitsbegriff herrschte, hielt man in der Aufnahmeabteilung aufgrund dieser politischen Entscheidung bewußt eine auf Kontrolle gerichtete Arbeitsweise aufrecht. Auch wurden seit 1972 alle Anstrengungen unternommen, einen Notfalldienst einzurichten. Er sollte garantieren, daß an der einzigen großen Schleuse aller Einlieferungen, der Notaufnahme im Hauptkrankenhaus, schnellstmöglich Mitarbeiter der Psychiatrie anwesend sind, um die Einweisungsprozedur abzukürzen und den Patienten direkt dorthin zu bringen, wo man ihn schon kennt. Die Organisation dieses Dienstes traf auf anhaltenden Widerstand des Hauptkrankenhauses und erst nach einem dramatischen Todesfall wurde er schließlich im Jahre 1977 eingerichtet. Seit Frühjahr 1980 arbeitet im Hauptkrankenhaus der diagnostische Dienst *(servizio di diagnosi e cura)*. Er hat sich in gewissem Sinne zu einem nächtlichen Schiedsgericht über Krisenfälle entwickelt und die Polizei ist schon dazu übergegangen, alle irgendwie dubiosen Fälle dort vorzustellen. In diesem Dienst ist man dazu übergegangen, auf eine Einweisung zu verzichten und damit das Institut der psychiatrischen Aufnahme aufzuheben. Damit ist aber noch keineswegs die fatale Symbiose von Notfalldienst und Akutheit verschwunden. Nur: die Auseinandersetzung spielt jetzt auf einer sehr viel informelleren Ebene, d. h. ein Mitarbeiter muß entscheiden, ob er sich auf einen Tranquillizer beschränkt oder ein Neuroleptikum (Serenase) verabreicht. Im letzteren Falle gibt er mit der Medikamentation auch

ein Etikett. Serenase zu geben bedeutet, daß das Zentrum am nächsten Tag im ›Normalfalle‹ zunächst mit dieser Medikamentation fortfährt.
Aber die Zerschlagung der Notfalldienste ist doch nur die Teillösung einer weitaus verwickelteren Problematik. Der Zusammenhang Notfalldienst/akute Krise ist nicht allein deswegen eine Mystifikation, weil er den Mythos des nicht mehr kontrollierbaren ›Durchdrehens‹, der ins soziale Leere schießenden ›psychotischen Schübe‹ produziert. Der Notfalldienst selbst ist ein Mythos, und zwar insofern er den Ruf fördert, er sei dazu geschaffen, ›rechtzeitig‹ einzugreifen. Er verdeckt damit die grundsätzliche Tatsache, daß es das politische und gesellschaftliche Schicksal der Psychiatrie ist, zu spät zu kommen. Die Psychiatrie sieht sich dem Lager der Aufsässigen, der versteckten Rebellen, der Kaputten, der Ausgeflippten, der Hoffnungslosen, kurz der Unvernunft gegenüber. Da die Vernunft in dieser Gesellschaft letztlich die ist, die eigene Arbeitskraft verkaufbar zu halten, fragt sich, ob die Unvernunft lediglich eine Minderheit repräsentiert. Man braucht nur einmal die Diagnoseschemata der klassischen Psychiatrie zu lesen und wird feststellen, daß nur ein Frankenstein von ›Normalität‹ nicht darunter fällt (und das wäre auch schon wieder ein Fall). Den Begriff der Hebephrenie beispielsweise könnte man auf die ganze Spontigeneration anwenden.
Die Psychiatrie kann also gar nicht in den psychischen Krisen als solchen eingreifen, sie müßte sich dann schon in eine Kampforganisation für das Heer der Unglücklichen in dieser Gesellschaft verwandeln. Sie muß also aussieben. Das tut sie, indem ihr Eingriff erst stattfindet, wenn der Fall unlösbar ist, wenn etwa die Solidarität der Nachbarn, der Freunde, der Familie zerstört worden ist; mit anderen Worten: wenn sich der Betroffene in einer wehrlosen Situation vorfindet, wenn er keine Alliierten mehr für sich mobilisieren kann. Der Notfalldienst kommt so gesehen immer zu spät, auch wenn er mit Blaulicht und Sirene vorfährt.
Daraus ergibt sich, daß der Mythos der ›akuten Krise‹ sich nur dann auflösen läßt, wenn auf den Mechanismus der sozialen Krisenproduktion eingewirkt wird. Hier liegt meiner Ansicht nach das Hauptverdienst der Arbeit der Außenzentren, die sich nur schlecht ›wissenschaftlich‹ darstellen läßt, weil es ein hoffnungsloses Unterfangen wäre, Krisenprozesse in Parameter fassen zu wollen. Ich kann in diesem Zusammenhang nur einige deskriptive Elemente beisteuern.
Durch die fünfjährige Arbeit der Zentren im Stadtteil gibt es inzwischen einen hohen Rückfluß von Nachrichten. Bei Hausbesuchen erfahren die Mitarbeiter von Nachbarn nicht selten, daß es auch einem anderen *utente* schlecht geht. Auch in den Bars werden oft derartige Hinweise übermittelt. Familien wenden sich an das Zen-

trum in einer Phase, wo man noch Ratschläge sucht. Sehr häufig kommt es vor, daß der *utente* selbst in der Umgebung des Zentrums auftaucht. So habe ich es oft erlebt, daß die Betreffenden abends oder nachts unter den verschiedensten Vorwänden die Ärzte in ihren Wohnungen aufsuchen und damit signalisieren, daß sie in Schwierigkeiten sind. Eine positive Wendung ist auch darin zu sehen, daß die Familien das Zentrum heranziehen, um ihre Streitigkeiten auszutragen, indem alle Seiten um die Parteinahme des Zentrums kämpfen. Von großer Bedeutung sind natürlich alle Arten von materieller Hilfe, von der Wohnungsrenovierung bis zu Anträgen auf Sozialhilfe. Es gibt keine wirksamere Krisenintervention als das Geld, das direkt in die Hände der Leute kommt.
Ich möchte noch einen Gesichtspunkt anführen, der womöglich als nebensächlich erscheint. Es gibt in jedem Zentrum eine Menge ›Herumhänger‹; sie nehmen die Mahlzeiten ein, gehen mit, um einen Kaffee zu trinken, machen einen Rundgang durch die Stadt oder werden bei Hausbesuchen mitgenommen. Für diese geschieht im direkten Sinn nichts, und jeder, der ein solches Zentrum besucht, fragt als erstes: warum macht ihr mit diesen Leuten nichts? Eine Frage, die immer noch orientiert ist am Mythos der Behandlung, wonach die Psychiatrie etwas ›zu machen‹ habe. Die Gegenfrage lautet: wieviel Möglichkeiten offeriert eine moderne Großstadt demjenigen, dem es schlecht geht, wenn er einen Platz sucht, wo er bleiben kann? Wo er etwas zu essen bekommt, wo er Gesellschaft findet (wenn er sie will) und wo er vor allem nicht Rede und Antwort stehen muß, wo er für sich sein kann, ohne an den Rand gedrückt zu werden? Auch dies kann Krisenintervention heißen: mit seiner Krise leben zu können, ohne sich den Heilsplänen der anderen zu unterwerfen, ohne die Angst, verwahrlosen zu müssen, nur weil gerade die Normalität zuviel Kraft kostet.

Der Bereitschaftsdienst – Kampf gegen die staatliche Organisation von Gewalt

Man kann also sagen, daß nicht die akute Krise den Notfalldienst, sondern der Notfalldienst die akute Krise produziert. Aber das ist nur eine Seite der politischen Wirkungen dieser Apparaturen. Das Räderwerk von Rotem Kreuz und Polizei, von überfüllter Notaufnahme, wo die Eingelieferten herumgeschubst werden, von erneutem Transport in die Aufnahme der Psychiatrischen Klinik, symbolisiert ständig die ›Gefährlichkeit‹ des Irren. Es ist nicht einmal unbedingt notwendig, daß sich jemand in einer existentiellen Krise wehrt, wenn er in die Mechanik der Einweisung gerät. Wer zum Objekt gemacht wird, ist per definitionem unkontrollierbar, gefährlich. Der Kampf gegen das traditionelle Irrenhaus hat zunächst ein Schlaglicht auf die Gewaltverhältnisse innerhalb der Mauern geworfen. Aber das war nur die Endstation. Im Schatten bleibt die Gewalttätigkeit, die in die Hospitalisierungskette einmündet. Die Befreiung der Abteilungen, die Umwandlung der Zwangseingewiesenen in freiwillige Aufnahmen wäre nur ein Teil der Arbeit, wenn nicht die Produktion von Zwangseinweisungen selbst angegriffen würde.

Die Notwendigkeit eines psychiatrischen Bereitschaftsdienstes, der geeignet wäre, die Einweisungskette und ihre Mechanik zu transformieren, wurde schon im Jahre 1971 gesehen. 1972 wurde das psychiatrische System der Stadt einer genauen Analyse unterzogen und man entdeckte, daß sich 90 % aller Einweisungen über die Notaufnahme des Hauptkrankenhauses abwickelten. Daraufhin wurde im Zuge der Sektorisierung der Psychiatrischen Klinik und der Bildung von selbständigen Equipen für die fünf Zonen der Vorschlag einer autonomen Equipe für den Bereitschaftsdienst entwickelt. Einen entsprechenden Beschluß der Provinzregierung lehnte die Region ab: dadurch würde die autonome psychiatrische Intervention von der juristischen Verantwortlichkeit getrennt. Im Klartext hieß das, daß man zu recht befürchtete, der Bereitschaftsdienst würde die juristischen Prozeduren der Zwangseinweisung unterlaufen.

In diesen Manövern blieb das Projekt zunächst stecken. Aber die Patienten lernten im Lauf der Transformation der Klinik autonomer zu reagieren. Da sie die psychiatrische Equipe als Bundesgenossen mobilisieren konnten, waren sie immer weniger bereit, sich den Einweisungsprozeduren zu unterwerfen. Die Krise erreichte ihren Höhepunkt mit einem dramatischen Selbstmord: Anfang 1977 wurde ein Zigeuner in die Notaufnahme eingeliefert, der schon mehrfach die Psychiatrische Klinik aufgesucht hatte. Normalerweise erreichte er diese allein, wenn er betrunken war. An jenem Abend schaffte er es nicht wegen eines Beinleidens. In der Notaufnahme des Krankenhauses wurde er in einem Käfigbett festgebunden, obwohl er an Klaustrophobie litt. Oben in San Giovanni war er gewöhnt, unter freiem Himmel zu schlafen. Diese Fesselung ertrug er nicht. Dieser Todesfall, der so offensichtlich vermeidbar war, beschleunigte schließlich die Einrichtung des Bereitschaftsdienstes, der im März 1977 zu arbeiten anfing. Er bestand aus einem Arzt und zwei Pflegern, die von der Notaufnahme des Hauptkrankenhauses gerufen wurden. War vorher der Weg: Einlieferung in die Notaufnahme – Intervention des Psychiaters des Allgemeinkrankenhauses – Transport in die Aufnahmeabteilung der Psychiatrie, so verkürzte sich jetzt der Zirkel der Intervention auf: ›draußen‹ – Notaufnahme – ›draußen‹.

Nach etwa einem Jahr wurden im Rahmen einer Studie Interviews der diensthabenden Ärzte dieses Dienstes gemacht. Stellvertretend für die Meinung aller Beteiligten soll hier *Giovanna del Giudice* zitiert werden:

Tatsächlich war das ursprüngliche Ziel die Abschaffung der Zwangseinweisung, damit verbunden der Versuch, von den Leuten, die im Hauptkrankenhaus eingeliefert wurden, diesen ganzen zerstörerischen Prozeß abzuwenden, der hier seinen Anfang nahm – das Einschließen im Käfigbett, die verschiedenen gewalttätigen Übergriffe: das wurde sofort erreicht.

Auch die Ärzte der Notaufnahme sahen darin die positive Wirkung:

Den berühmten Käfig gibt es nicht mehr, wenigstens seit zwei Jahren. Er wurde nach dem Selbstmordfall abgeschafft. Die Gewalttätigkeit früher, wie kam es zu ihr? Die Träger banden den Kranken an der Bahre fest, mit Riemen. Er wurde im Korridor abgestellt, überwacht von zwei Familienangehörigen, bis die Prozeduren der Zwangseinweisung begannen. Diese Gewalttätigkeit ist eliminiert worden. In diesem Jahr hat es nur zwei Zwangseinweisungen gegeben, auf unseren Vorschlag hin. Ich habe auch beim Roten Kreuz gearbeitet und weiß über die Gewalttätigkeit da gut Bescheid. Jetzt ist das alles eliminiert, auch deswegen, weil der Patient sofort sagt: ›ich will den und den Psychiater‹, direkt mit Namen. (Gallio, S. 37)

In einer summarischen Würdigung beurteilt *Franco Rotelli* den Bereitschaftsdienst folgendermaßen:

Der Sinn des Dienstes besteht darin, zu vermeiden, daß die Personen automatisch in Empfang genommen und weitergereicht werden, mit den ganzen Konsequenzen, die diese Prodzedur in sich birgt . . . Ich glaube, daß man in einer Krisensituation nur eins machen kann: verhindern, daß dieser Person Schaden zugefügt wird. Der Bereitschaftsdienst ist in Ordnung, weil er fast gänzlich die Zwangseinweisung eliminiert hat, weil er die Gewalttätigkeit der Ankunft im Irrenhaus abgeschafft hat. Er hat die Vorstellung vom Irrenhaus modifiziert, und zwar bei den Patienten, bei den Ärzten und bei den Pflegern. Er hat die repressiven Aspekte, die mit der Krise verbunden sind, reduziert: für mich ist es daher das Äußerste, was man erreichen konnte. Die eigentliche Arbeit mit einer Person machst du nicht, wenn sie sich in der Krise befindet . . . Du machst sie, wenn du verhindert hast, daß die Krise die Person zerstört. Erst dann beginnt das Spiel, und das Spiel beginnt in den Zentren. (Gallio, S. 8 ff.)

Betrachtet man die Einweisungsstatistik der Jahre 1976 und 1977, so wird die dramatische Wende durch den Bereitschaftsdienst besonders deutlich (s. Seite 172/173).

Elf Monate Bereitschaft bedeuteten also weniger Zwangseinweisungen als ein Monat ohne diesen Dienst. Die Gesamtaufnahmen gingen auf 40 % zurück!

Trotz dieses Erfolges setzte sehr bald die Kritik an diesem Dienst ein. Moniert wurde, daß in den Kellerkorridoren des Hauptkrankenhauses, wo sich die Notaufnahme befindet, keinerlei Möglichkeit besteht, mit Patienten eine Beziehung aufzunehmen. Diese Erschöpfungssymptome, die der Bereitschaftsdienst bald hervorrief, entsprangen also nicht der reinen Arbeitsbelastung. Es war vielmehr der Zwang zu einer Arbeitsweise, die man mit den Zentren überwunden zu haben glaubte. Dadurch wurden die Ärzte wieder mit der Ungleichzeitigkeit des Transformationsprozesses konfrontiert. Einer von ihnen klagt:

Wir machen uns die ganze Mühe und erzielen doch nur minimale, unbedeutende Ergebnisse, Reduktion der Einweisungen: Die Zwangseinweisungen ja, aber einge-

	Aufnahmen total	Zwangs-einweisung
1976		
Monatsdurchschnitt	90	54
Gesamtzahl	1074	655
1977		
Januar	66	60
Durchschnitt Februar-Dezember	32	4
Gesamtzahl	449	109

(Im Februar 1977 begann der Bereitschaftsdienst mit der Arbeit.)
(Quelle: di Tolla, Padova 1977/78)

wiesen wird weiterhin. Also frage ich mich, ob es da nicht ein Mißverhältnis zwischen Kräfteaufwand und den Ergebnissen des Dienstes gibt . . . Die Anzahl der Ärzte und Pfleger, die für die Aufnahme verschleudert wird, ist grotesk und ›draußen‹ gehst du auf dem Zahnfleisch – auf der einen Seite der Druck des Gegensatzes von ›drinnen‹ und ›draußen‹, den du dir immer vor Augen halten mußt, auf der anderen Seite weißt du nicht, woher die Kräfte nehmen, um die Arbeit in den Zentren weiterzuentwickeln . . . Deine ganze Energie verschwendest du immer noch in dem Spiel zwischen ›drinnen‹ und ›draußen‹, und du gibst sie nicht ab, um den Leuten wirklich etwas zu geben.« (Cogliatti, in: Gallio, S. 94, 100)

Aber die Klage, daß die Zentren den Energie- und Zeitverlust durch den Bereitschaftsdienst bezahlen müßten, trifft nur die eine Seite der Wahrheit. Die andere Seite ist die, daß der Notfalldienst der Dezentralisierung der psychiatrischen Arbeit entgegenwirkt. Durch ihn ist die schon merkbare Tendenz abgefangen worden, daß sich die Zentren ihre kleinen autonomen Gebiete schaffen und den Rest der Klinik nur noch dazu benutzen, um die Leute abzuwälzen, für die sie keine Möglichkeiten anbieten können. Mit dem Bereitschaftsdienst ist wieder der Gesamtzusammenhang der psychiatrischen Organisation auf die Tagesordnung gesetzt worden.
Jeder psychiatrische Dienst produziert seine Patienten, sein ihm eigenes Bild der Krise, und nicht umgekehrt. Es fragt sich also, welche Form von ›Patientenschaft‹ der Bereitschaftsdienst nach einem Jahr seiner Funktion entwickelt hat:

»Der größere Teil der Anfragen, die hier ankommen, drehten sich nicht so sehr um alte Leute, sondern um Alkoholiker . . . Die ›neuen Patienten‹ sind vornehmlich depressive Frauen und Jugendliche voll von Problemen, ohne daß man diese Fälle psychotisch definieren könnte: die Psychosen sieht man nicht mehr . . . Die einzige Sache, die man mit Alkoholikern machen kann, besteht in einer Reihe von Schutzmaßnahmen, die man ergreift, damit sie sich nicht kaputtmachen, die also verhindern, daß sie nicht im Gefängnis landen. Mit ihnen macht man auch eine physisch orientierte Behandlung, . . . Entgiftungskuren, die verhindern, daß sie endgültig im Abseits landen. Dann schaffst du sie nach Hause, hilfst ihnen, die Strafbefehle zu bezahlen, erledigst ihnen den Verwaltungskram, und manchmal schaffen sie es, zwei, drei Tage ohne Saufen auszuhalten. Ich würde nicht sagen, daß man hinter dem Alkoholiker eine direkte soziale Ursache zu suchen hätte. Die Geschichten sind sehr unterschiedlich und individuell. Bei vielen chronischen Trinkern findet sich zum Beispiel eine Kopfverletzung. Überaus viele mit Schädelverletzungen sind Alkoholiker geworden. Die Zerstörung,

	Erstaufnahmen	
Freiwillige Einweisung	*Zwangs-einweisung*	*Freiwillige Einweisung*
35	26	9
419	308	108
6	26	4
28	2	16
340	54	194

die diese Bedingungen mit sich bringt, ist ein sozialer Vorgang. Die sozialen Bedingungen entscheiden, in welcher Geschwindigkeit sich eine Person zerstören wird und wie sie sich dagegen bewahren kann.« (Rotelli, in: Gallio, S. 11 f.)

Für mich zeigt diese nüchterne Bilanz den ›Erfolg‹ des Bereitschaftsdienstes: die ›Fälle‹ sind entdramatisiert, banalisiert. Vielleicht bedarf der Begriff der ›Banalität‹ einer kurzen Erörterung: das Leiden ist natürlich niemals banal. Aber es wäre verhängnisvoll anzunehmen, daß sich die ›neue Psychiatrie‹ nunmehr, nachdem die institutionellen Zwänge abgebaut sind, unvermittelt auf die Subjektivität des Leidens werfen könne. Auch das würde wieder die staatliche Aneignung, die staatliche Patronisierung des Seelenheils beinhalten. Die politische Aufgabe dieses Bereitschaftsdienstes war es, die politische Funktion der traditionellen Psychiatrie zu zerbrechen – deren Gewalttätigkeit produziert wurde durch ihr organisiertes Zuspätkommen. Dieser neue Dienst sollte so wirken, daß er rechtzeitig da ist, um weiteren Schaden durch die Einweisungsmechanik abzuwenden. In diesem Blickwinkel erscheinen die ›Fälle‹ zurecht als banal. Die Subjektivität und Individualität einer Person in Krise kann gar nicht über die Filter staatlicher Interventionen entziffert werden, denn sie definiert sich auch nicht über die Krise selbst.
Der Bereitschaftsdienst bewirkte im Rahmen seiner Möglichkeiten einen Bruch mit der ›Einweisungskultur‹, mit der Kultur der Abschiebung und des Abgeschobenwerdens. Welche Kultur produziert aber der neue Dienst? Es ist noch nicht möglich, diese Frage inhaltlich zu beantworten; man kann aber Entwicklungen aufzeigen, an denen sich eine ›neue Kultur‹ um diesen Dienst schon nach kurzer Zeit abzeichnet:

»In der Notaufnahme werden dir die üblichen Fälle gebracht, für die du den Taxifahrer spielen mußt. Ich erinnere mich, daß ich während meines Nachtdienstes viele Leute hatte, die sich freiwillig einliefern ließen. Jenseits der Arbeit, die die Zentren machen, hat sich die freiwillige Einweisung vermindert, weil die Leute in die Notaufnahme kommen, weils für sie viel bequemer ist, als den ganzen Anstieg bis zur Psychiatrischen Klinik zu machen . . .« (del Giudice, 99 f.)

Dafür war natürlich die Bereitschaft nicht gedacht. Aber dieses Beispiel macht deutlich, daß es nicht ausreicht, die Innovation psychiatrischer Strukturen nur daraufhin zu untersuchen, inwieweit sie geeignet sind, die Leute zu ›normalisieren‹. Abgesehen von der Fragwürdigkeit des Begriffs der ›Normalisierung‹ – die Psychiatrie psychiatrisiert nicht nur, die Leute leben auch über die Psychiatrie als Parasiten des Staates. Ich benutze diesen Begriff ohne Abwehr, ich finde eine solche Existenz nicht würdeloser als andere Lebensformen, nur schwieriger lebbar. Eine Aufgabe der ›neuen Psychiatrie‹ ist es sicherlich, dieses Parasitendasein zu erleichtern und ungefährlich zu machen. Das analytische Interesse an der Transformation psychiatrischer Strukturen muß aber immer der Frage nachgehen, welche neuen Formen von Institutionalisierung sich für die Leute herausbilden und welche politischen Konsequenzen das beinhaltet. Den Bereitschaftsdienst zum Taxidienst zu machen, ist in meinen Augen keine Fehlentwicklung. Klar ist natürlich, daß das ›auf die Dauer nicht geht‹.

Die Akutaufnahme

Nach der Eröffnung der psychiatrischen Akutaufnahme *(servizio di diagnosi e cura)* im Städtischen Hauptkrankenhaus Anfang 1980 sah der Weg eines Patienten in die Psychiatrie folgendermaßen aus: Jemand wurde in die Notaufnahme des Hauptkrankenhauses eingeliefert. Kam der diensthabende Arzt zur Überzeugung, daß es sich um einen psychiatrischen Fall handle, sandte er den Betreffenden mit einer mutmaßlichen Diagnose in die psychiatrische Akutaufnahme. Abgesehen von einer ambulanten Behandlung war der dort arbeitende Arzt gehalten, entsprechend dem WHO-Diagnoseschlüssel seine Diagnose einzutragen, wenn er eine psychiatrische Aufnahme für notwendig hielt. Diese Diagnose wurde dann am Morgen im Rechenzentrum in den Computer eingespeist.
Über dieses Verfahren entbrannte sofort eine Auseinandersetzung zwischen den neu eingestellten Pflegern und den Ärzten. Man entschloß sich zwar, die möglichst ›leichte‹ Diagnose, z. B. im Bereich reaktiver Syndrome zu stellen, um die Persönlichkeitsdaten nicht zu belasten. Allerdings verwiesen die Ärzte darauf, daß man nicht unentwegt ›reaktives Syndrom‹ schreiben könne, dann würden sie von ihren Kollegen in der Aufnahme nicht mehr ernstgenommen und der Trick würde durchschaut. Der Konflikt über die Diagnose schwelte den ganzen April. Ende April wurde dann beschlossen, grundsätzlich keine Aufnahmen mehr zu machen. Die Eingelieferten wurden so lang wie nötig dabehalten, ihr Aufenthalt aber als ambulante Intervention bezeichnet. Wenn auf dem Laufzettel nicht mehr Aufnahme vermerkt ist, werden keine Daten mehr

in den Computer gegeben. Das heißt praktisch, daß das Institut der psychiatrischen Aufnahme überhaupt abgeschafft wird.
Die Akutaufnahme ist in den unterirdischen Grotten des Hauptkrankenhauses eingerichtet worden. Es stand lange Zeit zur Debatte, ob man die vom Gesetz 180 dafür vorgesehene Abteilung mit ihren 15 Bettenplätzen überhaupt benutzt. Zunächst einmal schreckte die autoritäre und rigide Struktur des Allgemeinen Krankenhauses ab. Weiterhin befürchtete man (und befürchtet es noch), daß damit die Psychiatrie zu sehr in den Bereich der Medizin rückt. Letztlich hat man sich wohl für diesen Dienst entschieden, weil aus baulichen und personellen Gründen eben doch viele Zentren nicht in der Lage sind, einen regelmäßigen Nachtdienst zu organisieren. Bis jetzt kann man summarisch sagen, daß die Akutaufnahme erfolgreich ist. Auf jeden Fall sind die Einlieferungen in die Notaufnahme des Hauptkrankenhauses mindestens um ein Drittel zurückgegangen, eine Tatsache, die die Beziehungen zwischen Krankenhaus und Psychiatrie sehr verbessert hat. Die Akutaufnahme ist natürlich sofort zu einer festen Station auf der Wanderung der einsamen Männer durch die Nacht geworden. Sein großer Vorteil gegenüber dem Bereitschaftsdienst besteht darin, daß man sich mit den Leuten sofort auseinandersetzen kann.
Zwei Szenen:

Eine Frau kommt, begleitet von ihrem Ehemann; gutbürgerlich, gepflegt, an die 50. Hysterische Krise, wenn man definieren will. Sie will nicht mehr weitermachen. Sie sieht ihr Leben als leer an. Was bleibt ihr noch: der Gang ins Café, die Mode, Sonnenbaden in Barcola. Ab einem bestimmten Alter hat das Leben einer Frau keinen Wert mehr, kann man es wegwerfen. Ihre Mutter ist in der Intensivstation geendet. Sie will nicht dasselbe Ende erleiden, will nicht zum Unterstützungsfall werden. Sie habe bisher in Gloria gelebt, nun will sie auch in Gloria sterben. Das war ihre leidenschaftliche Argumentation. Die Pflegerin gerät mit ihr als Frau in die direkte Auseinandersetzung; das sei wohl alles richtig, aber nach diesem Prinzip könnte sich eigentlich die Hälfte der Bevölkerung umbringen. Eintritt der Arzt – jung, zur Linken gehörig, neu im Geschäft – und verordnet Valium. Er hat die Situation blitzartig erfaßt: die Frau ist aufgeregt, also muß sie beruhigt werden; es findet eine inhaltliche Auseinandersetzung statt, also gibt man ein weniger starkes Mittel. Die Pflegerin sagt daraufhin: ›Schweinehund‹.
Nach ein paar Tagen gibt es endlich wieder einmal eine Vollversammlung, bei der inhaltlich über die Arbeit gesprochen wird. Frage war, ob es sich mit der ›Ernsthaftigkeit des Dienstes‹ verträgt, daß vor dem Patienten zum Arzt ›Schweinehund‹ gesagt wird. Aber von dieser Frage abgesehen, was besagt diese Szene? Viel Spielraum für eine psychiatrische Intervention gibt es da nicht. Der Dienst funktioniert gewissermaßen als nächtliche Bühne eines existentiellen Konfliktes, als eine kleine Öffentlichkeit, in der etwas ausgedrückt werden kann, was im Privaten möglicherweise zu tödlichen Konsequenzen führt.
Ein junger Mann wird von der Polizei gebracht. Ein Spaziergänger hat ihn nachts an der Mole von Barcola gesehen, mit gefesselten Händen, an die ein Stein gebunden war. Die Mitarbeiter fragen, ob er nicht erzählen wolle, was los ist. Der junge Mann: »Warum sollte ich?« Immerhin sei er nun einmal hier, da könnte er doch was sagen. »Warum sollte ich? Ich bin nicht freiwillig hier. Was ich will, ist Schluß machen«. Nun ja, aber inzwischen könne er doch mal was sagen. So geht es hin und her. Die Polizei hat einer Pflegerin seine Autoschlüssel übergeben. Sie findet es absurd, sie in der Hand zu behalten und gibt sie ihm. »Dann kann ich ja wohl gehen«. Nein, das gehe nicht, sie

seien schließlich für ihn verantwortlich. »Was für ein absurder Laden, ihr gebt mir die Autoschlüssel, und haltet mich fest!« Man wolle ihm ja helfen. »Wie helfen?« Schließlich kommt raus, daß seine Freundin nicht zum Rendezvous gekommen ist. Er will sie suchen. Also entschließt man sich, mit ihm loszufahren. In seinem Auto, einem Citroen, mit dröhnender Discomusik. Man fährt zu ihrer Wohnung, er entdeckt das Auto ihres früheren Freundes, meint, daß sie wohl miteinander schlafen. Sie fahren zurück. Durch ein Mißverständnis zwischen Arzt und Pfleger, – jeder nimmt vom anderen an, er habe sich dazu entschieden – beschließt man, ihn gehen zu lassen. Er will bei einem Freund schlafen und wird beschworen, unbedingt nach einer halben Stunde anzurufen. Der Anruf kommt nicht. Die Mitarbeiter sind glänzender Laune, haben aber auch weiche Knie.

Dieser Mann wäre normalerweise mit Sicherheit in der Psychiatrie gelandet und hätte sich durch seine Ablehnung auch noch die Geisteskrankheit des ›Negativismus‹ zugezogen. Hier hat der Dienst als nächtliches Schiedsgericht funktioniert, der die bürokratischen Prozeduren bei Tage erspart. In der Tat zeichnet sich so eine Tendenz ab. Die ›besseren‹ Polizisten bringen ihre Leute, wenn der Fall nur irgendwie undurchsichtig ist, in den Dienst. So ließen sich eine Reihe von Inhaftierungen vermeiden.
In dieser Funktion liegt aber auch eine Zweideutigkeit. Die Alternative Gefängnis oder Serenase ist fatal. Wenn im wohlverstandenen Interesse der Person eine Inhaftierung vermieden wird und sie dafür in die Psychiatrie kommt, sind unter den gegebenen Umständen die sozialen Konsequenzen womöglich weniger hart. Aber das ›wohlverstandene Interesse‹ selbst kann zur neuen Quelle der Rationalisierung für die Psychiatrie werden. Als 1979 ein Jugendlicher in Barcola einer ›obligatorischen Behandlung‹ (nach dem Gesetz 180) unterworfen wurde, war das durchschlagende Argument, er könne möglicherweise im Irrenhaus für Kriminelle landen. Es gab eine Reihe kleiner Konflikte mit der Polizei, ein Sturm schien sich zusammenzuziehen. Nachdem man ihn ›geholt‹ hatte, telefonierte er mit Basaglia. Basaglia war mit dieser Maßnahme nicht einverstanden. In der ihm eigentümlichen politischen Klarheit erklärte er: ob der Jugendliche im Irrengefängnis lande, kratze ihn nicht. Das sei dessen eigener Kram. Aufgabe der Psychiatrie sei es, den Kampf gegen die Irrengefängnisse zu führen.
Zum anderen ist ein Problem des Dienstes sein Erfolg. Jede psychiatrische Institution schafft sich ihren eigenen Kundenstamm. Jetzt schon ist spürbar, daß die ›Kunden‹ zugenommen haben. Auf der Hand liegt die Gefahr der Überfüllung, durch die Spontaneität und Aufmerksamkeit der Mitarbeiter ruiniert werden können, die die Voraussetzung für ein Schiedsgericht wären.

(14) Die Wiederkehr des ›drinnen‹ und das ›E‹

Das ›drinnen‹ wird wieder wichtig

Ich möchte noch einmal zu einem Ereignis des schon erwähnten Pflegerkursus (Ende Oktober 1979) zurückkommen. Basaglia leitete ihn ein mit einer Übersicht über die Triestiner Praxis. Er formulierte: »Das ›drinnen‹ ist der Tod, nicht der physische, wohl aber der soziale Tod.« Eine Formel, die die anwesenden Pfleger vor allem der Abteilung ›E‹ zum Widerspruch reizte: was es denn mit den 100 Patienten auf sich habe, die im Laufe der sieben Jahre gestorben seien? Basaglia brauste schon auf: man solle nur sagen, daß er an ihnen schuld sei. Und dann sagte ein Pfleger vom ›E‹ etwas, aus dem man in dem aufsteigenden Tumult nur ›Mengele‹ und ›Himmler‹ heraushörte. Basaglia war erregt wie nie, erklärte voller Wut, daß die Grenze des Anstands erreicht sei, und wies diesen Pfleger aus dem Saal. Unter den Pflegern des Außenzentrums Barcola stand von vornherein fest, dieser Pfleger sei betrunken gewesen – entsprechend dem Vorurteil, daß die Pfleger des ›drinnen‹ mehr oder weniger Alkoholiker sind. Der Pfleger selbst erzählte mir danach, er habe nichts anderes gemacht als ein Vorkommnis im ›E‹ zu schildern. Es seien Verwandte eines Patienten gekommen, hätten sich über die Zustände in der Abteilung empört und gefragt: »Wer ist denn in dieser Klinik Direktor? Himmler, Mengele oder Basaglia?«

Dieser Pflegerkursus war zumindest in seinen Anfängen ein Brennpunkt der Entwicklung: in ihm wurde die Ungleichzeitigkeit der Veränderung und die Spaltung der Pflegergruppen sichtbar. Zum ersten Mal wieder trafen massiert die Pfleger des ›drinnen‹ und des ›draußen‹ aufeinander. Diejenigen, die die fortgeschrittene Praxis vor Ort repräsentierten, trafen auf die, die noch in der Abteilungskultur zu stecken schienen. Die Pfleger des ›draußen‹ waren es gewohnt, mit dem Arzt gleichberechtigt zu verkehren. Die Pfleger des ›drinnen‹ repräsentierten noch die alte Pflegerkultur, hielten Distanz gegenüber den Ärzten, deren Anordnungen sie ausführten, um sie unter sich dann zu kommentieren und bei Gelegenheit auch zu durchbrechen. Diese Pfleger stellten den trotzigen Widerstand in der Ungleichzeitigkeit der ›neuen Psychiatrie‹ dar. Gegen die neuen Kleider der Psychiatrie, gegen die »Intervention vor Ort« trugen sie weiterhin die weißen Kittel, während die Pfleger des

›draußen‹ elegant gekleidet und durchweg auch jünger waren. Soweit das oberflächliche Bild. Wichtig war dann jedoch folgende Erfahrung: die Pfleger der Außenzentren mußten feststellen, daß sie mit ihren Kollegen ›drinnen‹ nicht reden konnten, ihnen nichts zu sagen hatten. Dieser Gegensatz selbst war nicht neu. Neu war hingegen, daß er so erlebt wurde, daß vor allem die Pfleger der Zentren viel von ihrer Selbstsicherheit als Pflegeravantgarde verloren hatten. Aber nicht nur das: Mit dem Aufbau der Zentren galt jene Trennung zwischen ›drinnen‹ und ›draußen‹ im Prinzip als überwunden. Das ›drinnen‹ schien eine absterbende Kategorie zu sein – die *200 ospiti* waren keine Langzeitpatienten mehr, sondern Personen, die *noch* keine Wohnung gefunden hatten; die Aufnahme war eine vorübergehende Erscheinung, und existierte nur, weil die Zentren *noch* nicht in der Lage waren, Nachtaufnahmen durchzuführen. Vereinfacht formuliert herrschte die Haltung, daß die Probleme des ›drinnen‹ im Lichte der Fortschritte des ›draußen‹ zu sehen sind. Die Zentren waren noch aus der Zerstörung einzelner Abteilungen entstanden, hatten aus diesen Auseinandersetzungen ihre Dynamik empfangen. Aber seit der Existenz der Zentren hatte es keine politischen Initiativen mehr gegeben, die aus dem ›drinnen‹ kamen. Auch die Auflösung der Aufnahme wurde von den Zentren vorangetrieben und der Pflegerkampf war unter dem Gesichtspunkt der Zerstörung von Irrenhausstrukturen durchaus regressiv, insofern sich die Pfleger weigerten, die Aufnahme zu verlassen, wenn nicht die 5. Gehaltsklasse garantiert würde. Zur gleichen Zeit hatten die Ärzte der Zentren zusammen mit deren Pflegern beraten, wie der Schichtwechsel zu organisieren sei, um die Aufnahme überflüssig zu machen. Unter diesen Gesichtspunkten konnte das ›drinnen‹ als etwas Sekundäres, als ein lediglich zurückgebliebener Zustand erscheinen. Objektiv gesehen ist eine solche Interpretation immer falsch gewesen.

Die Zurückgebliebenheit des ›drinnen‹ entstand eben nicht aus der mechanischen Dialektik, wonach eben der Fortschritt auch notwendig zurückgebliebene Situationen schafft. Das Verhältnis war enger und widersprüchlicher. Mit dem Auszug in die Zentren wurden gerade jene Pfleger abgezogen, die im Prozeß der Öffnung und Schließung von Abteilungen aktiv geworden waren. Ebenso erwies es sich als immer schwieriger, die materiellen Voraussetzungen für die Arbeit ›drinnen‹ durchzusetzen. Die Anträge der Zentren hatten Vorrang und die Provinzialregierung war eher geneigt, finanzielle Forderungen der Zentren zu erfüllen. So wurde im Zuge der Renovierung zweier Zentren auch neues Mobiliar angeschafft, während seit 1973 im Klinikgelände nichts mehr geschehen war, wiewohl die materiellen Bedürfnisse der *ospiti* sich durchaus weiterentwickelt hatten. Für 200 Leute standen hier zwei Autos zur Verfügung (wie für jedes Zentrum); aber gerade für die 200 verbliebenen ehemaligen Langzeitpatienten waren natürlich Autos und mithin die Chance zu Ausflügen und Stadtgängen eminent wichtig.

An diesem Punkt die Bedürfnisse von ›draußen‹ und ›drinnen‹ gegeneinander abzuwägen, würde heißen, den Krieg der Armen gegeneinander zu provozieren.

Während durch die Zentren ein neuer Arbeitsstil entstand, während dort die Pfleger sich mehr oder weniger autonom um die Familien in ihren Stadtteilen kümmerten, fiel man ›drinnen‹ bis zu einem gewissen Grad in die traditionelle Pflegerrolle zurück. Insbesondere in den Pflegeabteilungen, wo viele ehemalige Langzeitpatienten gelandet waren und die der offiziellen Version entsprechend keine psychiatrischen, sondern mehr oder weniger Fürsorgefälle waren, kehrte ein Arbeitsstil wieder, bei dem es nur noch um die Aufrechterhaltung der Versorgung ging. Mit dieser Haltung schlich sich aber auch der alte psychiatrische Pessimismus ein.

Am deutlichsten läßt sich dieser Sachverhalt am Schicksal der lobotomisierten Mädchen nachvollziehen. Bis in das Jahr 1974 hinein engagierte man sich rückhaltlos für diese drei Mädchen; bis zu zwölf Pfleger fuhren mit ihnen in die Ferien und brachten sie durch intimste Auseinandersetzungen dazu, die Toilette zu benutzen, mit Besteck zu essen, oder Musik zu machen. Es war eine einzige Beweisführung gegen das Diktum der hoffnungslosen Fälle. Brunetta etwa bewegte sich 1977 noch frei auf dem Klinikgelände, brauchte allerdings eine ständige Beobachtung, weil sie durch ihre teilweise unkoordinierten Bewegungen dem brutalen Triestiner Straßenverkehr nicht gewachsen war. Seit zwei Jahren hält sie sich nur noch in ihrer Abteilung auf. Das ›drinnen‹ stellt also mehr als eine zurückgebliebene Situation dar; es fordert einen speziellen Arbeitsstil – mit den Worten des Arztes Novello: ein ›Engagement für die Person selbst‹. Man kann zwar sagen, daß sich das Engagement für die Person und der politische Kampf für ihre materiellen Rechte nicht ausschließt, aber bei begrenzten Kräften kann daraus doch eine Alternative entstehen.

Durch die Verwicklung in die sozialen Probleme des Stadtteils und durch das Zurückführen der Bedürfnisse von Patienten auf *allgemeine* Bedürfnisse, die der *allgemeinen* Misere entspringen, mußten notwendigerweise die *besonderen* Probleme der *ospiti,* die aus ihrer *besonderen* Geschichte entsprangen, vernachlässigt werden. Die Stagnation des ›drinnen‹, die Regression in die alte Gleichförmigkeit der Zeit war auch Ergebnis einer politischen Entscheidung, den Kampf gegen die Emarginisierung der Patienten im Namen ihrer Misere und nicht im Namen ihrer individuellen Regression zu führen. Nicht zufällig fanden über die Probleme des ›drinnen‹ kaum allgemeine Diskussionen statt.

Gegen Ende des Jahres 1979 rückte das ›drinnen‹ langsam aus dem

politischen Schatten. Nicht daß man von einer drastischen Wende sprechen könnte – aber es häuften sich die Anzeichen einer neuen Aufmerksamkeit. Die Ereignisse beim Pflegerkurs waren ein Beispiel. Dann begannen die von Novello organisierten Rundgänge durch das Gelände. An ihnen nahmen zumeist junge Mitarbeiter teil, die allerdings schon durchschnittlich zwei Jahre in den Zentren gearbeitet hatten und gewöhnlich auf dem Klinikgelände wohnten. Sie hatten also täglich die *ospiti* gesehen und mit ihnen gesprochen; dennoch mußten sie feststellen, daß sie über deren Lebenssituation kaum etwas wußten. Der Arzt Novello hatte in der Equipe einen etwas fragwürdigen Ruf; ihm wurde vorgeworfen, er sei verantwortlich für die stagnierende Situation in der alten Klinik. Er selbst sprach nicht ohne Bitterkeit über die zurückliegende Arbeit, beschrieb die politische Isolierung und die Vernachlässigung durch die Zentren. Das Klinikgelände war nach wie vor in Zonen aufgeteilt, doch die zugehörigen Zentren engagierten sich durchaus nicht für die *ospiti* ihrer Abteilungen. Im Gegenteil: sehr oft luden sie noch Patienten, für die sie keine Unterkunft in der Stadt fanden und die auch in den Zentren nicht zu halten waren – wegen Alter, Bettlägerigkeit oder andauernd regressiver Verhaltensweise – in den Abteilungen ab. In diesem Sinne funktioniert das ›drinnen‹ nach wie vor in Einzelfällen als ›letzte Lösung‹.
Wenn auch angesichts dessen die Arbeit ›drinnen‹ wenig Gratifikation zu geben schien, so wurde sie doch von Novello in einer bestimmten Hinsicht akzeptiert. Schließlich hatte er die politische Entscheidung geteilt, für einige Zeit das Hauptgewicht auf die Organisation der Arbeit in der Stadt zu legen. Das Vergessen des ›drinnen‹, die Isolierung gegenüber der Equipe, die Erschwernis der Arbeit, waren vermutlich der unvermeidliche Preis dafür gewesen. Er hatte aber jene Rundgänge organisiert, um auf die veränderte Situation hinzuweisen. Zu diesem Zeitpunkt lebte ein Großteil der *ospiti,* meist über 60 Jahre und mit einem hohen ›Dienstalter‹ in San Giovanni in Wohn- oder Hausgemeinschaften. Sie waren aneinander gewöhnt und hatten eine ziemlich autonome Alltäglichkeit entwickelt. Mit anderen Worten: Lebensweise und -bedingungen hatten sich soweit entwickelt, wie es unter den gegebenen Möglichkeiten ›drinnen‹ denkbar war. Für Novello war der Punkt erreicht, wo die Zentren erneut an ihre Pflicht gemahnt werden müssen, die ihnen zugehörigen *ospiti* in die tägliche Arbeit einzubeziehen.
Ende November 1979 begannen die Vorbereitungen zu einem Kongreß der Mitarbeiter der *Psichiatria democratica.* Thema sollte sein: die Intervention vor Ort, die das Gesetz 180 nunmehr zur verbindlichen Praxis der Psychiatrie der Zukunft erhoben hatte. Aus den diffusen Diskussionen schälte sich eine Aufgabe heraus: zu definieren, wie gegenwärtig in Triest das Verhältnis ›draußen‹/›drinnen‹ aussieht. Zum Erstaunen von Mario Novello akzeptierten

die Ärzte der Zentren weitgehend seine Kritik an der Vernachlässigung der Abteilungen innerhalb des Klinikgeländes.
Am deutlichsten zeigte sich die Änderung der Windrichtung durch zwei Initiativen: zum einen begann man im Frühherbst 1979 mit der Auflösung des ›E‹ (dazu das folgende Kapitel), zum anderen wurde gegen Anfang des Jahres 1980 endlich die Umwandlung des ›M‹ in Angriff genommen. In dieser Abteilung lebten etwa 40 *ospiti*, für die eine hotelähnliche Atmosphäre geschaffen werden sollte. Zusammenfassend kann man sagen, daß die Equipe bereit war, in dem ›drinnen‹ nicht mehr nur Rückstände des Irrenhauses, bzw. noch nicht bewältigte Situationen zu sehen. Man entdeckte, daß das ›drinnen‹ kein politisch totes Problem, sondern ein virulenter Widerspruch war.
Aus welchen Gründen drehte sich der Wind? Es gab keinen direkten Anlaß, aber eine Menge Voraussetzungen. Eine Rolle spielte der Pflegerkampf. Der Auszug in die Zentren stellte für die Pfleger durchaus eine politische Emanzipation dar. Sie eroberten sich eine weitgehende Autonomie ihrer Arbeit und durchbrachen die Rolle des Untergebenen. Indem sie sich einen emanzipatorischen Begriff von Arbeit aneigneten, begannen sie aber die Klassenposition zu vernachlässigen, wonach es zunächst einmal um die materielle Besserstellung geht. Die Dimension der ökonomischen Kämpfe brachte die Auseinandersetzung um die Besoldungsstufe zurück. Da dieser Kampf hauptsächlich von den Pflegern des ›drinnen‹ getragen wurde, rückte auch die Situation innerhalb der Klinik wieder in den Blickpunkt.
Einen Einfluß hatte auch die Debatte, die nach der Verabschiedung des Gesetzes 180 begann. Dieses Gesetz strahlte einen gewissen Optimismus der Arbeit vor Ort aus (wörtlich: im Territorium). Der Skandal des Irrenhauses war abgeschafft und das Territorium erschien als Schlüsselwort der nunmehr fälligen Lösung. Insbesondere der Kongreß von Arezzo Ende Oktober 1979 rief die Politiker und Technologen auf den Plan, die ihre Stunde gekommen sahen, das Netz der territorialen Dienste zu stricken. Die kulturrevolutionären Inhalte des Kampfes gegen das Irrenhaus schienen mit dem Gesetz 180 liquidiert. Angesichts dieser Entwicklung hakten insbesondere die Triestiner ein, und zwar am Problem des Langzeitpatienten. De Salvia/Casagrande wiesen in einem Aufsatz darauf hin, daß nach dem Gesetz der Langzeitpatient nur noch als Pflegefall betrachtet werden könne und in dieser Optik seine Probleme vernachlässigt würden. Es bestehe also die Gefahr, daß sich unter neuem Namen die Irrenhäuser reproduzieren.
Daß die Triestiner *ospiti* und ehemaligen Langzeitpatienten wieder in den Blick rückten, ergab sich auch aus einer Reihe konkreter Initiativen. 1979 sind energische Anstrengungen unternommen worden, das Klinikgelände für die Stadt nutzbar zu machen und die

Stadt nach San Giovanni hoch zu ziehen. Ein Teil der leerstehenden Abteilungen wurde an die Universität verkauft. Im ehemaligen ›P‹ wurde im Oktober 1979 eine slowenische Schule eingerichtet. Die Klinikbar entwickelte sich zum Triestiner Treffpunkt. Diese fortschreitende Aneignung des ›drinnen‹ durch das ›draußen‹ machte natürlich die Situation in den ›kleinen Irrenhäusern‹ akut: der Widerspruch zwischen ›drinnen‹ und ›draußen‹ verschärfte sich.
Aber es kam noch etwas hinzu, was zwar nicht explizit ausgesprochen wurde, aber doch zu spüren war: eine Erinnerung an die politischen Anfangserfahrungen. Die politische Macht der Triestiner Praxis entsprang ja dem ›drinnen‹. Sie hatte es verstanden, das Vegetieren der Insassen zu einer unablässigen öffentlichen Anklage, in ständigen Druck auf die politisch Verantwortlichen zu wenden. Die Radikalität der Existenz von Insassen provozierte auch die Radikalisierung des antiinstitutionellen Kampfes. In der noch psychiatrischen Forderung auf Wiedereingliederung von Patienten war ein kulturrevolutionäres ›Mehr‹ herauszuhören, eine Forderung nach anderen Lebensbedingungen und kulturellen Verhältnissen, in denen unnormale Ansprüche nicht gleich verrückt machen. Im Namen der Patienten konnte aus dem Irrenhaus der Angriff auf eine stagnierende Triestiner Kultur geführt werden, die anscheinend nur noch fähig ist, Minderheiten auszugrenzen. Das ›drinnen‹ weiterhin zu vernachlässigen, hätte in diesem Sinne bedeutet, auch ein Stück politischer Macht preiszugeben, denn schließlich ist die Misere der *ospiti* nur ein Unterfall der Misere der Alten in Triest.

Das ›E‹ – Über den dialektischen Zerfallsprozeß des Irrenhauses

Das ›E‹ hatte den denkbar schlechtesten Ruf, es wurde *vecchia infermeria* (alte Pflegeabteilung) genannt. Es galt als Schattenecke, als Auffangbecken der Klinik. Noch schlechter war der Ruf des verantwortlichen Arztes: der Oberarzt Missaglia stammte aus der

vor-basaglianischen Zeit und hatte einst sämtliche Frauenabteilungen der Klinik unter sich. An Versuchen, ihn loszuwerden, hat es nicht gefehlt; da er sich aber auf die rechten Kräfte innerhalb der Stadt stützen konnte, blieben sie ergebnislos. 1975 gelang es, ihn in die Psychiatrische Klinik abzuschieben, die zur Medizinischen Fakultät der Universität gehörte. Zum Entsetzen der Equipe legte er sich dort mit dem Chefarzt an und kehrte 1977 nach San Giovanni zurück. Er bekam zwei Abteilungen: das ›P‹ im ersten Stock mit 38 Frauen und das ›E‹ im Erdgeschoß mit 30 Männern.
Missaglia war berüchtigt für seinen Arbeitsstil nach Art des alten Irrenhauses: 7 Uhr morgens Visite, Medikation, und ansonsten Einhaltung der hierarchischen Gesetze. Um zu verhindern, daß sein institutionell abgesichertes Nichtstun größeren Schaden anrichte, wurden die Abteilungen auf ihn vorbereitet. Die einigermaßen selbständigen *ospiti* wurden in andere Abteilungen versetzt, so daß im wesentlichen Pflegefälle mit geriatrischen Problemen übrigbleiben sollten. Der Pfleger *Gregoretti* berichtet:

Ich kam eines Morgens zur Arbeit und da war alles anders. Patienten, mit denen man noch etwas machen konnte, waren ins ›T‹ oder sonstwohin verlegt. Es fehlten die Bestecke, die Tischdecken, die Schränke. Auch die besseren Anziehsachen waren weg.

Die Taktik, Missaglia Abteilungen zu übergeben, wo er wenig Schaden anrichten konnte und auch keinen politischen Einfluß mehr entfalten konnte, mußte folgerichtig die Abteilungen seinem Arbeitsstil unterwerfen. Hinter dieser Taktik stand allerdings auch der Plan, die Hypothek der Alten, die die antiinstitutionelle Praxis belastete, ein wenig zu verringern. Die Triestiner Psychiatrie spielte in dieser überalterten Stadt auch die Rolle eines Altenghettos, hatte also mit Problemen zu tun, die billigerweise Aufgabe der Kommune sein sollten. Es wäre politisch falsch gewesen, diesen Sachverhalt zu tolerieren, d. h. die Kommune auch weiterhin in ihrer Vernachlässigung sozialer Einrichtungen zu unterstützen. Man drängte also auf Verhandlungen zur Übernahme des ›E‹ und des ›P‹ in die Geriatrie des Allgemeinkrankenhauses, das innerhalb des Klinikgeländes schon einen riesigen Komplex für Langzeitpatienten besaß. Diese Verhandlungen scheiterten.
Unter diesen Vorzeichen wurde das ›E‹ zum Vorzimmer des physischen Todes – der soziale Tod war schon eingetreten. Rotelli, amtierender Direktor seit 1979, antwortete auf die Fragen einer deutschen Gruppe, wie eine solche Abteilung noch möglich sei, mit dem Hinweis auf die Rolle Missaglias und auf die gescheiterte Überführung des ›E‹ in die Geriatrie. Er fügte jedoch ehrlicherweise hinzu: »Es war aber auch zum Teil die Müdigkeit – daß es immer an uns und nur an uns ist, die Situation zu ändern.«
Die Entstehung des ›E‹ hat aber auch ein systematisches Moment. Ich möchte es die Logik der Restbildung nennen, die meiner Meinung nach mit der Dialektik der Zerstörung des Irrenhauses not-

wendig zusammenhängt. Die Veränderung und Auflösung von Abteilungen entsprang zwar der Initiative der Ärzte und Pfleger, war aber immer das Werk der Patienten selber. Die Zerstörung von Abteilungen setzte voraus, die Produktivkräfte, die in den Insassen und in der Verwahrsituation selbst schlummerten, zu entfalten. Die Perspektiven entsprangen den geweckten Ansprüchen der Patienten selber. Diese politische Logik konnte sich nur entwickeln, wenn sich permanent sowohl unter den Pflegern als auch unter den Patienten eine Avantgarde herausbildete. Eine solche Politik führte aber immer zu einer Spaltung innerhalb der Patienten. Indem man auf die verändernde Kraft der ›Selbständigeren‹, der ›Bewußteren‹ setzte, produzierte man unvermeidlich die Unselbständigen, die ›Verwirrten‹. Wenn es den einen besser geht, geht es den anderen schlechter, eben weil es jenen besser geht. So entstanden immer Restbereiche, die nach Auflösung ihrer Abteilungen an verschiedenen Orten gesammelt wurden, die allgemein Schutthalden genannt wurden. Ich weiß: diese Schattenecken sind ein heikles Thema. Sie sind das Einfallstor für die Polemik der Reformtechnologen und das Denunziantentum der Reaktionäre. Doch auch der Reformismus ist keineswegs frei von jener Logik, wonach die Veränderung psychiatrischer Systeme aus sich heraus ständig wieder regressive Momente schafft. Im Gegenteil: wie die Geschichte der Psychiatriereform zeigt, wird er von dieser Logik systematisch beherrscht. Der psychiatrische Reformismus ist immer mit dem Anspruch auf gerechte Verteilung angetreten, die Segnungen einer reformierten Struktur sollten für alle Patienten gleich verfügbar sein. Bei Modellen einer gemeindenahen Psychiatrie wie beim Konzept therapeutischer Gemeinschaften zeigt sich jedoch, daß das Angebot der Reformpsychiatrie immer nur den Patienten zukam, für die die Kapazität des Systems ausreichte. Insofern war die Reformpsychiatrie immer Verbündeter der traditionellen Psychiatrie. Ambulante Betreuung und Lager blieben aufeinander verwiesen, da die Reform ihrem Prinzip nach nie den Kreis der psychiatrischen Institutionen selbst zerschlug. Auch die Reformpsychiatrie produziert ihre Lager, ihre Schutthalden, aber die liegen außerhalb ihres Terrains und werden gefüllt von denjenigen, für die das Angebot der alternativen Einrichtungen nicht reicht. Die Triestiner Praxis hat ihr regressives Gegenstück immer in kritischer Nähe zur aktuellen Praxis gehalten, als ständige Mahnung, daß es auf dem Feld des antiinstitutionellen Kampfes keine sicheren Erfolge geben kann. Indem sie der überwältigenden Mehrheit der Insassen die konkrete Hoffnung auf ein Leben ›draußen‹ eröffnete, schuf sie auch immer wieder die hoffnungslosen Fälle. Aber diese konnten nie zu einer festen psychiatrischen Kategorie versteinern, weil die hoffnungslosen Fälle stets in einer durchsichtigen, mithin kritisierbaren Beziehung zu den vorhandenen Kräften standen.

Kehren wir zum ›E‹ zurück. Selbstverständlich war das ›E‹ Gegenstand des schlechten Gewissens der Equipe; dadurch verbesserte sich aber keineswegs die Arbeitssituation der Pfleger. Kein Zentrum war bereit, im ›E‹ initiativ zu werden. Sein schlechter Ruf übertrug sich voll auf die Pfleger, sie galten als Alkoholiker und Faschisten. In gewissem Sinne war das ›E‹ auch eine Strafabteilung. Ein Pfleger war da gelandet, weil er vor Jahren einen Patienten geschlagen haben soll. Ein anderer Pfleger sagte mir, nach hier seien die abgeschoben worden, »die nicht singen können.« (Der Vorwurf klingt absurd, hat aber einen realen Hintergrund: Gesang, Lieder und Feste waren in Triest immer wichtig gewesen, um eine stagnierende Abteilungskultur zu brechen). Viele Pfleger übten noch einen Zweitberuf aus, was mit den rigiden Schichtwechseln und der täglichen Routine vereinbar war. Ein Teil der Pfleger war im kritischen Alter über 45, viele hatten Eheprobleme oder litten darunter, daß ihre persönlichen Pläne gescheitert waren. Eine Reihe von ihnen hatte versucht, in Deutschland Fuß zu fassen, und waren nach Erfahrungen mit dem deutschen Rassismus zurückgekehrt. Diese Pfleger waren durchaus nicht Anti-Basaglianer, mit Ausnahme eines einzigen – der sagte einmal: »Dieser Basaglia, vermutlich leidet er an Klaustrophobie, weil er alles öffnen muß«. Sie waren auch keine Faschisten. Nicht ein einziges Mal habe ich von ihnen Sprüche gehört, denen ich in jeder x-beliebigen Bar von Triest ausgesetzt bin, sobald ich mich als Deutscher zu erkennen gebe: daß ein Batallion SS ausreiche, um ›hier‹ endlich Ordnung zu schaffen. Sie waren auch nicht unfähig, eine andere Arbeit zu machen: etwa die Hälfte der Pfleger hat sich später in Wohngemeinschaften und in die Zentren versetzen lassen. Sie fühlten sich nur vergessen und ihre Arbeit brachte keinerlei Anerkennung. Sie realisierten ihre Arbeit in der Trennung von *lavoro bello* und *lavoro brutto,* von fortschrittlicher Praxis in den Zentren und der Verwaltung der Hoffnungslosigkeit. Der nie weichende Geruch der Scheiße besiegelte den allgemeinen Pessimismus. Kurz: auch diese Pfleger waren ein ›Rest‹ im allgemeinen Emanzipationsprozeß der Pfleger.

Intervention im ›E‹

Die allgemeinen Voraussetzungen zur Veränderung einer zurückgebliebenen Situation des ›drinnen‹ sind eingangs schon genannt worden. Hier kam aber noch der Umstand dazu, daß das ›E‹ sich allmählich zum Skandal zu entwickeln drohte. Nur wenige der *ospiti* hatten noch Verwandte, die sich engagieren wollten. Die reagierten jedoch immer empörter auf die Vorkommnisse in der Abteilung. So wurde ein ›Gast‹ ans Bett gebunden aufgefunden, mit schon durchgescheuerten Handgelenken. In einem anderen Falle kam heraus, daß ein Patient im Bad eingeschlossen die Nacht verbracht hatte. Dann starb einer, seinen Kindern zufolge ist er einen Tag lang ohne ärztliche Fürsorge geblieben. Eine Anzeige konnte noch abgebogen werden mit der Versicherung, daß sich die Zustände in der Abteilung alsbald ändern würden.

Man beschloß, einen Arzt in die Abteilung zu schicken, mit der ausschließlichen Begründung, die medizinische Versorgung zu sichern. Missaglia wurde ausmanövriert, indem die Vorstellung des jungen Arztes zusammmengelegt wurde mit der Versammlung der empörten Verwandten. Unter dem Druck dieser Situation akzeptierte Missaglia, daß sich eine kleine Gruppe des ›E‹ annahm. Allerdings ging die Direktion nicht davon aus, daß sich noch einmal die dramatischen Akte der Befreiung von Abteilungen wiederholen ließen. Aber es stellte sich bald heraus, daß die Situation zu deprimierend war, als daß man Vorsicht walten lassen konnte.

Der erste Eindruck war abschreckend. Die ganze Abteilung war geschlossen: die Pforte, die Tür zum vergitterten Garten, der Medikamentenraum, die Küche. Tagsüber blieben die *ospiti* im großen Saal eingeschlossen, stumm in den von Kot und Speiseresten überkrusteten Plastikmöbeln sitzend. Es fehlten Eßbestecke, Tischtücher, Servietten, eigene Kleider, eigene Schränke, kurzum Eigentum überhaupt.

Die Abteilung war viel zu groß für 30 ›Gäste‹ und 16 Pfleger. Die Zimmer wurden zum Teil als Lagerraum für nichtgebrauchte Bettgestelle und Schränke benutzt. In den Ecken fand man Haufen verkoteter Bettwäsche, die teilweise auch zum Aufwischen der Urinpfützen benutzt wurde. Beherrscht wurde die Abteilung von einem großen Flur, der mir bis zum Schluß die Phantasie ruinierte. Die Größe der Abteilung brachte es mit sich, daß genug Winkel vorhanden waren, wohin sich das Personal zurückziehen konnte: die Pfleger bildeten Gruppen im Medikamentenraum, im Umkleideraum, in der Küche – schlagender Ausdruck für die Tatsache, daß jede inhaltliche Kommunikation über die Arbeit fehlte. Um diese Kommunikation zu ermöglichen, haben wir uns ein halbes Jahr abgemüht. Ich bin oft mittags mit Wein gekommen, damit man noch zusammenbleibe. Es sind gemeinsame Ausflüge und Essen organisiert worden. Manchmal war es möglich, kollektiv über die Arbeit zu sprechen, aber letztendlich zeigte es sich, daß der hauptsächliche Hinderungsgrund die Arbeit selber war. Das durchschnittlich hohe Alter der *ospiti,* die Anzeichen des nahen Todes vertrieben sehr schnell emphatische Ideen. Eine Problematik hatte sich bis zum Schluß nicht geändert: zur Aufrechterhaltung der Situation und auch zur Besserung der allgemeinen Lebensbedingungen waren wir zu viele, um sich aber für die einzelnen Personen zu engagieren, waren wir zu wenig.

Der erste Schritt war die Öffnung; er ging dann auch gleich ein

bißchen zu weit. Es wurde die Tür zum Garten geöffnet – unter Protest (»die Kranken klettern über die Zäune«); die Tür zum Medikamentenraum – unter Protest (»da kommen die Kranken und schlucken irgendwelche Tabletten – wer hat dann die Verantwortung«). Schließlich öffneten wir unter Berufung auf das Gesetz 180 auch die Pforte; die Interpretation war etwas zu kühn, denn bei den *ospiti* handelte es sich durchweg um Assistenzfälle, für deren Wohlergehen die Pfleger durchaus verantwortlich waren, wenngleich wir uns summarisch für verantwortlich erklärten.
Auf jeden Fall war das Gleichgewicht der Abteilung sofort gestört. Einige Pfleger erklärten, daß sie sofort die Polizei benachrichtigen würden, wenn den *ospiti* draußen etwas zustoße; die anderen sagten, sie wollten nicht die Rolle des Gefängniswärters und Schließers spielen, hätten aber auch keine Lust, unübersehbare Risiken einzugehen.
Wir steckten einen Schritt zurück und ließen die Pforte fürs erste geschlossen. Der nächste Schritt war, Ausfahrten mit noch einigermaßen beweglichen Patienten zu organisieren. Der erste Pfleger, der sich an diesen Unternehmungen beteiligte, wurde von den anderen noch als Verräter beschimpft. Doch bald erkannten auch die anderen den Vorteil der Kurzweil und der Möglichkeit, während des Dienstes Wein oder Kaffee zu trinken. In diesem anfänglichen Chaos zeigte sich auch, daß das Wissen der Pfleger über Patienten, über ihre Fähigkeiten, Eigenheiten und Geschichte weitaus differenzierter war als ihr tägliches Verhalten es vermuten ließ. Fast ohne Absicht machten sie ständig darauf aufmerksam, was die Bedürfnisse dieser oder jener Person waren.
Jetzt begann die systematische Arbeit, die persönlichen und familiären Verhältnisse zu ermitteln. Die *ospiti* hatten teilweise ihre ganze Herkunft verloren und es bedurfte manchmal richtiger Detektivarbeit, um über das Einwohnermeldeamt und alte Telefonnummern die Personaldaten ausfindig zu machen. Nach etwa drei Wochen waren wir so weit, eine größere Versammlung der Verwandten einzuberufen. Durchweg alle Anwesenden waren bereit, für den Fernsehapparat zu spenden und einen minimalen Fonds zu bilden, mit dem wir arbeiten konnten. Wir hatten zunächst keine andere Geldquelle.
Der nächste Schritt war, die ökonomische Situation der *ospiti* zu untersuchen. Es stellte sich heraus, daß von den 30 nur zwei eine Rente und zwei Sozialhilfe erhielten, obwohl man durchaus für alle schon längst Sozialhilfe hätte beantragen können. Die Rente des einen blieb in der Verwandtschaft hängen, die Rente des anderen wurde von der Sozialarbeiterin verwaltet. Sie gab an, daß sie davon immer Zigaretten und Essen eingekauft habe. Diese Erklärung überzeugte wenig. Nicht zuletzt wegen der kooperationsunwilligen Sozialarbeiterin dauerte es etwa einen Monat, bis die ersten drei

Anträge auf eine einmalige Sonderleistung der Sozialhilfe gestellt werden konnten. Nunmehr konnten wir individuelle Garderobe einkaufen und damit den Ausgang der Patienten erleichtern. Beglückt waren wir schon über geringste Anzeichen von Sonderwünschen: ein Patient wollte einen blauen Anzug in Fischgrätenmuster – er wurde ihm beschafft.
Die Ausflüge zum Kleiderkauf waren immer aufregend. Als ein halbblinder Patient einen Anzug anprobierte, verschwand der andere. Ich stellte mir schon vor, er habe eine dunkle Kleiderecke benutzt, um sich zu entleeren (er konnte die Blase nicht mehr kontrollieren). Stattdessen war er auf die Straße gegangen. Als ich ihn schließlich fand, sagte er: »Und für mich nichts?« Selbstverständlich sollte auch für ihn ein Anzug gekauft werden. Aber dafür, daß er überhaupt Wünsche äußerte, hätte ich ihm um den Hals fallen können.
In dieser Abteilung konnte die elementare Erfahrung gemacht werden, daß regressive Verhaltensweisen sich mit der veränderten Situation abrupt wandeln können. Theoretisch ist das natürlich eine Banalität, in der Praxis allerdings manchmal eine Offenbarung – wie der Ferienaufenthalt von drei Pflegern und fünf *ospiti* in Fiera di Primiero Anfang November. In der Abteilung waren den Patienten als einziges Ausdrucksmittel ihre Exkremente verblieben. Das entwürdigende Verabreichen des Essens und die Leere des Tageslaufes reduzierten den Sozialcharakter des Menschen logischerweise auf die Verdauung. Das Problem der Scheiße kettete Pfleger und Patienten aneinander. In Fiera di Primiero wohnten die Patienten in einer Pension, gingen allabendlich in einer Pizzeria essen und verstanden sich auf einmal darauf, die Toilette zu benutzen. Die zurückkehrenden Pfleger waren begeistert und erzählten vor allem witzige Geschichten über die Patienten. Mit einem Male erschienen diese als veränderbare Wesen und der notorische Pessimismus der Abteilung wurde für einen Moment beiseitegewischt. Diese Pfleger bemühten sich jedoch alsbald, in eine Wohngemeinschaft oder ein Zentrum versetzt zu werden.
Von Anfang an versuchten wir auch, die Lebensbedingungen innerhalb des ›E‹ zu verändern. Zentrales Problem war die Reinigung und die Scheiße. Es bedurfte langer Verhandlungen und Beschwörungen, bis die Reinigungskooperative sich intensiver um das ›E‹ kümmerte. Durch die periodischen Reinigungsaktionen wurde allerdings die Abteilung nicht viel erträglicher. Nunmehr gab es immer saubere Gebiete und vollgeschissene Ecken. Über das Problem der Scheiße haben wir verschiedentlich gesprochen. Es war klar, daß es sich nicht um eine altersbedingte Schließmuskelschwäche handelte, sondern um ein generelles Symptom. In ihrer Abteilungssituation waren diese Männer sämtlicher sozialer Ansprüche beraubt. Es bestand kein Anlaß mehr, sich zu schämen, sich zusam-

menzunehmen. Mich hat immer die fatale Bereitschaft der alten Männer erschreckt, sich unter derartigen Umständen auf die bloße physische Existenz reduzieren zu lassen. Frauen in vergleichbaren Umständen besitzen immer noch etwas mehr Lebenslust und Bereitschaft zur Bewegung der Hände, um sich ihre Umgebung zu verschönern und ihren Anspruch auf ein soziales Leben aufrechtzuerhalten.

So begannen wir also Besteck und schöneres Geschirr anzuschaffen, Tischtücher und Servietten zu fordern. Dann kamen wir auf den Gedanken, daß man bei dezenteren Eßmanieren auch selbständig auf die Toilette gehen könnte. Der Ansatz war erfolgreich, blieb aber trotzdem stecken, weil wir zu wenig Freiwillige waren und es nicht durchhielten, eine Woche lang ohne Appetit zu essen. Die Pfleger machten ohnehin nicht mit, sie litten durchweg unter der Berufskrankheit, in der Abteilung nicht essen zu können. Weiterhin wurden persönliche Schränke angefordert, neue Kleider aus dem Magazin geholt und die Abteilung neu aufgeteilt. Der große Essenssaal wurde geschlossen. Diese Initiativen hätten, zügig durchgeführt, die Abteilungskultur verändern können, sie blieben in den bürokratischen Prozeduren innerhalb der Klinik stecken. Nichts machte die Machtlosigkeit und das abgeschriebene Dasein unserer *ospiti* deutlicher als die Tatsache, daß man sich bei den Forderungen des ›E‹ Zeit ließ. So dauerte das Abholen nicht gebrauchter Möbel mehrere Monate; auf die Schränke für die *ospiti* haben wir drei Monate gewartet; die Freigabe von Kleidern des Magazins dauerte einen Monat; auf die Gardinen haben wir fünf Monate gewartet; sie wurden kurz vor Auflösung des ›E‹ aufgehängt.

Diese Irrenhauszeitbegriffe herrschten immer noch in den Nischen der Magazin- oder der Finanzverwaltung. Daß wir während der Arbeit im ›E‹ immer wieder auf etwas warten mußten, hat uns auf schleichende Art und Weise entmutigt.

Schwerwiegender war jedoch, daß wir entdeckten, was für politisch unvereinbare Ziele wir eigentlich verfolgten. Am Anfang schien das Programm recht einfach zu sein: die stagnierende Abteilungskultur sollte aufgebrochen und die größten Notstände beseitigt werden; es galt die soziale Person der *ospiti* zu rekonstruieren; die Zentren, die sich im Lauf der letzten Jahre auf Kosten des ›E‹ von einer Reihe der Patienten befreit hatten, sollten wieder in die Pflicht genommen werden; insgesamt arbeiteten wir mit dem Ziel, für die ›selbständigeren‹ Patienten neue Wohnmöglichkeiten zu finden und die Abteilung alsbald aufzulösen.

Für eine Zeit lang galten wir als sehr erfolgreich. Man war von der Bereitschaft der Pfleger beeindruckt, nun plötzlich einen neuen Arbeitsstil zu praktizieren. Die Zentren akzeptierten den Appell an ihr schlechtes Gewissen: Barcola übernahm drei *ospiti* seiner Zone in eine Wohngemeinschaft, zugleich konnten wir durchsetzen, daß andere Insassen sich tagsüber in den Zentren aufhielten (wo sie manchmal vernachlässigter waren als bei uns). Für andere fanden sich Unterkunftsmöglichkeiten in Wohn- und Hausgemeinschaften auf dem Klinikgelände, so daß gegen Ende 1979 die Zahl der *ospiti* auf 18 reduziert werden konnte. Dadurch konnten wir – als Gegenleistung – wiederum Pfleger anbieten. Wir waren also erfolgreich, insofern wir effektiv waren.

Nun stand aber unsere Arbeit noch in einem anderen Zusammenhang. Sie wurde nicht zuletzt deshalb unterstützt, weil innerhalb der Equipe erneut das Verhältnis ›draußen‹ zu ›drinnen‹ diskutiert wurde. Die politische Stärke des ›E‹ lag darin, daß es von der fortgeschrittenen Praxis der Außenzentren produziert worden war, d. h. die immanente Kritik dieser Praxis darstellte. Für eine gewisse Zeit sahen wir die Chance, die Logik der Restbildung anzugreifen und die Zentren zu einer systematischen Intervention in die Situationen des ›drinnen‹ zu zwingen.

Diese Chance verspielten nicht zuletzt wir selbst. Indem wir für die ›selbständigeren‹, ›weniger verwirrten‹ Insassen neue Wohnmöglichkeiten suchten, entstand ein Warteklima, in dem auch die Bereitwilligkeit der Pfleger allmählich abstumpfte, sich für die Veränderung der Abteilung selbst zu engagieren. Zugleich setzten wir die Logik der Restbildung fort: indem wir die ›Selbständigeren‹ verlegten, beraubten wir die Abteilung der Kräfte, mit denen allein man ihre Kultur hätte ändern können. Dieser Widerspruch ist gut an einem Rechenschaftsbericht vom November 1979 ablesbar:

Fünf *ospiti* machen zur Zeit einen 22tägigen Ferienaufenthalt im Gebirge, in Fiera di Primiero. Der Anspruch der Mitarbeiter ist es, diese Personen nicht mehr in das ›E‹ zurückkehren zu lassen. Es wird erwartet – sobald diese ›rehabilitative‹ Phase abgeschlossen ist –, daß die Klinik sich um eine bessere Unterkunft in autonomeren und lebbareren Verhältnissen kümmert. In diesem Sinne erwarten wir eine präzise Stellungnahme von seiten der Direktion und der verschiedenen Equipen (der Zentren) . . .
Für Emilio Zuban ist mit dem Personal und dem Oberarzt des ›M‹ vereinbart worden, daß er als Tagesgast eingegliedert wird, und falls sich keine weiteren Probleme ergeben, dort definitiv bleiben soll. Stanko Deziot kann in der Wohngemeinschaft Largo Panfili unterkommen, sobald Antonio Sossi ins Altenheim umgezogen ist. Parallel dazu muß die Zusammenarbeit der Zentren weitergehen und verstärkt werden. Es ist wichtig, daß Frederico Suman in seiner neuen Unterkunft auf dem Klinikgelände nicht vernachlässigt wird, sondern weiterhin das Zentrum Barcola frequentiert, denn er braucht unzweifelhaft Anregungen. Die ›Rehabilitation‹ verlangt immerhin, daß man die Leute nicht einfach anderswo abstellt, sondern vielmehr einen Prozeß der Aktivierung einleitet. Aufgabe von Via Gambini wird es sein, sich um Venturini und Ferfuia zu kümmern . . .
Da die Situation von Ferfuia schwierig ist, darf nicht noch einmal versäumt werden, ihn wieder in seine familiäre Umgebung einzugliedern, auch wenn er sich eine gewisse Zeit des Tages im Zentrum aufhalten muß . . .
Das ursprüngliche Projekt der totalen Auflösung der Abteilung, wobei die nicht mehr selbständigen *ospiti* in zwei Gruppen formiert und in kleine Pflegeabteilungen verlegt werden sollten, scheint zum gegenwärtigen Zeitpunkt nicht mehr realisierbar zu sein, da die entsprechenden Räume dafür fehlen. So ist unvermeidlich, daß die Abteilung bestehen bleibt, mit einem Rest von schwerer gestörten *ospiti.*
Auf der anderen Seite produziert der Versuch, die mehr autonomen Patienten heraus-

zubringen, eine regressive Logik in dem Sinne, daß alle Anregungen abgezogen werden und in der Abteilung ein gespenstisches Schweigen zurückbleibt. Die Situation wird nur noch verwaltet, also ähnelt sie dem Irrenhaus ... Um nicht wieder in die althergebrachte Kultur der Abteilung zurückzufallen, schlagen wir vor, mit der Frauenabteilung des oberen Stockwerkes zusammenzuarbeiten. Wir halten dies für eine denkbare Möglichkeit, das triste Klima einer Abteilung alter Männer zu überwinden. Darüber hinaus ist es notwendig, die Logik der Restbildung zu überwinden, indem die Problematik des ›E‹ auf den Klinikzusammenhang selbst übertragen wird. Die Tatsache, daß eine solche ›Müllhalde‹ existiert, muß zum treibenden und bestimmenden Faktor für die anderen Praxisbereiche der Klinik werden ... Die Abteilung ›E‹ darf nicht länger als partielles Problem erscheinen, wir müssen vielmehr eine Verbindung unter den Mitarbeitern der verschiedenen Abteilungen schaffen. In diesem Sinne haben die Pfleger vorgeschlagen, mit den Pflegern vom ›N‹ zusammenzuarbeiten, da das ›N‹ es in dieser Hinsicht mit denselben Problemen zu tun hat ...

Dieses Papier wurde von der Vollversammlung der Equipe mit Sympathie aufgenommen. Allerdings hakte niemand nach an dem geradezu lächerlich offensichtlichen Widerspruch in diesem Dokument. Die Logik der Programmation und die Logik der Aktion klafften vollkommen auseinander. Auf der einen Seite die Suche nach den Möglichkeiten, die sich im täglichen Ablauf des Institutionslebens eröffnen: Appelle, Erpressungen, Kompromisse. Auf der anderen Seite der Versuch, eine regressive Situation zur Waffe zu machen und quer zu den Stellenplänen und Berufsgruppen neue Organisationsformen zu schaffen.

Bis zum Schluß schwankte die Linie unserer praktischen Arbeit zwischen diesen beiden Extremen. Eine glatte Entscheidung war selbstverständlich nicht möglich. Angesichts der immer noch deprimierenden und abstoßenden Situation in der Abteilung konnte es niemand verantworten, *ospiti* nicht in den Zentren oder appartamenti unterzubringen, wenn sich dazu Gelegenheit bot, zumal die Patienten selber raus wollten. Auf der anderen Seite fiel uns in der Abteilung die Decke auf den Kopf und wir fingen wieder an, den Alten aus dem Weg zu gehen und uns in den Medikamentenraum oder in die Küche zurückzuziehen. Unter diesen Bedingungen war es natürlich kaum möglich, die Pfleger zu motivieren, die ohnehin in zwei Gruppen gespalten waren: die einen warteten nur darauf, endlich woandershin versetzt zu werden, die anderen fanden die Arbeit bequem. In der Tat kostet es weniger Anstrengung, einen Patienten zu waschen und anzuziehen, als ihn dazu zu bringen, sich selbst zu waschen und anzuziehen.

Zwei Dinge deprimierten ganz besonders: einmal das ewige Warten, daß sich die Programme verwirklichen – dann die fünf Todesfälle. Ohne es genau belegen zu können, hatten wir doch den Eindruck, daß auch das Chaos mit Schuld daran war. Das Bedrückende war vor allem dies: daß der Mensch sich an das Schlimmste gewöhnen kann, bis er sogar die Chance zur Besserung nicht mehr erträgt. Aus dieser Frustration entstanden Ansätze in zwei Richtungen. Einmal der Versuch, Personal und *ospiti* zu aktivieren und zumin-

dest Vorformen eines Gemeinschaftslebens zu entwickeln. Wir organisierten gemeinsame Essen mit den Pflegern, ein Vorschlag, der bereitwillig aufgenommen wurde, allerdings zu seiner Realisierung wieder Zeit brauchte (das Geld mußte aufgetrieben werden, die Schichtwechsel galt es zu berücksichtigen). Sodann wurde ein Ausflug mit *allen* nur irgendwie bewegbaren Gästen veranstaltet. Bei dem Essen blühte wie immer ein Teil der steinernen ›Gäste‹ auf und sang; der andere Teil verweigerte die neue Situation. Nach dem Essen gingen wir in den Restaurantsgarten, der umzäunt war von einem niedrigen Gitter; die Pfleger standen wie zufällig an der kleinen Gartenpforte und rauchten Zigaretten, und die *ospiti* begannen auf und ab zu gehen und irgendwelche Objekte vom Boden aufzulesen. War dies ein Ausflug in die Normalität oder der Export des Irrenhauses?

Der zweite Versuch betraf das Schicksal des ›E‹ selber. Wir hatten die Nase voll von dem Wartezustand, vom ständigen Kurz-vor-der-Auflösung-Stehen. So forderten wir energisch, daß die Direktion sich über die Zukunft des Gebäudes präzis äußerte. Unsere Position war, die Abteilung um jeden Preis bewohnbar zu machen. In einer Vollversammlung Anfang 1980, an der auch der Direktor teilnahm, ergab sich, daß das ›E‹ als Teil der regionalen Gesundheitsversorgung erhalten bleiben muß und nicht wie die anderen Abteilungen an die Stadt verkauft werden kann. Es kam der Vorschlag, die ohnehin gespenstisch große Abteilung in zwei Wohngemeinschaften mit zwei Küchen aufzuteilen. In der Diskussion darüber, wie die Insassen aufgeteilt werden sollten, kam man dann wieder zur nächstliegenden Lösung, die selbständigeren *ospiti* in einer Gruppe zusammenzufassen. Die Logik der Restbildung setzte sich fort bis zum letzten Rest. – Diese Idee wurde dann nicht mehr ausgeführt, da das ›neue E‹ inzwischen renoviert war. Im April wurde die *vecchia infermeria* aufgelöst.

(15) Der Kampf der Pfleger 1978-1979

Zum Verhältnis von Lohnkampf und antiinstitutionellem Kampf

> Ein Pfleger, der nicht mehr seinen Beruf ausüben will, arbeitet nachmittags in der Klinikbar. Sein üblicher Spruch: »Seit dreißig Jahren bin ich Pfleger, jetzt esse ich schon Spaghetti mit dem Löffel.« Ein *ospite* aus dem ›M‹ kommt und wird von ihm angefahren: »Und du, du kannst ja nichts anderes als Spaghetti mit dem Löffel essen.« »Ja klar, seit meiner Geburt.«

Der Kampf der Pfleger prägte die zweite Hälfte des Jahres 1978 und das Jahr 1979. Die für die Öffentlichkeit hervorstechende Kampfforderung war die Anerkennung des *quinto livello,* des fünften Berufsgrades. Diese Forderung hatte zwei Seiten: einen (um etwa 130 DM) höheren Lohn und die Anerkennung der Berufsqualifikation als Psychiatriepfleger, einer Spezialausbildung, die normalerweise zwei Jahre Studium auf einer Pflegerschule voraussetzt. Da es in Italien nur eine minimale Anzahl von Pflegerschulen gibt, gab es diesen Qualifikationsgang praktisch nicht. Die Forderung nach dem 5. Grad bedeutete nichts anderes als die Qualifikation durch die Praxis anzuerkennen.

Dieser Kampf ist von einem Teil der Ärzte und auch der Pfleger als rein ökonomischer Kampf erlebt worden. Für mich ist seine Analyse aber vor allem wichtig, weil sie die Widersprüche im Veränderungsprozeß der Klinik neu beleuchtet.

Die Auseinandersetzungen um die Überleitung in den 5. Grad begannen schon 1977. Ursprünglich sind die Pfleger von Triest in den 3. Grad (Allgemeinpfleger) eingestuft worden. Doch mit der inhaltlichen Änderung der Arbeit nach der Öffnung der Klinik und mit der Organisation der Arbeit in der Gemeinde erfolgte auf Druck der Gewerkschaften und der Direktion die Einstufung in den 4. Grad des Spezialpflegers. Daß 1977 die Forderung nach Überleitung in den 5. Grad des Psychiatriepflegers auftauchte war zunächst Frucht der Tatsache, daß die Verhandlungen um einen neuen nationalen Arbeitsvertrag der Angestellten des Gesundheitswesens eröffnet wurden. Ende 1977 hatte man die Gewißheit, daß man mit der Unterstützung der Gewerkschaften nicht rechnen konnte. Diese sprachen sich strikt gegen die Einstufung in den 5. Grad aus, da dieser die zweijährige Spezialausbildung voraussetzte, weigerten sich also, das Prinzip der Qualifikation durch die Praxis anzuerkennen.

Im April 1978 begann eine Serie von Verhandlungen mit den Gewerkschaften, in denen sich die Positionen eher noch verhärteten. In einer denkwürdigen Szene rief ein kommunistischer Gewerkschaftsfunktionär voller Empörung aus: »Den *quinto livello*

werdet ihr nie bekommen, nie! Das ist reine Utopie!« Im übrigen wurde wiederholt auf die Plattform des zu verabschiedenden nationalen Vertrages für öffentliche Angestellte verwiesen, die man wegen der Basaglianer nicht zu verändern gedenke.
Der Pflegerkampf hatte jetzt also mindestens zwei Fronten: die Provinzialregierung und die Gewerkschaften. In einem Flugblatt wird noch eine dritte Front spürbar, die auf die ›Klassenfrage‹ innerhalb der Institution anspielt:

Wenn wir heute in Triest an vorderster Front in der Anwendung des neuen Psychiatriegesetzes stehen, dann verdanken wir das nicht allein den großen Namen, die die Bücher schreiben, sondern vor allem uns, den Pflegern, die in den Abteilungen und den Zentren arbeiten.
Aus diesem Grund wollen wir den 5. Grad, wir wollen, daß unsere Arbeit anerkannt wird . . .
Schluß damit, daß auf unserem Rücken andere sich den Ruhm holen! Nur der Kampf zahlt sich aus!

In demselben Flugblatt sind die drei zentralen Motive formuliert, die den Pflegerkampf begleiten sollten:

1. Dieser Lohnkampf ist gerade nicht ökonomistisch, deshalb mußte er in Gegensatz zur Gewerkschaft geraten. Während die Gewerkschaften neue Arbeits- und Gehaltsbedingungen aushandelten, bestätigten sie die alten Berufsbilder. Mit dieser korporativistischen Tendenz brach der Pflegerkampf, indem er das Prinzip: ›die Praxis qualifiziert‹ zur Kernforderung erhob.
2. Der Pflegerkampf zielte präzis auf die bevorstehende Anwendung des Gesetzes 180 und die Integration der Psychiatrie in die Gesundheitsversorgung der Region. Das Gesetz 180 wurde einerseits begrüßt, weil es den konkreten Bruch mit der traditionellen Psychiatrie bedeutete und darüberhinaus neue Qualifikationen der Pflegerarbeit zur Vorbedingung seiner korrekten Anwendung machte. Die Pfleger befürchteten aber zurecht, daß zwischen dem Geist des Gesetzes und seiner Anwendung eine große Kluft entstehen könne. Einmal durch Verschleppung der Umwandlung der Strukturen und dann durch das Abschieben der Langzeitpatienten in neue Schattenwinkel, die äußerlich in Fürsorgeeinrichtungen umbenannt werden. Um der Gefahr, daß so die ›alte‹ Psychiatrie neu entsteht, einen Riegel vorzuschieben, bestanden sie darauf, daß parallel zur Applikation des Gesetzes 180 die erworbene Qualifikation auch anerkannt werde.
3. Der Pflegerkampf zielte auf den Bruch mit der Ideologie der Equipe, der ›großen Familie‹, dem historischen Subjekt des antiinstitutionellen Kampfes. Gegenüber Basaglia hatten sie seinerzeit erklärt: »Wir sind mit deiner Reform vollkommen einverstanden, nur: sie wird nicht auf unsere Kosten gemacht.« Diese Formulierung ist wörtlich zu nehmen. Sie beinhaltet durchaus keinen Klassenkampf gegen Ärzte und auch keine

verspätete antiautoritäre Rebellion (die politisch aktivsten Pfleger haben alle ein höheres Dienstalter in Triest als Basaglia und waren es gewohnt, Ärzte zu manipulieren). Vielmehr machten sie deutlich, daß die Linie Basaglias zur bloßen Reformideologie verkommen kann, wenn nicht die Klassenposition der Pfleger ins Spiel kommt.

Der September 1978 begann mit einem Bummelstreik, um die Gewerkschaften und die Provinzregierung schärfer unter Druck zu setzen, die immer darauf verweisen konnten, daß man nichts Konkretes zum 5. Grad sagen könne, solange der nationale Vertrag nicht unterschrieben sei. Das ganze Jahr über wurde Italien von den äußerst militanten Kämpfen des Krankenhauspersonals überzogen, die in den großen Städten praktisch zur Schließung der Allgemeinkrankenhäuser führten.

Im Februar 1979 wurde dann endlich der nationale Arbeitsvertrag unterschrieben, damit trat der Pflegerkampf in eine neue Phase, die durch die direkte Konfrontation mit Gewerkschaften und Provinzregierung gekennzeichnet war. Die Fronten verhärteten sich erneut; nach der Ankündigung eines weiteren und sehr viel konsequenteren Bummelstreiks griffen insbesondere die Gewerkschaften immer mehr zum Mittel der Diffamierung. Der Vertreter der CGIL besaß die Kühnheit, vor den Pflegern zu erklären, sie würden ihren Interessenkampf auf Kosten der Patienten führen und im übrigen die Reform Basaglias in Gefahr bringen. Unbeirrt von solchen Denunziationen wurde am 25. 2. ein Bummelstreik verkündet, der folgende Maßnahmen umfassen sollte:

- Pfleger fahren nicht mehr die Autos;
- machen keine Hausbesuche mehr ohne Arzt, was bedeutet, daß die Arbeit der Zentren praktisch gelähmt wird;
- es werden keine Tröpfe mehr durch Pfleger angelegt;
- sie stellen die Mitarbeit in der Küche bzw. bei der Essensverteilung ein.

Die weitreichendste Konsequenz dieses Programms lag aber keineswegs in der Lähmung der Arbeit der Zentren und der Abteilungen. Es gehört ja zu den perversen Eigentümlichkeiten einer psychiatrischen Institution, daß sie *als* Institution praktisch immer funktioniert, auch wenn schlecht oder gar nicht gearbeitet wird. Wenn in einer Abteilung Patienten vernachlässigt werden, würde dort zwar die Situation unerträglich werden, als Abteilung, als staatliche Institution, bliebe sie dennoch unangetastet. Deshalb wurde der Bummelstreik nur an einem (allerdings entscheidenden) Punkt nach außen wirksam: er blockierte den Notfalldienst. Damit drohte der Stadt nicht nur ein Chaos innerhalb des Hauptkrankenhauses, sondern ganz ohne Zweifel auch ein kultureller Rückschritt in die alte ›Notfallkultur‹, nur daß nun nicht mehr die traditionellen Einweisungsapparate zur Verfügung standen.

In dieser Phase der Auseinandersetzung konzentrierten sich die Pfleger darauf, die Diffamierung abzuwenden, sie würden auf dem Rücken der Patienten agieren. Im Flugblatt vom 24. 2. 1979 heißt es:

»Diese Leute wollen wir daran erinnern . . . daß die wahren Interessen der Patienten sicherlich nicht dadurch gewahrt werden, daß die Arbeiter Opfer bringen. Nur durch angemessene Zentren, durch öffentliche Dienste überhaupt, durch Wohnungen für Alle und durch angemessene Gehälter und Arbeitsverträge für Pfleger wird man diesen Interessen gerecht. Aber weder die Verwaltung noch die Gewerkschaften denken im Traum daran, in dieser Richtung aktiv zu werden. Damit zeigen sie, daß sie mit den Patienten überhaupt nichts im Sinn haben.«

Mitte März vereinbarten dann die Gewerkschaften ein Treffen mit der Provinzregierung. Die Pfleger benutzten dieses Datum, um eine friedliche Besetzung der Provinzverwaltung zu organisieren. Diese Invasion wurde von allen als ein politischer Erfolg gewertet, zum einen, weil der Verhandlungsprimat der Gewerkschaften durchbrochen worden war; zum anderen, weil dadurch, daß die Provinzregierung in direkte Verhandlungen getreten war, die Berechtigung der Pflegerforderung anerkannt wurde. Nach etwa eineinhalb Monaten Bummelstreik begann man in Erwartung einer Entscheidung der Provinzialregierung (PCI/PSI) wieder die Arbeit aufzunehmen. In dieser Entscheidung wurde dann die bisherige geleistete Praxis als äquivalent dem zweiten Ausbildungsjahr erklärt.
Aber dann lehnte die Mitte/Links-Regierung der Region die Entscheidung der Provinzregierung ab. Die Situation war nach wie vor ungeklärt. Den Pflegern war es gelungen, sich gegenüber den Gewerkschaften wie gegenüber der Provinzregierung durchzusetzen. Die Region unter Druck zu setzen, dafür reichte die politische Kraft nicht mehr. Schließlich machten die Klinikdirektion und die Provinzregierung einen letzten Anlauf: man zauberte einen Vorschlag hervor, der an einem Passus der Entscheidung der Regionalregierung einhakte, demzufolge noch weitergehende Qualifikationen nötig seien. In kürzester Frist wurde ein dreimonatiger Pflegerkurs organisiert, bevor die Region dazu kam, die »weitergehenden Qualifikationen« zu präzisieren. Jetzt stand die Region vor der Alternative, sich entweder mit den Pflegern, der Direktion, den Gewerkschaften und der Provinzregierung offen anzulegen, oder nach dem Kursus den 5. Grad zu akzeptieren. Sie entschied sich für letzteres.
Eine entscheidende Seite dieses Pflegerkampfes liegt in der Tatsache, daß er ausschließlich von einer Gruppe bestimmt und geführt wurde: von den Pflegern der Aufnahme. Diese hatten bei den Pflegern der Zentren einen durchaus schlechten Ruf: sie galten als Faschisten, als Säufer, als Anti-Basaglianer, die eine andere, fortschrittlichere Arbeit ablehnten. Die Aufnahme galt noch als der übriggebliebene Funktionsteil des alten Irrenhauses, wo die Patienten nur unter Kontrolle gehalten wurden, während die eigentliche Arbeit in den Zentren zu geschehen habe. Während des ganzen

Pflegerkampfes lief die Diskussion in den Zentren, wie man diese Abteilung auflösen könne. Es fragt sich also, warum der Kampf gerade von dieser Gruppe ausgehen konnte.
Ich glaube, daß gerade die zurückgebliebene Struktur zu der Politisierung der Pflegerrolle geführt hat. Während die Pfleger der Zentren sich eine weitgehende Autonomie erworben hatten, steckten die Pfleger der Aufnahme noch im traditionellen Begriff der Arbeit, konnten ihn nicht überwinden, weil in dieser Abteilung nichts ›Positives‹ mit dem Patienten geschehen sollte; denn hier sollte der Patient nicht verweilen. Folgerichtig blieb die scharfe Trennung zwischen Arzt und Pfleger aufrechterhalten, während sich in den Zentren die Rollenunterschiede zwischen Arzt und Pfleger verwischten, sofern es um die Beziehung zu den Patienten ging. Die Pfleger, die nach draußen gegangen waren, hatten sich für die Emanzipation durch die Arbeit entschieden. Sie wurden von der Hoffnung angezogen, daß man die staatliche Rolle als Unteroffizier der Kontrolle durchbrechen kann, wenn man es nicht mehr mit den staatlich erfaßten Formen des Verrücktseins zu tun habe, sondern mit den sozialen Widersprüchen im alltäglichen Leben selbst. Man versuchte, den traditionellen politischen Inhalt der Pflegerrolle zu überwinden, indem man im Territorium als Interessenvertreter der Leute erscheint. Insofern war die Besetzung der *casa di marinaio* – der offene politische Kampf gegen das Wohnungselend der Patienten – der ehrgeizigste Versuch, die Zweideutigkeit der Pflegerrolle zu überwinden. Andererseits hatte sie die Räumung der *casa di marinaio* wieder auf die Grenzen ihrer Berufsrolle verwiesen. Dem Widerspruch zwischen Interessenvertreter der Leute und staatlichem Kontrolleur, der zu verhindern hat, daß die Leute in ihrer Misere nicht allzuviel Unheil stiften, konnte man nicht entgehen. Er blieb das Stigma dieses Berufs. Nicht zufällig häuften sich nach der *casa di marinaio* die Krankmeldungen, nicht zufällig wurde die Arbeit als sinnlos angesehen. Individuell begannen einige Pfleger ihre Entwicklung vom Schließer zum autonomen ›Sozialarbeiter‹ neu zu bewerten – als eine Geschichte, in der sie auch von den Ärzten manipuliert worden sind. Damit hat die Niederlage der *casa di marinaio* gezeigt, daß das Problem der Pflegerrolle nicht durch die Emanzipation in der Arbeit allein zu verändern ist.
Die Pfleger des ›drinnen‹ hingegen warfen den Pflegern der Außenzentren vor, daß sie freiwillig eine qualifiziertere Arbeit verrichteten ohne von der Verwaltung Gegenleistung zu fordern. Sie vertraten, wie diffus auch immer, die Klassenposition und in ihren Augen hatten die Pfleger der Zentren die Klasse verraten, waren zur Speerspitze der Ärztemacht, unter Verzicht auf ihre Interessen zu ›kleinen Ärzten‹ geworden.
Hier stießen nicht nur subjektiv verschiedene Auffassungen von der Pflegerarbeit aufeinander. Die Pfleger des ›drinnen‹ vertraten die

gemeinsame Arbeitsorganisation schlechthin, weil sie auch den Preis für die Arbeit ›draußen‹ bezahlen mußten. Vor allem die Aufnahme hatte es immer wieder mit Patienten zu tun, mit denen die Zentren nicht fertig wurden, für die keine Schlafplätze aufzutreiben waren, um die sich gerade niemand kümmern konnte. Während der Besetzung des *casa di marinaio* war die Aufnahme so überfüllt, daß Patienten noch in anderen Abteilungen untergebracht werden mußten.

Nicht zufällig begann also der Pflegerkampf nach der Niederlage der *casa di marinaio* und ebenso wenig zufällig ist es, daß die Avantgarde dieses Kampfes von den Pflegern des ›drinnen‹, den sog. Faschisten und Alkoholikern, gestellt wurde. Dieser Kampf ruinierte zwar für einige Zeit den Schwung einer homogenen Equipe und trieb die Klassenunterschiede hervor, die in der bisherigen gemeinsamen Praxis politisch bedeutungslos geworden schienen. Aber in ihrer halsstarrigen Weigerung, eine emanzipatorische Praxis anders als in Begriffen der Gehaltsaufbesserung und der beruflichen Höhergruppierung zu behandeln, verhinderten die Pfleger des ›drinnen‹, daß der antiinstitutionelle Kampf zur Ideologie wurde. Denn im Grunde verlangten sie vom Staat eine viel konkretere Unterstützung für die basaglianische Linie, die sich eben in Begriffen von Gehalt und Qualifikation ausdrücken sollte.

(16) Der Patient als Arbeiter – als Sozialhilfeempfänger – als Verrückter auf der Straße

Geld ist geprägte Freiheit . . .
Dostojewski, Aufzeichnungen aus einem Totenhaus.

Macht Arbeit frei?

»XY fand eine Arbeit als Soundso«: Ende der Eintragung im Krankenblatt, erfolgreicher Abschluß der institutionellen Karriere. Das ist der Moment, wo alle Verrücktheiten abgestreift werden und der Patient in die Anonymität des Volkes eintaucht, genauer: in der Anonymität des Arbeitsmarktes auftaucht. Sicher: der ›jugendliche Psychotiker‹, die ›depressive Frau‹ sind auch Ausdrücke der Lage auf dem Arbeitsmarkt, dargestellt als ›Krankheitsbilder‹. Möglicherweise sollte sich die Psychiatrie als staatliche Institution darauf beschränken, die ›Fälle‹ derart zu dekodifizieren, zumal in Triest, wo für die kraftlose Ökonomie die Jugendarbeitslosigkeit charakteristisch ist; wo es in den letzten Jahren eine rabiate Arbeitsplatzvernichtung im Textilbereich gegeben hat, die vor allem Frauen betrifft. Aber die Krise einer Person drückt nicht nur die Unfähigkeit aus, einen Arbeitsplatz zu finden, sondern stellt eine individuelle Antwort auf die umfassendere gesellschaftliche Situation dar.

Es ist wahr, daß die Person, die ihre Arbeitskraft nicht verkaufen kann oder nicht verkaufbar hält, keinen ›Wert‹ hat. Das zeigt sich in der Verachtung, die auf die gesamte psychiatrische Sphäre fällt, wo die von ihrem Leben ausgelaugte Frau, der von Hoffnungslosigkeit geschlagene Jugendliche sich endlich als Person darstellen kann – allerdings unter psychiatrisierten, d. h. ›entwertenden‹ Bedingungen.

»Arbeit macht frei« steht nach wie vor als düsteres Motto über jeder Psychiatrie. Sie macht sicherlich frei von Psychiatrie. Die Psychiatrie von Triest ist an den historischen Punkt gekommen, wo dieses Motto nicht mehr nur zynisch ist, sondern auch eine Praxis ausdrückt.* Aber die Unfähigkeit, sich auf dem Arbeitsmarkt zu be-

* Die Psychiatrie und insbesondere die Reformpsychiatrie wird häufig von links kritisiert, daß sie die Leute ›nur‹ arbeitsfähig mache. Normalerweise ist das nie die Funktion der Psychiatrie gewesen: sie hatte die Aufgabe, einen Teil der Reservearmee, des Subproletariates zu verwalten, festzuhalten und zu vernichten. Longitudinalstudien – z. B. die von H. Brenner über 80 Jahre Arbeitsmarkt und Hospitalsanierungsraten im Staate New York – zeigen, daß die Psychiatrie absolut mechanisch diese Pufferfunktion erfüllte. Erst mit der Zerstörung des Irrenhauses werden die Widersprüche analysierbar, die in diesem ›nur-arbeitsfähig-machen‹ stecken.

haupten, was ist das? Nur Schwäche? Und was heißt Schwäche? Welche Inhalte von Leben, Rebellion und Widerstand drückt die ›Schwäche‹ von Menschen aus, die nicht arbeiten können oder nicht arbeiten wollen?

Führen wir uns einige Szenen vor Augen:

Georgetto ist eine emblematische Figur der Befreiung der Patienten. Er hat zwanzig Jahre in San Giovanni verbracht und galt als schwer triebgestört. Eine Zeitlang war er der ständige Begleiter Basaglias. Seit 1976 wohnt er in der Wohngemeinschaft via Battisti, einer der Hauptstraßen Triests. In gewissem Sinn ist er ›Chef‹ der Wohnung. Seit langer Zeit läuft das Programm: Erhaltung des Arbeitsplatzes für Georgetto. In diesem Programm engagieren sich vor allem Mitarbeiter eines Projektes zur ›Wiedereingliederung in die Arbeitswelt‹, das von der EG finanziert wird. Vor zwei Jahren ließ Georgetto in einer Fabrik einen Transportkarren gegen einen Arbeiter sausen. Aufgrund dieser Provokation wurde er entlassen. In seiner neuen Arbeitsstelle geschah vor einem Jahr dies: seit geraumer Zeit stand ein Mitarbeiter um 6 Uhr morgens auf, um zu kontrollieren, ob er auch zur Arbeit gehe. Eines Tages war er nicht da; also Telefonate bis 8 Uhr, dann entschloß man sich, in der Firma anzurufen, stellte sich vorsichtig als Verwandter vor, in der Absicht, Georgetto zu entschuldigen. Auf die umständliche Einleitung, es handle sich um Georgetto, kam die prompte Antwort: ach, der habe ein großes Durcheinander angerichtet, er sei eine Stunde zu früh zur Arbeit gekommen. – Als Symbolfigur der Triestiner Psychiatrie lebt Georgetto gut, er kennt Alle und alle Tricks. Er weiß auch, daß er gute Miene zum Spiel der ›Wiedereingliederung‹ machen muß und protestiert deshalb auf seine Weise.

Pino ist ein Jugendlicher aus gutbürgerlicher Familie. Seine Geschichte ist die hoffnungslose Geschichte des zweiten Bruders aus gutem Hause; sein älterer Bruder hat alles: das Auto, das Motorboot, die Frauen; er ist der Erbe des Geschäftes. Pino hat seine Psychose. Anfang 1980 kam er für zwei Wochen ins Irrenhaus für Straffällige, weil er ein Polizeiauto entführt hatte. Dort hat er gearbeitet, was ihm nach seiner eigenen Erklärung ›gut getan hat‹. Zurück in Triest stellt man ihn in der Buchbinderkooperative ein, wo er pro Tag ca. tausend Briefumschläge mit der Zunge beleckt. Er ist nicht zufrieden, er verlangt den Höchstsatz der Sozialhilfe und darüberhinaus ein Fahrrad. Sein ›Fall‹ wird im Zentrum diskutiert. Der Arzt vertritt die Position, daß Pino die Arbeit brauche; nur über die Arbeit würde es ihm gelingen, haltbare soziale Beziehungen außerhalb seiner Familie zu entwickeln. Er verweist darauf, daß ihm die Arbeit im Irrengefängnis gutgetan habe. Aber selbst wenn das Argument des Arztes stimmt, ist es doch falsch. Für einen Patienten das Beste wollen, heißt ihn entmündigen.

Die ›Bar‹. Seit Anfang 1979 sammelten sich immer mehr Jugendliche im Zentrum von Barcola. Sie hatten alle ein Problem: die fehlende berufliche Perspektive. Diese Jugendlichen machten dem Zentrum ein notorisch schlechtes Gewissen, weil man keinerlei Mittel hatte, um ihrer Situation abzuhelfen. Zugleich war es auf eine unerträgliche Weise offensichtlich, daß die Jugendlichen nicht in die tägliche Routine des Zentrums mit seinen herumsitzenden Alten, der Tischtennisplatte und der täglichen Hetze hineinpaßten. Man organisierte einen Skiurlaub in den Bergen. Im Frühsommer kam man auf den Gedanken, die nicht benutzte Bar im oberen Klinikgelände zu übernehmen. Einer der besten Barkeeper von Triest wurde gewonnen und eine Kooperative gegründet, wobei das Anfangskapital von der Klinik, also der Provinz, gestellt wurde, die auch die Strom- und Wasserkosten zahlte. Für den Barkeeper ein Geschäft ohne Risiko. Für drei Jugendliche war damit ein Arbeitsplatz geschaffen, sie verdienten mit 6 Stunden Arbeit zwischen 700 und 800 DM (also die doppelte Höhe der Sozialhilfe), allerdings waren die Verrechnungen ziemlich undurchsichtig. Als Arbeitsplatz war die Bar anstrengend. Während sich der Barkeeper mit ihr identifizierte und zum

Kleinunternehmer wurde, verloren die Jugendlichen nach einigen Monaten die Lust. Als reale Perspektive kam die Bar selbst für die kleine Gruppe von jugendlichen Patienten in Barcola nicht in Betracht.
Das Unternehmen begann mit großem kulturellen Engagement: Filmvorführungen, Theatergruppen, Bands. Diese Initiativen zogen viele Leute hoch in die Klinik. Mit dem Alltag wurde die Bar zu einer Art letztem Ufer für Nachtschwärmer. Es kam die ›scene‹ der Piazza Oberdan (mit vielen Dorgenabhängigen), die jungen Faschisten und auch Genossen aus der Piazza Goldoni. Folglich gab es Schlägereien, Messerstechereien, Auftritte der Polizei. Die Widersprüche und die Misere der Jugend Triests waren in die Bar eingezogen. Unter dem Begriff der Entpsychiatrisierung war die Bar ein Erfolg: die Probleme, die sich in ihr ansammelten, hatten nichts mehr mit der Psychiatrie zu tun. Und vormittags und am frühen Nachmittag ist die Bar ein fast utopischer Ort. Die Bewohner der umliegenden Abteilungen halten sich da auf, eine Wahrsagerin bietet ihre Dienste an, einer spielt Klavier, die Sonne scheint herein – aber als Projekt der Arbeitsplatzbeschaffung ist es nicht einmal der berühmte Tropfen auf dem heißen Stein.

Die Kooperativen

Die *Cooperativa dei lavoratori uniti* wurde gegründet, um die Ausbeutung der Patienten durch unentgeltliche Dienstleistungen innerhalb der Klinik zu beenden, um den Zynismus der Arbeitstherapie aufzuheben und um die Pfleger von Reinigungsarbeiten u. a. freizusetzen. Die Kämpfe der ersten Jahre drehten sich einerseits um die Anerkennung des Statuts der Kooperative, andererseits bereitete es große Schwierigkeiten, die Mitglieder und Ex-Patienten von einer eigenverantwortlichen Arbeit zu überzeugen. 1976 war die Kooperative so weit ökonomisch konsolidiert, daß sie expandieren konnte: 30 % mehr Arbeitsstellen erhöhten die Einnahmen im Rechnungsjahr um 154 %, wodurch eine um 180 % höhere Lohnsumme ausgeschüttet werden konnte. Gleichzeitig wurden Verträge von außen hereingeholt, man begann auf dem freien Markt zu konkurrieren. Allerdings entfällt der Hauptanteil der Vertragssumme nach wie vor auf Arbeiten innerhalb der Klinik. Zur Reinigung sind Transportarbeiten, Küchendienst und Buchbinderei hinzugekommen. Man hat auch Arbeiter von außerhalb eingestellt, und zwar, um den Ghettocharakter zu sprengen und um die Möglichkeit zu haben, Patienten anzulernen.
Die Kooperative hat sich ohne staatliche Beihilfe entwickelt. Lediglich eine Pflegerin wurde abgestellt. Formell ist die Kooperative gegenüber der psychiatrischen Equipe vollkommen autonom. Sie hat gegenwärtig 92 Mitglieder, von denen etwa 65 % psychisch oder physisch behindert sind. Soweit der Erfolgsbericht.
Dennoch muß man sagen, daß sie die ursprünglichen Hoffnungen nicht erfüllt hat; sie war weder die ›Bresche‹, durch die der Arbeitsmarkt für Patienten erobert werden konnte, noch die treibende Kraft zur Überwindung der Arbeitslosenprobleme der *ospiti* von

San Giovanni. Sie stagniert nicht eigentlich, sondern man hat eher den Eindruck, daß sie ihre optimale wirtschaftliche Größe schon erreicht hat. Die Urteile innerhalb der Equipe und in der Direktion sind nicht gerade freundlich. Man kann schon mal die Bemerkung hören, die Kooperative sei eines der kleinen Irrenhäuser, das es aufzulösen gelte.

Schwerer wiegen andere Einwände: die Gründung der Kooperative produzierte einen Arbeitsbegriff, der in Widerspruch zur Haltung der Arbeiterklasse stand. Während die elementare politische Opposition der italienischen Arbeiter sich mehr und mehr in Arbeitsverweigerung und Absentismus ausdrückt, wurde hier Identifikation mit der Arbeit gefordert. Zudem ist die Kooperative in die Zweideutigkeit der psychiatrischen Sphäre eingebettet. Typisch sind absurde Situationen wie die, daß Arbeiter wegen Trunkenheit entlassen werden, um am andern Tag auf Druck der Ärzte wieder eingegliedert zu werden. Oder die Zentren hecken irgendwelche Entschuldigungen aus, weil es einem *utente* gerade schlecht geht, oder man telefoniert hinter ihm her, damit er seinen Arbeitsplatz nicht verliert. Mit anderen Worten: die Patienten sind durch die Kooperative mitnichten in eine normale Arbeitssituation gekommen, wo klare Fronten herrschen, wo alle Überlebenstricks vom Krankfeiern bis zum Streik sinnvoll sind: Sie arbeiten unter einer realitätsfernen Arbeitsideologie, im falschen Bewußtsein der gemeinsamen Sache und flüchten sich, wenns gar zu drückend wird, immer wieder in den Schutz der Zentren.

Eine Reihe von Kooperativen sind auch im Rahmen des Projekts ›Wiedereingliederung in die Arbeitswelt‹ entstanden, das von der EG finanziert wird und seit 1976 läuft.

– Die Buchhandlungskooperative hat für einen Patienten einen Arbeitsplatz geschaffen, ist also unter diesem Gesichtspunkt zu vernachlässigen.
– Die Schreinerei hat nie über mehr als drei Arbeitsplätze verfügt, hatte aber ständig Schwierigkeiten mit den Zentren, die zumeist Jugendliche für einige Tage dort ›parken‹ wollten, wenn sie im Zentrum auf den Wecker fielen.
– Eine ähnliche Funktion nahm unter der Hand die Handarbeitsboutique für Frauen an. Sie war aus einer Frauengruppe in Barcola entstanden und sollte vor allem für alleinstehende Frauen, die keinen Beruf erlernt haben, eine ökonomische Basis für einen kollektiven Zusammenhang schaffen. Die Boutique hatte eine schwere Geburt und einen langsamen Tod; floriert hat sie nie und immer stand sie in groteskem Mißverhältnis zur realen Dimension des sozialen Problems.
– Am aufschlußreichsten ist die Geschichte der Landwirtschafts-Kooperative ›M. San Pantaleone‹, die 6000 qm zur Verfügung hat. Das Gelände befindet sich auf einem kleinen Hügel mitten

im Industrieviertel von Triest. Die Arbeit begann im Mai 1978. Zunächst war das Gelände urbar zu machen. Zeitweilig arbeiteten 15 Leute, Patienten und arbeitslose Jugendliche, die vagen Ideen einer Landwirtschaftskommune folgten. Die ersten Auseinandersetzungen entsprangen der Frage der Entlohnung. Da es sich laut EG-Programm um ›indirekte Wiedereingliederung‹ handelte, wurden nur die Maschinen und die Gehälter der Mitarbeiter bezahlt. Allerdings konnte die Kooperative im ersten Jahr praktisch nichts verdienen. Es kam zu Streiks und bitteren Streitigkeiten. Die Lösung, die gefunden wurde, drückt den objektiven Zynismus der Situation aus: die jungen Arbeitslosen wurden formell Patienten der Psychiatrie, damit sie Sozialhilfe erhalten konnten. Ihre Arbeit selbst wurde also nicht entlohnt. Dafür wurden sie psychiatrisiert. Überhaupt bedurfte es mancher Verhandlungen mit dem Rat des Viertels und anderen Behörden, um die Kooperative arbeitsfähig zu machen. Auch hier wiederholte sich die Erfahrung, daß die Zentren dieses Projekt als Chance wahrnahmen, um ihre Störenfriede für eine Zeitlang loszuwerden. Diese standen dann sinnlos zwischen den Beeten.

Dennoch: die Kooperative funktioniert. In diesem Jahr wird sie auf Blumenzucht umgestellt, die mehr bringt. Die Großmarktposition ist gesichert. Am Rande des Projekts hat sich eine Philemon-Baucis-Idylle entwickelt: zwei Patienten, ein Mann und eine Frau, die vom Lande stammen, haben ein Feld vom Acker der Kooperative abgetrennt und einen kleinen Schuppen hingesetzt. Man kann sich vorstellen, wie dieses Stück Land vor Fruchtbarkeit strotzt. Alles in allem ist aber die integrierende Kraft des Projekts geringer als erwartet. Die Gruppe der Landwirtschaftskommunarden und Makrobiotiker hat sich eher verhärtet als mit den Patienten vermischt.

Zusammenfassend kann man sagen, daß diese Projekte in gewissem Sinne unvermeidlich waren, zumal Gelder verwendet wurden, die ohnehin kreisten. Es wäre sicherlich ein Fehler gewesen, die Hand aufgrund ideologischer Skrupel nicht danach auszustrecken. Aber die Tendenz ist doch eher, abgeschirmte ghettoähnliche Unternehmen mit einer widersprüchlichen Arbeitsmoral zu schaffen. Sie existieren als Nischen neben der Austauschsphäre der Ware Arbeitskraft.

Der Patient als Sozialhilfeempfänger

Wenn es in der Geschichte des Transformationsprozesses der Triestiner Psychiatrie einen roten Faden gibt, dann ist es der Kampf um Sozialhilfe gewesen. Er wurde übrigens nie als alternativ zur Arbeitsplatzbeschaffung angesehen. Die Auseinandersetzung um die

Sozialhilfe begann 1972/73 mit der Geburt der neuen institutionellen Figur des *ospite* (›Gastes‹). Es wurde entdeckt, daß die Beihilfen (bis 20 000 Lire, etwa 60 DM) benutzt wurden, um Ex-Insassen zu bezahlen, die nach wie vor in die Klinik kamen oder dort lebten, um die Dreckarbeiten zu verrichten. Diese Leute betrachteten die Sozialhilfen als Arbeitslohn, waren also der Überzeugung, daß sie die Sozialhilfen nicht mehr bekämen, wenn sie aufhörten, in der Klinik zu arbeiten. Diese etwa 20-30 Externen arbeiteten 8 Stunden, von 6 Uhr morgens an. Am Anfang wurde die Beihilfe demnach als Instrument benutzt, um die Leute an die Klinik zu binden. Sie bekamen 5000-10 000 Lire und Psychopharmaka und hatten sich regelmäßig vorzustellen. Der Kampf gegen diese Praxis, die Beihilfen als Kontroll- und Ausbeutungsinstrument zu benutzen, kennzeichnete das Jahr 1973. Damals begann man auch eine Erhöhung der Beihilfen auf 50 000-80 000 Lire zu fordern. Aber es ging auch um die Abschaffung der diskriminierenden Vergabebedingungen. In einem Flugblatt vom Oktober 1973 wird die Sozialhilfe als ein Instrument bezeichnet, das die Belastung der Geisteskrankheit durch eine zusätzliche ökonomische Notlage verhindern soll, als ein Mittel, um aus dem Zirkel der Institution auszubrechen. Unter diesem Aspekt müsse die Sozialhilfe ihren diskriminierenden Charakter und ihre juristischen Kautelen verlieren. Insbesondere solle die Formel vom ›geistig Beschränkten‹ und vom ›Ex-Insassen‹ gestrichen werden. Ende 1973 wurde eine Liste von Forderungen entwickelt, die den Kampf bis auf den heutigen Tag kennzeichnet (vgl. den Abschnitt: Der Kampf um die Sozialhilfe, S. 68 ff.).
Diese Forderungen sind im Lauf der Jahre zum großen Teil durchgekämpft worden. Heute hat die Sozialhilfe zumindest nach den Statuten ihren psychiatrischen Charakter verloren und ist eher zum Rechtsanspruch für Leute in Not geworden. Inzwischen ist nicht mehr die formell erfolgte Einweisung Voraussetzung für den Erhalt von Sozialhilfe, wohl aber muß man Benutzer der Zentren sein. Das Recht wird also immer noch über die Vormundschaft der Psychiatrie erwirkt, auch wenn diese solidarisch, unbürokratisch und großzügig verfährt.

Die härtesten Auseinandersetzungen entsprangen daraus, daß die vorgesehenen Haushaltsmittel sich regelmäßig schnell erschöpften. Der Höchstsatz ist im Augenblick 160 000 Lire, und man kämpft darum, 200 000 Lire durchzusetzen (450 DM), bei den gestiegenen Lebenshaltungskosten nach wie vor das Existenzminimum. In Zahlen ausgedrückt gibt der Kampf um die Sozialhilfe das (auf der nächsten Seite oben) folgende Bild.

Der Kampf um die Beihilfe konzentrierte sich zunächst auf zwei Ziele: einmal auf das Problem der Rehabilitation und zum anderen auf die Möglichkeit der Leute, zu kaufen, zu konsumieren. Das Ziel, ein Leben ›draußen‹ zu ermöglichen, stand zunächst nicht zur De-

Jahr	*Sozialhilfe-empfänger (total)*	*Davon schon Rentenempfänger*	*Ausgaben (in tausend)*
1971	300	187	47 517
1972	500	312	58 144
1973	500	312	87 165
1974	700	437	100 071
1975	800	500	133 560
1976	800	500	164 000
1977	800	500	179 000

(Quelle: S. Sartori, G. Gallio)

batte, schon weil es sich anfangs um lächerlich geringe Summen handelte. Erst als die Sozialhilfe auf 80 000 Lire aufgestockt wurde, kam dieses Ziel in den Blick.

»Rente und Sozialhilfe sind zu entscheidenden Instrumenten der Wiedereingliederung der Person geworden, zur Mobilisierung des Patienten – durch Ausgänge, Reisen, Zigaretten, Kinobesuche etc. Ich würde sagen, daß wir nie eine Politik mitgemacht haben, den Leuten wegen der Sozialhilfe Verantwortung beizubringen. Es gab den Versuch, die Idee lag in der Luft, die Sozialhilfe aus dem Wohlverhalten der Leute zu begründen, sie zu verbinden mit der Fähigkeit, sie auch richtig auszugeben, verwalten und nutzen zu können. Diese Kriterien sind völlig umgedreht worden: wir haben die Beihilfe gegeben, *damit* die Leute beginnen, sich die Fähigkeit zu erwerben, Geld auszugeben und nicht umgekehrt. . . . Wir haben weder eine Pädagogik der Sozialhilfe, noch eine Pädagogik der Unterkunft angewandt.« (Rotelli, in: S. Sartori, G. Gallio, S. 4)

Arbeitsplatzbeschaffung und Sozialhilfe, das sind die zwei wichtigsten Instrumente, die die Triestiner Psychiatrie erworben hat, um die ökonomische Misere der Patienten zu wenden oder wenigstens zu mildern. Aber die Anwendung beider Instrumente unterliegt einer durchaus unterschiedlichen politischen Logik. Eignet sich die Psychiatrie die Aufgabe an, für einen ihrer Patienten einen Arbeitsplatz zu suchen, so muß sie einfach die Person würdigen, herausfinden, welche Arbeit der Patient selbst im Sinn hat. Denn sie würde ihrer Verantwortung nicht gerecht, wenn sie eine gefährliche zerstörerische Arbeit bezw. eine Arbeit anbieten würde, die der Patient offensichtlich nicht will. Die Vergabe der Sozialhilfe mit der psychischen Problematik zu verbinden, würde hingegen Selektion, staatliche Finanzierung der Krankheit, Durchleuchtung des Individuums, Erpressung mittels staatlicher Gelder heißen.
Findet ein Patient keinen Arbeitsplatz, so ist das ein Versagen der Gesellschaft, für das der Staat und mithin die Psychiatrie nur mittelbar haftbar gemacht werden können, insofern sie den von ihnen Abhängigen die Suche nach dem Arbeitsplatz eher erschweren als erleichtern. Erhält ein Patient in Not keine Sozialhilfe, so ist das ein Versagen des Staates und mittelbar der Gesellschaft, die etwa eine Politik der Verknappung der öffentlichen Mittel verursacht. »Das Recht auf Arbeit« ist eine radikale politische Forderung; das

»Recht auf Sozialhilfe« ein im Grunde selbstverständlicher Anspruch. Die Sozialhilfe muß im Wortsinne ohne Ansehen der Person vergeben werden; für die staatliche Institution muß die Anfrage genügen, denn die Not kann nicht objektiv bewertet werden, will man nicht den Hunger zum Kriterium machen.
Ich habe die Unterschiede etwas holzschnittartig herausgearbeitet, um zu den nächsten Verwicklungen überzugehen: In der Praxis läßt sich das leider nicht mehr so schön auseinanderhalten. Die Sozialhilfe gilt als Kompensation, durch die der Empfänger abhängig und machtlos bleibt; als Hilfe für jemand, der ›eigentlich‹ eine Arbeit braucht. Sozialhilfe ist deklassierend und, um in die medizinische Wortwahl zu verfallen, eher kontraindiziert. Zudem gibt es da die Gefahr, daß der Betroffene mit der Sozialhilfe nicht mehr die rechte Energie für die Arbeitssuche entwickelt. Man muß nicht unbedingt eine puritanische Arbeitsmoral vertreten, um so zu denken:

»Die Praxis unseres Zentrums in Muggia hat nach einer Reihe von Versuchen und ›exemplarischen‹ Erfahrungen bestätigt, daß die Vergabe von Sozialhilfe nicht nur nicht die Probleme der Person löst – was offensichtlich ist – sondern auch das Risiko in sich birgt, die Person zur Passivität zu verführen. Besser ist es, eine außerordentliche Beihilfe zu geben, um ein dringendes Problem unmittelbar zu lösen und gleichzeitig eine Unterstützung zu entwickeln, durch die Lösungen mehr auf längere Sicht und für längere Zeiträume gesucht werden können.
Deswegen versuchen wir, die Sozialbeihilfe nicht einfach so zu geben . . . Im Fall des arbeitslosen Jugendlichen etwa reißen wir uns lieber in Stücke, um mit ihm zusammen eine Arbeit zu finden . . . Oder im Falle der Hausfrau in Schwierigkeiten geben wir eine Art Darlehen, das wir dann im Fall, daß es nicht zurückgezahlt wird, nachträglich durch eine außerordentliche Beihilfe abdecken . . . Auf jeden Fall, würde ich sagen, ist das wichtigste, daß das Problem der Sozialhilfe nicht mehr allein verbunden ist mit den Problemen des Unterhalts, sondern den ganzen Kreis der Lebensprobleme einer Person angreift . . .« (Ada Nice, in: Sartori/Gallio, S. 8 f.)

Die in dem Zitat formulierte praktische Linie mag hinsichtlich der konkreten Fälle korrekt sein, problematisch wird es aber, wenn dies als Prinzip formuliert erscheint. Offensichtlich ist es für einen Sozialarbeiter, der sich für jemanden engagiert und dessen Probleme kennt, unbefriedigend, lediglich Vergabestelle von Sozialfürsorge zu spielen. Die Idee liegt nahe, die Sozialfürsorge in ein weitergehendes Projekt zu integrieren. Die Gefahr ist aber die, daß ›positive‹ Kriterien, gute Absichten, gute Projekte, persönliches Engagement bei der Vergabe staatlicher Gelder einen unkontrollierbaren, objektiven Erpressungscharakter annehmen können. Das gilt vor allem für die naheliegende Verbindung von Sozialhilfe und Arbeitssuche. ›Passivität‹ bei der Arbeitssuche, das kann ein sehr reaktionärer Begriff sein. Die politische Logik bei der Vergabe von Sozialhilfe muß es sein, sie derart zu erleichtern und zu routinisieren, daß sie kalkulierbar wird, daß die Leute die Chance zum direkten Zugriff haben. Alle inhaltlichen Kriterien geben der Psychiatrie eine Filterfunktion.
Auch wer diese Konzeption von Sozialhilfe teilt, wird doch meinen, daß der Sozialhilfeempfänger weitaus abhängiger, weitaus ohn-

mächtiger ist als jemand, der einen Arbeitsplatz hat. Dem widerspricht *Rotelli* in einem Interview.

Offensichtlich hängt die Macht des Sozialhilfeempfängers ab vom Komplex der Machtverhältnisse selbst, von der Krise oder Nichtkrise der Nation. Ich jedenfalls bin überaus skeptisch gegenüber der unterstellten Ohnmacht des Sozialhilfeempfängers . . . So sagt auch die Formel »nicht Sozialhilfe geben, sondern Arbeitslohn« nichts mehr. In erster Linie deshalb, weil es die Arbeitsplätze nicht gibt, nie mehr geben wird. Warum sollen wir uns zur Überzeugung zwingen, daß es die Krise nicht gibt, die überall die Sphäre der Produktion zusammendrückt: die Produktion wird immer mehr eingeschnürt. Also ist es unnütz, daß wir der Chimäre der Wiedereingliederung aller in die Arbeitswelt nachjagen – ein jeder nach seiner Fähigkeit, ein jeder nach seinen Bedürfnissen! . . . Für die Arbeit braucht man immer weniger Leute mit immer engeren und immer spezifischeren Fähigkeiten. Also wird es keine Arbeit je nach Fähigkeit geben, das Gegenteil wird der Fall sein und das immer mehr . . .
Aber deswegen findet man die Leute auf der Straße, ohne Arbeit und ohne Sozialfürsorge, weil der PCI und die Gewerkschaften sagen: man darf keine Sozialhilfe geben, weil Sozialhilfe bloß Wohlfahrt bedeutet. Die Leute sollen arbeiten. Die Arbeitsplätze gibt es nicht? auch egal . . .
Also, während das die Realität ist, hören wir noch immer das Echo der kommunistischen Utopie, der organischen und integrierten Gesellschaft, in der es keine Winkel der Randgruppen, keine Winkel der Wohlfahrt gibt, wo die einzige existierende menschliche Figur der Produzent ist. Aber in Wirklichkeit gehst du mit 50 auf Rente, weil du kein Produzent mehr bist; beginnst mit 30 zu arbeiten, weil dich vorher niemand einstellt; die Zahl der Produzenten wird immer geringer, aber man setzt weiter auf die Ideologie, die die Produzenten priviligiert . . . Ich glaube, man muß hier vollständig was ändern, auch wenn es nicht leicht ist, klare Vorstellungen zu bekommen. Eins scheint mir jedenfalls sicher: daß alle alten Ideen verfehlt sind.
(Rotelli, in: Sartori/Gallio, S. 12 f.)

Den Verrückten, den Behinderten, den Emarginisierten in den Arbeitsprozeß zurückzuboxen, war tendenziell immer ein erpresserisches und gewalttätiges Unternehmen. Der Außenseiter mußte immer einen hohen Preis bezahlen, mußte immer eine doppelte Anpassungsleistung erbringen, um einen Arbeitsplatz, einen Platz in der ›Normalität‹ zu erhalten, und ob er für diese Anstrengung die kostbare Ware ›Anerkennung‹ erhielt, war keineswegs ausgemacht.
Die Kooperativen in Triest bieten in dieser Hinsicht – ohne ›beschützende Werkstätten‹ zu sein – mehr Schutz. Aber abgesehen davon, daß sie gemessen an der allgemeinen Arbeitslosigkeit in Triest keine wirkliche Perspektive darstellen, sind sie auch mit verschiedenen Risiken belastete Unternehmen. Ein Arbeiter als Mitglied und Mitbesitzer der Kooperative ist viel abhängiger von den produzierten Gütern. Verliert die Kooperative ihre Marktposition, steht er buchstäblich vor dem Nichts.
Diejenigen, für die man Arbeitsplätze in Fabriken gefunden hat, hatten da womöglich mehr öffentliche Macht, insofern sie bei Krisen immer die psychiatrischen Mitarbeiter mobilisieren konnten. Ein Beispiel: drei Alkoholiker von Barcola, die in einer Fabrik 12 Stunden am Tag arbeiten mußten, erschienen nicht mehr zur Arbeit und fingen wieder an zu trinken. Dem Zentrum gelang es, die

anderen Arbeiter nicht so sehr für die Schwierigkeiten ihrer Kollegen, sondern für die gemeinsamen Probleme zu sensibilisieren, bis schließlich der 8-Stunden-Tag durchgedrückt wurde. Sehr oft gelingt es, die Fabrikräte zu engagieren und damit den Personalchef unter Druck zu setzen. Aber der *utente* als Arbeiter verläßt nicht den Bannkreis der Psychiatrie, bleibt als Verkäufer seiner Arbeitskraft schwach, angewiesen auf die Abhängigkeit der psychiatrischen Dienste.

An diesem Punkt muß das Argument von Franco Rotelli aufgenommen werden. Er versucht, die üblichen Beurteilungsschemata umzudrehen: es gibt keinen Grund, das Leben von öffentlichen Mitteln als solches für deklassierend und depravierend anzusehen. Aber die Argumentation geht sehr viel weiter: angesichts der zunehmenden Emarginisierungsprozesse in Italien repräsentieren die Sozialhilfeempfänger nicht mehr eine Randgruppe, sondern einen aktuellen Widerspruch der Gesellschaft. Die Finanzierung der Leute durch öffentliche Mittel wird mehr und mehr Teil des alltäglichen gesellschaftlichen Lebens. Mithin ist die historische Funktion des Staates längst überholt, einen Teil der Verelendeten, der Reservearmee, durch die totalen Institutionen zu ernähren und zu kontrollieren. Es entsteht ein neues historisches Gebilde von staatlichen Institutionen und deklassierten Massen, deren Widersprüche die Gesellschaft ebenso sehr bestimmten wie der Widerspruch von Kapital und Arbeit. Dadurch aber werden alle Institutionen des Staates in diese Widersprüche einbezogen und also politisiert.

Für die Psychiatrie heißt das, daß sie tendenziell vor Entscheidungen gestellt wird, die immer weniger zu tun haben mit Fragen der Intervention bei psychischen Krisen. Die Entscheidung, die sich schon jetzt für die italienische Psychiatrie nach der Verabschiedung des Gesetzes 180 herauskristallisiert hat, könnte man etwas vereinfacht als Alternative zwischen einem ›neuen Spezialistentum‹, einer ›Therapie‹ vor Ort und einer Interessenorganisation für die Emarginisierten darstellen. Entweder versucht die Psychiatrie, das ganze Hilfs- und Fürsorgewesen aufzurollen, und bekommt damit Macht und Geld in die Hand, spielt also unter Umständen den Deklassierten, Herumstreichern, Ausgeflippten ein Maß an öffentlicher Macht in die Hand, das bis zum Einfluß auf die Gestaltung des öffentlichen Haushaltes gehen könnte. Oder sie überläßt das Fürsorgewesen den traditionellen öffentlichen Behörden und entwickelt sich zurück zum funktionierenden Psychiatrischen Dienst. Die Parteinahme der Triestiner Psychiatrie ist in dieser Frage klar. Auf dem Kongreß in Arezzo (November 1979) polemisierten die Triestiner gegen die erneut auftauchende ›therapeutische Berufung‹. Im Frühjahr 1980 wurde in Triest eine Diskussion organisiert, in der die hiesige Psychiatrie vor allem die Frage der Sozialfürsorge in den Mittelpunkt zu rücken versuchte, in der Hoffnung,

unter dieser Fragestellung eine Fraktion innerhalb der antipsychiatrischen Bewegung Italiens zu organisieren.
Die politische Problematik, vor der die Triestiner Psychiatrie in der gegenwärtigen Periode steht, könnte man zugespitzt so darstellen: Im Augenblick garantieren die psychiatrischen Anfragen etwa 800 Sozialhilfeempfängern das tägliche Überleben. Bleibt man dabei stehen, schafft man auf lange Sicht ein System der Klientel. Werden es aber immer mehr Sozialhilfeempfänger, wird aus der Quantität eine politische Qualität. Bis jetzt konnte durch die Liquidierung des Irrenhauses Geld gespart werden. Mit der Beihilfenpolitik würde die Psychiatrie hingegen erneut zum Kostenfaktor, zum Thema des öffentlichen Streites, in dem die Psychiatrie dann allerdings mit einer mobilisierten Anhängerschaft, d. h. nicht mehr mit Patienten, Ex-Insassen und ›Gästen‹, sondern mit Sozialhilfeempfängern auf den Plan treten würde. Wie könnte man diesen Widerspruch eröffnen? Zum einen muß die Vergabe der Sozialhilfe zur Selbstverständlichkeit werden, sie darf von den Leuten nicht mehr als spezifisch psychiatrische Maßnahme, sondern muß als eines ihrer Rechte angesehen werden. Zum anderen muß die Politik der Privilegierung der *utenti* fortgesetzt werden. In dem Augenblick, wo die Masse der Arbeitslosen begreift, daß es den nichtarbeitenden Verrückten, Herumtreibern, Ausgeflippten besser geht, oder daß sie zumindest etwas leichter leben und weniger der Misere ausgesetzt sind – kleine Unterschiede können da großes politisches Gewicht haben – wird die Psychiatrie einen Zustrom erhalten, bei dem sie bei aller Mühe nicht mehr Psychiatrie sein kann.

Der Verrückte in der Öffentlichkeit

»Die als große Befreiungstat gefeierte Schließung der psychiatrischen Krankenhäuser aufgrund des Gesetzes Nr. 180 der Republik Italien vom 13. Mai 1978 hat bereits zu den vorhergesagten Folgen geführt. Die aus den psychiatrischen Krankenhäusern vertriebenen Kranken bevölkern jetzt in großen Zahlen Slums und Bahnhöfe.« (DEUTSCHES ÄRZTEBLATT, 17. April 1980)

Diese Melodie singen viele Verantwortliche für Psychiatrie in Deutschland. Prof. Kulenkampff hat sich im November in einem Fernsehinterview so geäußert und Frau Antje Huber hat es ihm bestätigt. Diese Tonart hat die italienische Presse schon vorweggenommen, insbesondere auch die liberale Presse. Sie wartete mit Beispielen von Vernachlässigung, von Abladen der Geisteskranken in den Familien auf. Doch nichts bestätigt mehr die Richtigkeit des Gesetzes 180 und mithin die Richtigkeit der Triestiner Praxis, die dieses Gesetz vorweggenommen hat. Denn: niemand spricht mehr von der ›Gefährlichkeit‹ des Irren. Mit dem Gesetz ist sie historisch erledigt, der Irre in der Öffentlichkeit ist keine öffentliche

Gefahr mehr. Für Triest wird dieser Sachverhalt durch den Chef der Einsatzpolizei *Petrosino* bestätigt:

Eine der Anklagen, die am häufigsten gegenüber den neuen psychiatrischen Diensten erhoben wird, ist die, daß die Kranken sich selbst überlassen würden und folglich eine Gefahr für die öffentliche Ordnung darstellen.
Es hat da anfänglich Scherereien gegeben – wegen der mangelnden Vertrautheit der Leute mit der Freiheit, aber dann hat sich die Situation normalisiert. Jetzt machen wir sogar weniger Einsätze als vor der Öffnung des Irrenhauses.
Die Polizisten selbst, wie haben sie reagiert?
Am Anfang, als sich die Meldungen häuften, entstanden auch bei uns Schwierigkeiten, die Haltung der Polizei war negativ. Mit der Verbesserung der Situation hat sich auch das Verhalten der Polizisten geändert. Jetzt behandelt man den ›Irren‹ als Kranken, nicht mehr als gefährliches Subjekt, das es wegzuschaffen gilt. Heutzutage arbeiten wir mit den Zentren zusammen und tauschen wegen eventueller Einsätze Nachrichten aus.
Hat es Vorgänge gegeben, die auf eine Vernachlässigung durch das psychiatrische Personal zurückzuführen sind?
Es hat den berühmten Mordfall Savarin gegeben. Aber er wurde vor dem Direktorat von Basaglia entlassen und das hätte in jeder anderen Situation auch passieren können. Bei dem ertränkten Kind im Juni 1977: die Frau, mit einem Kapitän verheiratet, wandte sich spontan an die Ärzte des OPP. Sie hatte eine Krise, es ging ihr schlecht und sie bat um Hilfe. Die Ärzte trafen keine Maßnahmen, um sie in die Klinik einzuweisen und sie ließen sie gehen. Sie kehrte nach Hause zurück und ertränkte ihren Sohn. Ein Assistenzarzt wurde angeklagt. Aber es muß berücksichtigt werden, daß die Frau sich freiwillig einfand, deswegen glaubte man nicht, sie zu einer Einweisung zwingen zu können. Wenn man andererseits beginnen würde, für alle, die im Verdacht einer psychischen Störung stehen, Maßnahmen zu treffen, wäre der größere Teil der Leute drinnen.«

Aber das Lamento über die Vernachlässigung der Geisteskrankheiten drückt noch in einer anderen Weise einen Fortschritt aus. Solange die Verrückten hinter den Mauern waren, auf die barbarischste Weise vernachlässigt und aller Lebensgüter beraubt wurden, zu einem vorzeitigen sozialen und physischen Tod verurteilt waren, befanden sie sich ja in Behandlung. Jetzt aber haben sie einen erheblichen Zuwachs an öffentlicher Macht errungen: indem sie nicht mehr als zu Behandelnde erscheinen, werden sie als Bedürftige erkennbar; indem man sie in Slums und an Bahnhöfen wiederfindet, werden sie Protagonisten des städtischen Elends. Auf diese Stätten der Ausgrenzung fällt auf einmal Licht.

›Auf die Straße schmeißen‹, ›auf der Straße enden‹ – das sind im deutschen Sprachgebrauch Endzustände sozialer Existenz. Ganz sicher spielt dabei die unglückselige Geschichte der deutschen Öffentlichkeit eine Rolle. Öffentlichkeit und mithin die demokratische Bewegung konnte sich hier nie so richtig auf eine entfaltete städtische Kultur stützen, deren Regenerationsort eben die Straße, der tägliche informelle Treffpunkt aller Interessenten an öffentlichen Dingen ist. Dabei denke ich vor allem an die Bereitschaft zur öffentlichen Auseinandersetzung. Wer sich in Deutschland öffentlich auseinandersetzt, gilt in aller Regel schon als betrunken.
Meiner Erfahrung nach werden in Triest die Verrückten in den Bars und Kneipen, den naturwüchsigen Orten öffentlicher Händel, sel-

ten abgewiesen. Im Gegenteil: sie kommen ins Gespräch. Ohnehin reagiert Triest gegenüber ›Abweichenden‹ tolerant, die Stadt schätzt sich auch selber so ein. Wer sich in Krise befindet, auszuflippen droht, einsam ist, will zumeist zwei Sachen auf einmal – sich unter Menschen begeben und sich verkriechen. Auf der Straße kann er diese Ambivalenz entwickeln. Sie ist aber auch der einzige Ort, wo jeder sich frei entscheiden kann und muß, ob er dem Elend, dem Anderssein, dem Hilfeverlangen begegnet oder ausweicht. Ich finde eine Kultur richtig, in der die Ehefrau in Krise sich auf der Straße ›herumtreibt‹ und so den Ehemann in Verlegenheit bringt, in der man dem Vater als alkoholisiertem Penner auf dem Bahnhof begegnet, in der der psychotische Sohn, das schwarze Schaf der Familie, die Nachbarschaft behelligt. Eine solche Kultur ist richtig, denn die Schwierigkeiten, die Menschen mit dem Leben haben, *sollen* die anderen stören. Ich fände eine solche Kultur auch und vor allem richtig für Deutschland, wo man es zu sehr gewöhnt ist, bei Problemen die einschlägige Institution des Staates anzurufen. Was da an Menschlichkeit zerstört wird, ist nicht so leicht auszumessen.

Vielleicht geht diese Argumentation etwas zu schnell, denn immerhin gibt es ja noch die Psychiatrie. Gehen wir also einen Schritt zurück. Solange es die Mauern gab, produzierten Verrückte und Institutionen ein bestimmtes Bild von Wahnsinn. Es ist erstaunlich, wie stark das klinische Bild von Verrücktsein die alltägliche Vorstellung beherrschte. Die Psychiatrie war in ihrer Geschichte verblüffend erfolgreich in der Popularisierung ihrer Ergebnisse. Die Karriere des Begriffs Schizophrenie im Volk ist dafür ein schlagendes Beispiel. Im Triumphzug der Kultur über die besiegten Menschen, Träume, Hoffnungen, Rebellionen, stellte die Psychiatrie schon immer einen aufregenden Teil des Festprogramms, indem sie extreme Zustände vorführte, die ›kein Mensch‹ mehr verstehen konnte, die nur noch behandelbar waren.

Solange es Mauern, Gitter, Schockbehandlung gab, waren *alle* Krankheitsbilder vom Überlebenskampf *gegen* die Institution gekennzeichnet. Und da gab es immer zwei Möglichkeiten: den Schritt nach vorn und den Schritt zurück, die Rebellion oder die Regression; beide Tendenzen vermischen sich in den klinischen Symptomen. Ich behaupte, daß alle klinischen Krankheitsbilder in dieser Weise zu lesen sind. Mit dem Fall der Mauern in Triest haben sich die Krankheitsbilder sozusagen banalisiert. Katatone Zustände gibt es nicht mehr und auch die Vorstellung von Psychose wird allmählich problematisch. Man könnte also folgern, daß jetzt, nachdem der Überlebenskampf gegen die Institution aufgehört hat, und der Verrückte wieder auf der Straße ist, sich die Möglichkeit erst eröffnet, eine Vorstellung vom Irresein zu erwerben. Dazu *Franco Rotelli:*

»Bisher gab es m. E. in der Triestiner Praxis eine Tendenz zur Banalisierung des Krankheitsbegriffs. Es ist sicher eine gerechtfertigte politische Entscheidung, nicht von Schizophrenie, nicht von Depression zu sprechen, sondern von Wohnungsnot, von Arbeitslosigkeit, von Misere. Aber könnte man nicht sagen, daß sich nach dem Gesetz 180 die Tendenz wenden müßte, daß nunmehr die Psychiatrie das Recht auf Verrücktheit, auf Wahnsinn verteidigen müßte, d. h. aber, sich erneut mit dem Krankheitsbegriff beschäftigen müßte?

Ich glaube, daß sich nunmehr zwei Straßen geöffnet haben: die eine wäre die, die auf den Wahnsinn selbst zielt, auf die Wiedergewinnung der Totalität seiner Widersprüche, die der Verrückte darstellt. Gerade weil das Gesetz einige Widersprüche aufgehoben hat, weil es die Vorstellung von der Gefährlichkeit zumindest auf dem Papier eliminiert hat . . . beeinflußt es auch die Apparate, die diesem Begriff entspringen. Mithin ist die Bahn freigemacht, sich einerseits für eine tiefergehende Vorstellung von Wahnsinn einzusetzen.

Aber ich glaube andererseits, daß das Argument auch umgedreht werden kann: dieses Gesetz hat vielleicht den wichtigsten Teil unserer Arbeit sanktioniert – daß es sich nicht um das Problem des Wahnsinns handelt und nicht um dessen Gefährlichkeit, nicht um den Gegensatz Vernunft/Unvernunft, sondern um das Problem der sozialen Misere. Mit anderen Worten, das Gesetz hat anerkannt, daß der Wahnsinn ein Bluff ist. *Ich glaube, daß es nicht möglich ist, in einer modernen Gesellschaft das Bestehen eines Phänomens wie Wahnsinn theoretisch zu rechtfertigen.* Indem das Gesetz die Vorstellung von der Gefährlichkeit des Irren zu Fall bringt, bringt es auch den Begriff des Wahnsinns selbst zu Fall. In dem Moment, in dem man eine Person nicht mehr als gefährlich ansieht, wird ihr Dasein sehr viel weniger wahrscheinlich als wahnsinnig stigmatisiert, wenn auch sicher in der allgemeinen Kultur und in den Apparaten dieses Konzept weiter bestehen wird. Sobald eine Person nicht mehr als gefährlich für andere und für sich selbst gilt, kommt der Staat nicht mehr umhin, das Problem des Wahnsinns als das Problem der Misere zu begreifen.

Man muß natürlich weitergehen und definieren, was Misere in diesem Zusammenhang bedeutet. Man kann Misere nicht einfach darauf reduzieren, daß der Irre am Mangel materieller Güter leidet . . . Um ein banales Argument heranzuziehen: man kann den Irren mit der Prostituierten vergleichen. Vor 20 Jahren wurden in Italien die Bordells geschlossen und die Prostituierten kamen auf die Straße. Aber indem sie auf der Straße erschienen, wurden sie etwas anderes, sie wurden Teil des allgemeinen Lebens. Sie traten heraus aus der abgetrennten Institution, in der das geschieht, was eben in separaten Räumen geschieht, und wurden zur sozialen Figur, wurden Teil des sozialen Lebens. Dasselbe geschieht jetzt mit dem Irren, er wird zur sozialen Figur, zum Teil der allgemeinen sozialen Misere. Er ist nicht mehr abtrennbar von der sozialen Misere, als irgendetwas Besonderes.

Wir müssen, würde ich sagen, sehr wohl über den Begriff der Misere arbeiten, mit mehr Nachdruck arbeiten als über den Begriff des Wahnsinns, über einen noch alternativeren, noch umfassenderen, noch dialektischeren Begriff des Wahnsinns. Ich glaube, daß die Tendenz, sich um einen umfassenden Begriff des Wahnsinns zu bemühen, gefährlich ist. Schon gibt es im Rahmen der PCI-Politik in der Toscana Ansätze, die Psychoanalyse in die Ambulatorien einzuführen, wodurch der Verrückte wieder verobjektiviert, abgetrennt und seine Existenz psychologisiert wird. Der Fortschritt des Gesetzes 180 ist aber gerade der, daß die Psychiatrie als Kaiser ohne Kleider, als Bluff entlarvt wurde.« (September 1979)

Mit den Verrückten in der Öffentlichkeit sind die psychiatrischen Institutionen selbst zu öffentlichen Einrichtungen geworden; zwischen ›Benutzer‹ und Institution entsteht eine Beziehung von Anfrage und Antwort. Die Wirkung auf den Charakter der Institution kann nicht groß genug vorgestellt werden. Bislang existierte der Mythos einer über den Klassen schwebenden Behandlung und entsprechend wurden Bilder psychischer Störungen und des Wahn-

Alberti

sinns vorgestellt, die nichts mit den Widersprüchen zwischen den Klassen zu tun hatten. Dieser Mythos der Klassenunabhängigkeit zerfällt und man entdeckt, daß die Paranoia des Sohnes aus reichem Haus nichts mit der Paranoia des jugendlichen Arbeitslosen zu tun hat; daß die ›depressive Frau‹, die an der Leere ihres Lebens zwischen Sonnenbräunen, Reisen und Wohnungseinrichtung leidet, wenig gemein hat mit der ›depressiven Frau‹, deren Mann Alkoholiker geworden ist, die raus will, aber keine Arbeit findet. Umgekehrt entdeckte man zwischen einem arbeitslosen Psychotiker und einem proletarischen Drogenabhängigen mehr Gemeinsamkeiten. Es kann keine gleichartigen Antworten mehr auf gleiche psychiatrische Probleme geben, aber die Psychiatrie kann auch keine klassenspezifische Auswahl treffen. Es gibt keinen objektiven Begriff der Schwere einer Krise. Vielleicht kann man sich bei dem arbeitslosen Jugendlichen, der paranoide Verhaltensweisen zeigt, eher praktische Lösungen vorstellen – der Sohn aus reichem Hause leidet darum nicht minder. Die Misere hat viele Seiten, es ist die Misere der ausgebeuteten Volksmassen, es ist aber auch die Misere der allgemeinen Kultur, des Zerfalls der Familien, und sie betrifft alle Klassen. Indem die Psychiatrie sich entmystifiziert und als Institution innerhalb der Misere arbeitet, wird sie in die Klassenwidersprüche hineingezogen – ein Prozeß, der die Widersprüche in der Institution, die Widersprüche zwischen Ärzten und Pflegern politisieren wird.

Was ist die Konsequenz? In Triest habe ich darauf keine Antwort gefunden – außer der Überzeugung, daß es richtig ist, den antiinstitutionellen Kampf bis an diesen Punkt voranzutreiben. Außer der Meinung, daß der antiinstitutionelle Kampf nicht von Modellen einer zukünftigen Psychiatrie lebt, sondern von der Auseinandersetzung der nächsten Stunde, also gewissermaßen von der Hand in den Mund.

Die totalen Institutionen sind Antworten des liberalen Staates auf die Verelendung der Massen gewesen. In Italien insbesondere sind die Irrenhäuser und Obdachlosenasyle durch den Druck der inneren Emigration, den Druck der verelendeten Bauern in den Städten geschaffen worden, vor allen Dingen im Norden des Landes.

Die Bewegung der *Psichiatria democratice* hat also eine drückende Erbschaft aus den Anfängen unseres Jahrhunderts eliminiert. Durch eine neue Organisation psychiatrischer Intervention, die ohne die totale Institution auskommt, stellt sie eine beeindruckende Ausnahme innerhalb des italienischen Staatsapparates dar – sie ist überaus effizient, sie geht mit den öffentlichen Geldern pfleglich um, die Leute können sich auf sie verlassen – nicht umsonst hat die rechte Wahlkampagne sich vor allem auf Basaglia konzentriert. In der Wahlpolemik zu den Provinzialwahlen des 8./9. Juli 1980 hat die Psychiatrie keine Schwäche gezeigt. In diesem Sinne ist die antiinstitutionelle Bewegung der Psychiatrie mächtiger denn je und also fähig, sich auf die neuen Emarginisierungsprozesse vorzubereiten. Seit Jahren bewegen sich schon Ströme von Afrikanern von Süden nach Norden, sie sind keine Subproletarier, keine Armen, sie sind keine Italiener. Offiziell, für die Parteien und Gewerkschaften, existieren sie nicht. Aus ihnen entsteht eine neue Schicht des Elends. Die Frage ist also, wie die Psychiatrie ihren Machtgewinn nutzen kann, um diese neuen Widersprüche anzunehmen. Der lange Marsch durch die Institutionen garantiert keine Ruhepunkte, und die Niederlage wartet an der nächsten Biegung des Weges.

(17) Rückblick nach vorn

Ich trenne mich von diesem Buch und beginne, mich auch von meiner Triestiner Zeit zu trennen. Was ich mitnehme, ist der um Erfahrung und Wissen bereicherte Anfangseindruck: der Eindruck der Normalität. Ich kann das vielleicht nicht so richtig erklären – dieses Aufatmen am ersten Tag im Klinikgelände, dieser merkwür dig verdrehte Stoßseufzer: ›es ist alles normal‹. Vielleicht ist es dies: daß an einer Ecke der gesellschaftliche Schleier gerissen ist, jener Schleier, der durch unsere täglichen Anerkennungskämpfe geschaffen wird, die uns um die Chance bringen, wir selbst zu sein. Laut Hegel findet der Kampf um Anerkennung sein Ende immer nur im Tod des anderen. Mithin gibt es da nur Verlierer. Der Verrückte aber ist nur scheinbar Opfer dieses Kampfes, denn er ist schon vor seinem tödlichen Ende ausgestiegen. Der sensible Zynismus Goffmans hat diesen Sachverhalt am schärfsten bloßgelegt. Er formuliert den geheimen Neid auf den Verrückten, dem es gelinge, »schamlos er selbst zu sein«. Goffman trifft damit einen ironischen Punkt unserer gesellschaftlichen Verfassung, indem er dem Verrückten im Irrenhaus eine Lebenshöhe zuschreibt, auf die wir alle zusteuern wollen, die wir uns aber doch nur bei absolutem Reichtum glauben leisten zu können. – Nun ist das in einer geschlossenen Anstalt ein banaler Tatbestand: der Exhibitionist z. B., der aus der Öffentlichkeit weggefangen, zu einer ›eingewiesenen‹, nichtöffentlichen Existenz verurteilt wird, kann nunmehr öffentlich exibitionieren. Die Scham ist vorbei, der Busch muß nicht mehr gesucht werden.
Die Zerstörung des Irrenhauses in Triest hat keine Rebellen, aber auch keine beflissenen Bürger freigesetzt. Der Verrückte auf der Straße provoziert kaum Skandale, aber die Scham ist trotzdem vorbei. Nach acht Jahren antiinstitutionellem Kampf hat sich – um ein Modewort zu benutzen – eine ›psychiatrische scene‹ entwickelt, in der die Emarginisierten, die Proletarier und die Angehörigen der Oberschicht (sprich: Verrückte, Pfleger und Ärzte) miteinander leben (keinesfalls natürlich zusammenleben). Sie spielen die Rollen, in denen sie nun einmal stecken, aber keiner macht eine besonders gute Figur dabei. Ein klares neutrales Licht liegt über dieser Szenerie und umreißt scharf die ungleiche Verteilung der Glücksgüter – doch ohne Schattentiefe, so daß man manchmal meint, wenn

es das nur wäre, was die Menschen trennt, dann ist die Hoffnung nicht verloren.
Im Irrenhaus, da wurde der ununterbrochene Triumphzug der herrschenden Kultur organisiert, da bereitete man die lebenden Bilder der katatonen Zustände, der Triebtäter, der Paranoiker vor. Die Inszenierung ist vorbei, Inszenierte und Inszenierer studieren die institutionellen Lebensbedingungen unter praktischen Gesichtspunkten. Anders kann ich in diesem Augenblick den Eindruck von Normalität nicht umschreiben. Man könnte auch sagen: ›es herrscht Ordnung‹ (den Wahnsinn findet man in der Stadt). Indem ich das schreibe, schweifen meine Gedanken ab zu den deutschen Verhältnissen. In der Bundesrepublik läuft die Tendenz immer noch in die andere Richtung, in den Ausbau einer alternativen therapeutischen Kultur. In den Großstädten werden inzwischen Therapieführer publiziert. Für das psychische Elend gibt es einen Supermarkt von staatlichen und halbstaatlichen Heilsangeboten. Objektiv gesehen sind die Bedingungen zum Umsturz des psychiatrischen Systems seit Jahren ungleich günstiger als in Italien: es gibt mehr öffentliche Gelder für Experimente, mehr Personal, mehr Sozialarbeiter, Psychologen, Laienhelfer als es je in Italien gegeben hat. Aber das Bild hat sich im wesentlichen nicht geändert: therapeutische Schrebergärten im Umkreis der Fabriken des Wahnsinns. Es ist der Zeitpunkt abzusehen, an dem dieses historisch einmalige Engagement für die Veränderung der Psychiatrie abgestumpft, frustriert, erschöpft sein wird. Die Wortführer der deutschen Sozialpsychiatrie haben inzwischen den Schritt in die Irrenhäuser gemacht. Aber es bleibt abzuwarten, ob sie nur das letzte rostige Glied der ›Behandlungskette‹ austauschen wollen, oder ob sie diese Kette endlich sprengen. Wir kennen Serien von Analysen über den Immobilismus des deutschen psychiatrischen Systems. Ich möchte die objektive Seite hier nicht berühren, sondern mich auf die Kritik der herrschenden Haltung beschränken. Da bilde ich mir ein, daß man mit Worten noch etwas erreichen kann. Nach meiner Meinung liegt der Fehler in der Grundeinstellung darin, daß der Verrückte als Opfer der Verhältnisse gesehen wird. Ich halte das für eine sozialdemokratische Sichtweise. Als Opfer ist der Verrückte prädestiniert, daß seine Existenz durch den Sozialstaat gemildert werde. Aber ich frage mich, wem es gelingt, sich mit Opfern zu identifizieren. Ich spüre jedenfalls in der Rede von den ›Opfern‹ immer eine geheime, kaum sublimierte Menschenverachtung. ›Der Betroffene‹, das rohe Ei des Sozialstaates, wird in ein Milieu sensibler Ratgeber und Therapeuten eingebettet – ein sanfter Enteignungsvorgang. Man bemächtigt sich seines Leidens. Aber auch die Spontiphilosophie, die im Verrückten den Rebellen sieht, überzeugt nicht. Das ist nur der umgekehrte Sozialdemokratismus. Ich finde vielmehr, daß der Verrückte niemanden an Überlebenskunst nachsteht. Er ist ein

Parasit der Staatskultur und als solcher hat er seine unzweifelhafte Würde und sein Lebensrecht. Im übrigen lebt er an einem interessanten Ort: wo gibt es denn in unserer Gesellschaft sonst noch einen Platz, an dem alt und jung, an dem der Subproletarier und die Frau aus besserem Hause, der Drogenabhängige und der Kriminelle, an dem die ›Hungerleider des Absoluten‹ und die ausgekochten Penner zusammenleben. Man blicke sich um, außer dem Irrenhaus gibt es da nichts. Ich meine, daß das ein Ort ist, der weniger die Heilsbringer anziehen sollte als Leute, die noch etwas Lust am Leben haben. Der Blick von diesem Ort auf die Gesellschaft, in der die Menschen ununterbrochen in Gruppen, Schichten, Gehaltsklassen getrennt werden, ist jedenfalls ein Blick ins Chaos.
Triest, das bedeutete für mich eine Ermutigung, die ich damals, als ich aufbrach, sehr nötig hatte. Es bedeutete den Ausbruch aus dem kranken Hang zum strategischen Denken innerhalb der Linken, jenem Denken, daß sich immer den Kopf von übermorgen zerbricht, wo im Heilsgeschehen des revolutionären Prozesses die Tageswirklichkeit verblaßt, wo die Neugier auf den nächsten Tag nichts zählt, da man ja in historischen Epochen lebt. Für mich löst Triest praktisch ein, was einst in der Formel des langen Marsches durch die Institutionen anklang: das bei-keinem-Erfolg-stehenbleiben. Die Tugenden, die da verlangt werden, sind Mut, List und Schnelligkeit. Wie oft die Triestiner Praxis auf der Kippe stand, habe ich deutlich zu machen versucht. Erst in letzter Zeit ist noch einmal eine umfassende Pressekampagne gegen die Triestiner Psychiatrie gelaufen. Da gab es den unermüdlichen Reporter der VOCE LIBERA, dem Sprachrohr des Bürgerblocks, der *lista civica*. Er vergleicht seinen Kampf gegen Basaglia mit dem Kampf der Reporter der WASHINGTON POST gegen Nixon. Seit Jahren zählt er die zerbrochenen Stühle, Türen und Tische, die verschwundenen Bettücher und zerschlagenen Fenster. Da meldet sich der Magazinverwalter zu Wort und weist nach, daß im ›freiesten Hospital der Welt‹ 1766 Schlüssel nachgefertigt werden mußten. Da gab es nicht zuletzt eine Artikelserie in der rechten Presse, wo behauptet wurde, daß Basaglia deutschen Terroristen Unterschlupf in der Psychiatrie gewähre.
Der Blick auf die Gegner der Triestiner Psychiatrie deprimiert allerdings: der sauertöpfische Magazinverwalter, der pedantische Journalist der VOCE LIBERA, die Rechten überhaupt, denen bei Basaglia nichts anderes einfällt, als nach deutschen Terroristen zu suchen – eine trübe Schar, deren Lamento nur noch mehr unterstreicht, daß die Triestiner Psychiatrie eine der wenigen funktionierenden Teile des Staates ist. Vor den Wahlen gehörte die Psychiatrie zum festen Bestandteil der Leistungsschau der PCI/PSI Provinzregierung. Eine Ausstellung über acht Jahre antiinstitutionellem Kampf reiste durch die Stadtteile von Triest – eine schöne Ausstellung, gegen die man allenfalls einwenden könnte, daß nichts gegen sie einzuwenden

war. Dennoch würde die Melancholie darüber, daß die kulturrevolutionäre Provokation ausgelaugt sei, an der wirklichen Sache vorbeigehen. Anläßlich der geschilderten politischen Angriffe fand kürzlich eine Vollversammlung der Klinik statt, an der sich auch überraschend viele Pfleger beteiligten. Es wurde überlegt, wie man offensiv vorgehen könne. Man sprach über die Vorbereitung von Kampagnen, Filmvorführungen usw., bis einigen der Geduldsfaden riß: daß habe man immer gemacht, es sei klar, daß man so etwas wieder mache, aber das Problem liege ganz woanders. Wo also? Darin beispielsweise, daß hundert Pfleger die *lista civica* wählen, eine Partei also, die in der antiinstitutionellen Praxis nur die Verwahrlosung öffentlichen Eigentums erblickt. Aber nicht so sehr diese Tatsache als solche ist das Problem, sondern das, was sie im Grunde ausdrückt: daß die triestiner Psychiatrie noch nicht so richtig in Triest angekommen ist. Die Equipe lebt immer noch in der Umgebung der antipsychiatrischen Bewegung, als deren fortgeschrittenster Stützpunkt sie sich fühlen darf. Und die narzißstische Kränkung darüber, daß das alles nicht mehr viel bedeutet, daß man hingegen Teil einer Stadt ist, die sich im Niedergang befindet, läßt sich so leicht nicht überwinden. Kein Arzt ist zu den Pflegern gegangen, um mit ihnen zu diskutieren, ob sie für die Linkskoalition oder den Bürgerblock stimmen sollen. Der politische Alltag, die Kleinlichkeit der aktuellen Auseinandersetzungen scheinen sich noch immer vor den vergangenen Inszenierungen der Befreiung zu blamieren. Man wird wohl noch einige Zeit brauchen, um zu lernen, daß die Kämpfe der Unteren unten, in den politischen Niederungen geführt werden müssen.

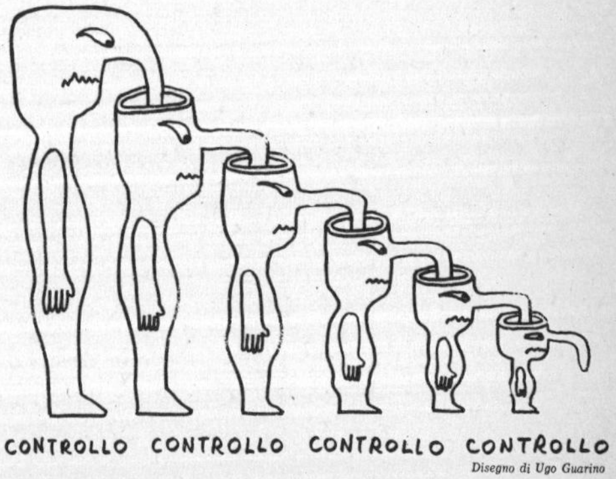

Disegno di Ugo Guarino

Literatur

(1) Giuseppe *dell'Acqua:* Non ho l'arma che uccide il leone . . . , Triest 1980

(2) Franco *Basaglia:* Appunti per un'analisi delle normative in psichiatria, Fogli di informazione 50 (Oktober 1978)

(3) Franco *Basaglia,* Maria Grazia *Giannichedda:* Legge e psichiatria. Servizio di documentazione, Unità operativa die Trieste, C.N.R., Triest 1980

(4) Franco *Basaglia,* Franco Ongaro *Basaglia,* Agostino *Pirella,* Salvatore *Taverna:* La nave che affonda, Roma 1978

(5) Franco *Basaglia,* Giovanna *Gallio:* Per un'analisi critica del modello italiano, Servizio di documentazione, Unità operativa di Trieste, C.N.R., Triest 1980

(6) D. *Casagrande* u. a.: Lavoro di trasformazione e riappropriazione dei bisogni primari, Fogli di informazione 45 (Februar 1978)

(7) Marina *Cattaruzza,* La formazione del proletariato urbano, Torino 1979

(8) Vittorio *Emiliani;* L'Italia mangiata. Lo scandalo degli enti inutili, Torino 1977

(9) I. *Galastri:* Un impegno politico sulla legge 180 per l'attuazione coretta della riforma, Fogli di informazione 49 (September 1978)

(10) Giovanna *Gallio* (Hrg.): Interviste sul servizio di reperibilità. Ricerca C.N.R., unitâ operativa di Trieste (1979)

(11) La libertà è terapeutica, Triest 1977 (Dok.-Sammlung)

(12) Enrico *Maserati:* L'occupazione jugoslava di Trieste, Udine 1966

(13) Raffaello *Misiti:* Presentazione dei primi dati dell'indagine sullo stato dell'assistenza psichiatrica dopo l'entrata in vigore della legge 180, Congresso ›Psichiatria e Buon Governo‹: Arezzo 1979

(14) Raffello *Misiti,* Giovanna *Gallio,* Ota de *Leonardis,* Diana *Mauri,* (Hrg.): L'organizzazione come laberatorio di trasformazio ne della domanda e l'utenza come osservatorio della non ragione sociale. Unità operativa di Trieste, C.N.R., Milano/Triest 1980

(15) Luigi *Onnis* e Giudetta lo *Russo* (Hrg.): Dove va la psichiatria? Milano 1980

(16) V. *Pastore* u. a.: Quale alternativa per l'ospedale psichiatrico: il territorio o l'ospedale generale? Triest 1978 (Paper)

(17) Raccolta dei volantini scritti, Triest 1974

(18) Reseau internazionale di alternativa alla psichiatria, documento riassuntivo, Fogli di informazione 44 (Januar 1978)

(19) Franco *Rotelli:* Dopo il manicomio a Trieste, Servizio di Documentazione, Unità operativa di Trieste, C.N.R, Triest 1980

(20) Franco *Rotelli:* Sulla miseria della psichiatria, Servizio di documentazione, Unità operativa di Triest, C.N.R. Triest 1980

(21) D. De *Salvia,* D. *Casagrande:* La 180 a Venezia e provincia. Fogli di informazione 53 (1979)

(22) Silvana *Sartori,* Giovanna *Gallio* (Hrg.): Deistituzionalizzazione e politica dei sussidi: cronaca dell'esperienza all' O.P.P. di Trieste. Unità operativa di Trieste C.N.R., Triest 1980
(23) Guiliano *Scabia:* Das große Theater des Marco Cavallo, Frankfurt, 1979
(24) Barbara *Schmid:* Eine katamnestische Untersuchung von neunzig Langzeitpatienten am psychiatrischen Provinzhospital von Triest. Diss. Zürich 1979
(25) Sil *Schmid:* Freiheit heilt, Berlin 1977
(26) Claudio *Silvestri:* Dalla Redenzione al Fascismo, Udine 1966
(27) Studio sulla situazione del servizio psichiatrico, Triest 1975
(28) Salvatore *Taverna:* La nave che affonda, Roma 1978
(29) Patrizia di *Tolla:* Il servizio di Reperibilità psichiatrica in astanteria dell'ospedale generale di Trieste Tesi di Laurea, Padova 1977/78
(30) Vogliamo Basaglia direttore all'Asinara, Controinformazione No. 17 (1980)

Rotbücher, eine Auswahl

David Cooper, *Die Sprache der Verrücktheit*
Erkundungen ins Hinterland der Revolution
Rotbuch 193. 176 Seiten. DM 12

David Cooper, *Wer ist Dissident?*
Rotbuch 190. 64 Seiten. DM 6

Jean Carpentier, *Aufwiegelung zur Gesundheit*
Aufzeichnungen eines französischen Kassenarztes
Rotbuch 217. 160 Seiten. DM 9

Heiner Müller, *Mauser*
Rotbuch 184. 104 Seiten. DM 8

Peter Schneider, *Messer im Kopf*
Drehbuch. Rotbuch 208. 112 Seiten. DM 8

Peter-Paul Zahl, *Alle Türen offen*
Gedichte. Rotbuch 178. 96 Seiten. DM 8

Götz Aly, ›*Wofür wirst du eigentlich bezahlt?*‹
Möglichkeiten praktischer Erzieherarbeit zwischen Ausflippen und Anpassung. Rotbuch 163. 144 Seiten. DM 8

Eva Schindele, *Mieter stören*
Alltag und Widerstand in einem Berliner Sanierungsgebiet
Rotbuch 225. 208 Seiten. DM 12

Helga M. Novak, *Margarete mit dem Schrank*
Gedichte. Rotbuch 182. 80 Seiten. DM 8

Sebastian Cobler, *Die Gefahr geht von den Menschen aus*
Der vorverlegte Staatsschutz. Rotbuch 152. 168 Seiten. DM 9

Christian Geissler, *Im Vorfeld einer Schußverletzung*
Gedichte. Rotbuch 230. 88 Seiten. DM 9

Hanna Lévy-Hass, *Vielleicht war das alles erst der Anfang*
Tagebuch aus dem KZ Bergen-Belsen 1944–1945
Rotbuch 191. 112 Seiten. DM 7

Stefan Schütz, *Stasch*
Majakowski / Der Hahn / Stasch 1 und 2. Rotbuch 192. DM 9